中国学者研究文库

国家自然科学基金

体育科学立项与进展解析

王科飞 著

科学技术文献出版社
SCIENTIFIC AND TECHNICAL DOCUMENTATION PRESS
·北京·

图书在版编目（CIP）数据

国家自然科学基金体育科学立项与进展解析/王科飞著.—北京：科学技术文献出版社，2018.5

ISBN 978-7-5189-4336-4

Ⅰ.①国… Ⅱ.①王… Ⅲ.①中国国家自然科学基金委员会—体育科学—科研项目—立项—研究 Ⅳ.①G80

中国版本图书馆 CIP 数据核字(2018)第 126120 号

国家自然科学基金体育科学立项与进展解析

策划编辑：曹沧晔　责任编辑：曹沧晔　责任校对：赵　瑗　责任出版：张志平

出 版 者　科学技术文献出版社
地　　址　北京市复兴路 15 号　邮编 100038
编 务 部　(010)58882938，58882087(传真)
发 行 部　(010)58882868，58882870(传真)
邮 购 部　(010)58882873
官方网址　www.stdp.com.cn
发 行 者　科学技术文献出版社发行　全国各地新华书店经销
印 刷 者　三河市华东印刷有限公司
版　　次　2018 年 5 月第 1 版　2018 年 5 月第 1 次印刷
开　　本　710×1000　1/16
字　　数　237 千
印　　张　14.5
书　　号　ISBN 978-7-5189-4336-4
定　　价　49.00 元

国家自然科学基金体育科学立项与进展解析（2001—2015）

为推动我国科技体制改革,变革科研经费拨款方式,国务院于1986年批准成立了国家自然科学基金委,设立了国家自然科学基金项目。国家自然科学基金克服了常规行政拨款制度的弊端,为科学研究者自由选择方向和获得科研经费提供了一个公平竞争的机会和宽松的环境。20世纪90年代以来,我国体育科学迅速发展,研究队伍初具规模。1996年体育学被列为国家一级学科,科研成果日益受到重视。国家自然科学基金长期支持运动生理、心理、损伤防治、康复、工程等体育自然学科研究并取得了许多重要成就,对体育科学的发展起到了积极的推动作用。分析国家自然科学基金体育科学课题立项状况,可以从宏观上掌握中国体育科学研究的现状、热点及发展趋势,有助于研究人员了解体育科学领域学术资源的配置情况,为相关机构决策、体育科学研究、人才培养和学科建设提供一定的参考。

研究在针对体育科学国家自然科学基金立项的地区分布、立项数量以及类型分布、立项单位分布、 立项单位系统分布、主持人基本信息、核心项目主持人分布状况等方面进行分析的同时,还对主持人申请课题的主要研究领域和进展进行分类归纳,并进一步分析了体育科学研究热点、学科建设及发展趋势等问题。

研究结果表明如下:

(1)国家自然科学基金项目为体育科学研究提供了较好的条件,2001—2015年体育科学立项数量和金额稳步增长,共获得760项,经费30805.85万元。立项项目类别已达到9个,以面上和青年项目为主,分别获444项和210项。立项涵盖了基金委的8大学部,学科分布不均匀,以医学和生命科学部为主,分别占48.8%

和29.9%。立项单位中综合、医科、体育院校位于前列,分别立项210项、174项和139项,其中上海体育学院获得46项,立项最多。

(2)国家自然科学基金体育科学项目立项涵盖了大多数省份,但其分布很不均衡,主要集中在经济、社会、文化较为发达和高等院校、科研机构集中的地区,北京、上海较多分别获181项和160项;广东、江苏、陕西、天津、辽宁立项总数分别为67项、42项、34项、33项、30项,列第3、第4、第5、第6、第7位。

(3)国家自然科学基金项目研究培养了大批体育科研人才,使近1.2万人参与到研究中。2001—2015年共有637人获得自然科学基金体育科学项目;主持两项以上的有80人,体育院校有24人。其中天津体育学院张勇教授立项最多,获9项;王瑞元、陈佩杰、庄平分别获得5个项目。达到了12.5%的人主持26.7%的项目,核心主持人及其主持项目数偏少,研究人员单位分散,青年人才储备不足。

(4)形成了以运动生理学、运动损伤防治、康复医学、体育与计算机科学、神经、认知与心理学、运动疲劳与恢复、运动心血管循环系统研究为主;运动生物力学、建筑环境与材料工程、中医学与体育结合研究不断升温,体育数理科学、特殊环境生理学、工程科学、化学等体育相关科学立项较少的局面。

(5)研究产生了众多成果,取得了令人瞩目的成就,促进了体育科技创新、学科发展和体育科学影响力的增强,但体育科学项目的整体规模还较小,研究领域和视野还有待拓宽。

研究建议如下。

(1)努力形成各领域研究者共同关注体育科学的局面。在充分发挥体育专业院校和师范院校体育院系的作用外,还要发挥国内知名综合大学、研究机构,医科院校、理工科院校等各类机构和单位的作用,吸引更多的人员和单位关注体育及其交叉学科的研究,促进体育学科建设、人才培养和科研平台发展,不断扩大体育科学的影响力。

(2)紧紧抓住生命和医学科学部体育重点领域项目申报。目前体育科学在国家自然科学基金中还不是单独学科门类,在生命科学部和医学科学部获得的项目占近80%,运动人体科学研究占将近70%,如C1106、H0610、H1701、H02、H0608、H0904等依然是体育科学项目获得立项的主要领域。要在这些领域进行全方位、深层次、多角度的综合研究,提高研究水平,不断扩大项目立项的数量。

(3)努力拓展信息、工程和数理科学部细分体育领域项目。目前立项的国家自然科学基金体育科学项目在这3个学部还较少,仅占18.2%,但近些年在F01、F02、F03、E08、E05、A0205等领域已形成较小的规模并呈增加趋势。今后要进一步拓宽体育科学研究领域和视野,把握相关学科的最新研究动向,围绕国际体育科学的最新进展、体育科技创新、冬奥会科技支撑、全民健身、运动保障、竞技体育、体育医学、健康、营养、损伤防治、体育工程等内容进行研究,拓展体育科学项目的立项领域。

(4)吸引更多的体育社会科学研究人员申报管理科学部项目。我国体育社会科学研究人员的总量要多于体育自然科学。而他们较关注国家社会科学基金项目申报,对自然科学基金管理科学部项目关注较少,仅有池建、曹可强少数人员两类基金都获得过,吸引有研究能力的人员申报,将极大拓展体育类项目在管理科学领域的立项。

(5)继续拓展体育自然科学基金项目的立项类别。国家自然科学基金体育类项目资助呈分布不均的态势,15年来面上项目占了58.4%,青年项目占27.6%,其他项目仅占14%,其中重点项目仅占1.6%,联合项目仅占0.26%,专项、地区、联合、重点和国际合作项目偏少。要加大宣传力度,培养具有影响力的领军人物、支持偏远和经济不发达地区的体育科学项目研究、加强联合申报和国际合作,不断拓展项目获得资助的类别。

(6)力争早日设立体育专项或联合基金。体育科学项目获得数量较少的主要原因与目前我国体育科研人员数量、水平有直接关系,但体育科学至今仍不是国家自然科学基金的独立项目申报类别和方向也是重要制约因素。体育工作者和相关院校要抓住我国体育大发展和冬奥会申办的机遇,争取国家体育总局与国家自然科学基金委合作,早日设立体育专项或联合基金。

(7)加强体育研究的国内外交流与合作,积极申报国际合作项目。由于对体育国际项目申报的重视不够,15年来仅有池建、张勇、周成林等获得的20余项。今后要积极申报国际项目,加强国内外交流合作,举办学术活动,鼓励研究者们到国外学习深造和交流,开阔视野。

目　录
CONTENTS

第一章　引　言

体育科技工作是我国体育事业的重要组成部分,是建设体育强国的重要支撑和保障。我国体育科技工作是伴随着新中国体育事业的不断发展壮大而成长起来的,与国家的社会、经济、科技、文化等各项事业的发展紧密相连。改革开放以来,我国科学技术快速发展,成为推动经济社会发展的强大动力。进入新世纪以来,我国通过制定和实施《国家中长期科学和技术发展规划纲要》,明确了新的历史条件下以自主创新为战略基点的科技发展指导方针,全面推进原始创新、集成创新和引进消化吸收再创新,加快创新型国家建设步伐。在科研队伍建设、科研机构设置、发展规划制定等方面取得了丰硕成果,展示了我国体育科技工作者的聪明才智和拼搏、进取精神。成绩的取得既是体育科技工作者坚持“科技兴体”,坚持科学技术与体育运动实践相结合,坚持体育科技体制改革与坚持科技创新的成果,更离不开改革开放的大环境。近年来我国广大体育科技工作者发扬求真务实、拼搏奉献的精神,积极探索,勇于创新,紧密围绕国家体育的中心工作、重大理论问题、战略问题、困扰我国体育发展的难点问题和基础理论中的关键问题,依托各类科技项目,开展了主动性、前瞻性、系统性的深入研究,为体育强国建设提供了科技支撑,为此对国家自然科学基金体育相关高水平研究进行了分析和探讨。

一、相关概念分析

(一)体育科学

体育科学是研究各类体育现象、揭示体育和运动过程中规律的一门综合科学,涉及社会学、生物学、数学、信息、力学、工程、医学等多个学科门类,研究领域涵盖自然科学和社会科学两大部分。体育自然科学研究利用自然科学的规律和方法研究体育、运动中的现象，掌握其内在规律，促进体育科技水平的提高，包括运动生理学、运动医学、运动生物化学、运动解剖学、运动生物力学、运动心理学、体育装备工程技术、体育计算机科学、体育设施建设、体育数理科学等领域。体育社会科学研究体育的各种社会功能、社会现象、发展规律及其与社会的关系，主要包括体育社会学、体育哲学、体育美学、体育法学、体育传播学、体育管理学、体育经济学等领域。

（二）体育学科

体育学科是体育科学研究发展成熟或较为成熟的产物。独立的研究对象、成熟的研究方法和理论体系是体育科学研究发展到成熟而成为一个独立的体育学科的标志，从而促使相应的体育学科分化从而产生新的分支学科。体育学科研究主要包括体育科学体系的结构、层次及其演变；其应该设置的相关学科；各个学科之间以及与相关学科之间的发展关系。进行体育学科研究能够不断扩大体育学的研究领域和视野，推动国家体育事业的进步。1996 年体育学被列为国家一级学科，成为 58 个一级学科之一，科研成果日益受到重视。

（三）国家自然科学基金

20 世纪 80 年代初，为了推动我国科技体制改革，变革科研经费拨款方式，中国科学院 89 位院士致函党中央、国务院，建议设立面向全国的自然科学基金，得到党中央、国务院的首肯。随后，国务院于 1986 年 2 月 14 日批准成立国家自然科学基金委员会。它全面负责和管理国家自然科学基金的申请、审批和验收等工作。自然科学基金委是管理国家自然科学基金的国务院直属事业单位。自成立以来，在党中央、国务院的正确领导下，在国务院有关部门及全国科学家的支持下，自然科学基金工作突破了以往计划经济体制下科研经费依靠行政拨款的传统管理模式，全面引入和实施了先进的科研经费资助模式和管理理念，确立了“依靠专家、发扬民主、择优支持、公正合理”的评审原则，建立了“科学民主、平等竞争、鼓励创新”的运行机制，充分发挥了自然科学基金对我国基础研究的“导向、稳定、激励”的功能；健全了决策、执行、监督、咨询相互协调的科学基金管理体系，形成了以《国家自然科学基金条例》为核心、包括组织管理规章、程序管理规章、经费管理规章、监督保障规章在内的规章制度体系。按照全面深化科技体制改革、实施创新驱动发展战略的总体部署，科学基金明确了"筑探索之渊、浚创新之源、延交叉之远、遂人才之愿"的战略使命，强调更加聚焦基础、前沿、人才，更加注重创新团队和学科交叉，全面培育源头创新能力。

国家自然科学基金坚持支持基础研究，逐渐形成和发展了包括探索、人才、工具、融合四大系列组成的资助格局。探索系列主要包括面上项目、重点项目、应急管理项目等；人才系列主要包括青年科学基金、地区科学基金、优秀青年科学基金、国家杰出青年科学基金、创新研究群体、海外及港澳优秀学者项目、外国青年学者研究基金等；工具系列主要包括国家重大科研仪器研制项目、相关基础数据与共享资源平台建设等；融合系列主要包括重大项目、重大研究计划、联合基金项目、国际合作项目、科学中心项目等。着眼国家创新驱动发展战略全局，自然科学基金委统筹实施各类项目资助计划，不断增强资助计划的系统性和协同性，努力提升资助管理效能。随着国家财政对基础研究的投入不断增长，自然科学基金项目资助强度稳步提高，推动我国基础研究创新环境不断优化。

30 年来，国家自然科学基金委不断探索科技管理改革，创新资助管理机制，完善同行评议体系，提升资助管理水平。通过长期持续支持，推动学科均衡协调可持续发展，培育和稳定了高水平人才队伍，涌现了一批有国际影响的重大成果。在科学基金和国家其他科技计划共同支持下，我国基础研究整体水平稳步提高，正在进入从量变到质变、从点的突破到全面提升的重要转折期。

国家自然科学基金是目前我国级别最高、最具权威、最有影响力的基金项目，体育科学也是其支持的领域，其研究成果在一定程度上代表了我国自然科学的最高水平。该研究针对体育科学国家自然科学基金立项的地区分布、立项数量以及类型分布、立项单位分布、立项单位系统分布、主持人基本信息、核心项目主持人分布状况等方面进行了研究，同时还针对主持人申请课题的主要研究领域和进展进行了分析归纳。该研究站在新时期体育科学发展的前沿，对国家自然科学基金体育科学研究各领域近期发展进行了总结，对最新动态进行了描述，对发展的趋势和前景进行了预测和展望。该研究必将进一步促进我国体育科学研究的发展动态，为体育学科建设决策提供参考，以促进我国体育事业的进一步发展。

二、文献综述

(一)体育科学研究与学科发展相关综述

熊文[1]在体育科学学科分类结构体系的考察与再构中研究认为,通过对我国30余年以来的相关文献进行较为系统的梳理和分析,体育科学学科分类结构体系的有关研究还存在诸多局限和问题:①现有分类、结构体系没有建立在体育科学分化为体育人文科学、体育社会科学与体育自然、人体科学的基础上,体育哲学、体育管理学等学科与体育社会科学的关系存在错位;②各学科被不恰当地纳入不同的层次或一些学科被置于某固定的层次,这与体育科学学科属性不相吻合;③某些分类结构体系不能与现有体育科学的主要学科类型及其具体学科兼容;④在部分分类结构体系中,分类标准不一;⑤关于基础学科的认识和纳入不够准确;⑥综合科学(学科)作为知识体系的类型并不合理等。在此基础上,基于三大学科类型(综合-专门学科、分支学科和横断学科)和三大科学类型(体育人文科学、体育社会科学和体育自然-人体科学)的存在及相互关系提出体育科学学科分类结构体系。研究旨在为认识我国体育科学学科分类和结构现状、各学科(科学)类型的关系及其性质。

朱唯唯等人通过利用各类体育学论文标引的关键词为素材来分析体育学科的研究热点和趋势。他们通过对那些关键词被标引最多的前90个进行归类分析,从而得出体育学研究热点和趋势。结果表明,在体育教学方面,多集中于课程建设、教学方法;在竞技运动方面,研究项目多集中于田径、篮球、排球、乒乓球及竞技体操;在社会体育方面,多集中于体育体制方面的改革、社会体育的政策以及法制的建设。

鲁长芬、罗勤鹏[2]在对体育学、体育科学与体育学科辨析中研究认为,从表现形式、学理层面和历史发展对体育学、体育学科与体育科学3个概念的关系进行分析,认为3个概念既相互联系又相互区别,体育科学理论发展应以3个概念的区别为前提,确立以体育科学发展为先导,以体育学学科体系完善为基础,以各分支体育学科和新兴体育学科的发展为落脚点的发展思路。

李元、王莉在体育科学学科互动研究:知识受馈、回馈与自馈视角中认为,整体上看,体育科学还属于“知识输入型”学科,知识输入与知识输出之比为1.7:1;

体育科学的发展,受馈于生命科学与生物医学、社会科学、应用科学、自然科学、艺术与人文科学等5大科学部类的所有150个学科的知识供给与支持,其中,生命科学与生物医学是最主要的知识来源,占总引用量的84.21%;生理学、骨科学、神经系统科学和神经病学、心理学、外科学等5个学科的引用次数之和达到总引用量的50.63%,是体育科学最主要的支撑学科;体育科学以其他学科的知识来生产、创造和发展自身知识体系,并以创造性转化后的知识对以上五大科学部类和所有150个学科也产生了较大的影响,但影响力很不均衡,且处在动态变化之中;体育科学引用自身知识和体育科学知识被自身引用的比例为21%~24%,从20世纪50年代开始呈明显上升趋势,知识自我供给能力不断增强;不同科学部类的亲缘学科、近缘学科与远缘学科,随着社会的发展、体育科学历史责任的转变和学术研究的不断深入在不同时期呈现较大的变化。

马保生等人对于发展体育学方面进行了研究。得出建立发展体育学对当代中国体育的发展十分必要,建立发展体育学是历史的必然。这是一个复杂、系统、有机的过程,必须以科学的发展理论为核心,大力发展协调各体育基础,创新体育理论体系,从而寻求最佳的发展途径,提高发展效率,从而推动体育长期、和谐、高速健康的发展。同时要充分发挥体育的社会效能,更好、更快地为社会发展服务,为人类自身的发展服务。通过对于体育学科国家自然科学基金立项项目的研究,了解体育学的研究热点,从而进一步发展体育学。

李建英[3]等人对体育学科均衡、协调发展的探讨进行了研究。研究认为,提升一个国家科学技术整体水平的必要基础是学科均衡布局与协调发展,它是一个动态的、相对的、长期的过程。就目前来说,我国体育学科总体发展比较均衡,但在局部领域存在研究跟风和不均衡的迹象。为了改善这种现象,必须树立和落实科学的发展观,扶持薄弱学科,支持优势学科,推进学科自身向纵深方向发展,以学科交叉促进新兴学科的发展。同时要加大投入的力度,采取资源导向。对于科学评价体系进行完善,克服学术浮躁。对于功利性的影响要及时进行淡化。为了保持科学研究的系统性,必须要克服急功近利的思想。科学研究后期的监督和管理工作有待进一步的加强,从而使得体育学科均衡、协调的发展。

阎蕾宇[4]等人对重新建构体育学科的现实困境方面进行了研究。结果表明,现代学科呈现出了高度综合而又高度分化的发展趋势,体育学科受到这一趋势的影响,不断地向纵深方向发展,进而衍生出了新的学科领域和研究方向。从而使得原有的体育学科体系框架不能适应现代社会发展的需要，因此出现了重新建构体育学科体系的问题。然而，由于新兴领域形成的时间尚短，一些研究方式相对比较薄弱，在现实中重新建构体育学科体系还存在着诸多困境，因此我们必须采取多种有效的措施，使得体育学科理论建设更加规范。加快跨学科研究人员的培养，深入研究和探索体育新学科的规范体系，促进体育新学科的协调、可持续发展，为体育学科重新建构提供更为广阔的天地。

韩治国等通过 CNKI 全文数据库收集数据，采用科学计量方法和社会网络分析方法，对我国被引频次排在前 500 名的体育期刊论文从自主论文、合作论文、机构、作者、期刊等指标进行统计分析，体育科学高影响力学术论文保持持续增长的态势，达到顶峰后逐渐下降。体育科学研究热点持续时间短，变化速度快，但近五年来体育科学领域没有出现具有重大突破的研究论文，需进一步加快体育科学研究的创新发展。体育科学高影响力学术论文遍布全国不同的省市，自主论文以单个地区/机构的研究为主，地区/机构间的合作论文比较少。体育科学研究范围比较广泛，在经济发达的城市体育科学研究的数量相对较多，需进一步开展地区间的体育科研合作与交流。体育院校是体育领域高影响力论文的产出机构，也是体育科研的主要基地。在体育科学研究中处于中心位置的是国家体育总局、北京体育大学、上海体育学院、天津体育学院等，他们与很多机构存在合作关系。

沈慧等运用 citespace 软件基于知识图谱对 2006—2016 年中国知网收录的有关高原训练的论文进行可视化分析。认为国内高原训练研究力量主要集中在体育院校及高原训练基地的体育科学研究所，高产作者间的联系并不密切；研究热点主要集中在各项目训练实践与方案的探索、高原训练对生理生化指标的影响、不同模式高原训练方法的探索、高原训练的科学监控与负荷强度的把握。

邹斌等运用科学文献计量的知识图谱方法，对 CSSCI（1998—2015）收录的 656 篇有关体质健康的文献主题、关键词、作者、机构、共引文献等进行可视化分析，认为近年来我国体质健康领域的研究热点与前沿趋势，直观地反映体质健康研究现状。研究表明我国研究趋势倾向于青少年体质健康、学生体质健康、老年人体质健康以及国民体质健康标准，体质健康研究地域化较为集中，研究内容以评价标准、评价体系，各种理论模型的构建，跨学科、多领域的理论支撑以及促进青少年体质健康研究为主。

王永生等对国内外体育康复学术研究现状进行综合分析，检索到国外学者

1997—2016 年在 SCI 期刊发表该领域文献 49 篇；中国大陆学者有 2 篇文章且均出自于会议论文集，主要学术研究是将自动化技术应用于疾病治疗和运动康复中。体育康复作为一门交叉学科，从学缘关系上，其与体育科学、康复学、骨外科学的结合非常紧密，我国的学术研究者可以用交叉学科研究的视点，多学科融合的角度，对体育康复的研究方向进行把握，运用现代计算机技术，提高我国在此方向上的学术影响力。

萝莉斯等研究认为表面肌电图具有安全、无创、操作简单等特点，能记录肌肉收缩时产生的电位变化，客观地反映神经的活动，因此被广泛应用于运动生物力学领域。但表面肌电图应用于振动介入抗阻力训练评估中的研究较少，相关研究发现表面肌电信号的变化可反映肌肉疲劳程度，客观评估肌肉疲劳，但这方面的理论研究还不够完善。因此，科研工作者可继续深入研究反映肌肉疲劳程度的表面肌电图指标，以确定最佳的振动剂量，达到更加科学有效的训练目的。

刘承宜等对自相似常数和定量差异及其在体育科学中的应用研究认为，自相似常数不但能表示部分基本物理常数，而且能表示部分运动记录和生理极限。用自相似常数表示 QD 在分子细胞水平、组织器官水平和整体水平功能 3 个方面与运动成绩的特征参数，并讨论了 QD 在体育科学中的初步应用。

王焕等采用定量统计与质性研究方法对 2000—2015 年《体育科学》载文女性作者科研状况及影响因素进行了分析。研究发现各年龄、职称层次女性研究者的科研产出量均显著低于男性；学术兴趣、能力潜质和学术目标等是影响其科研产出的主要因素。认为应促进科技政策制度改革，建立社会性别意识与改革高校内部管理制度，构建社群平台，优化与促进女性科研人员交流环境，以减少体育科研领域的性别差异。

周亚辉等对美国体育学科发展困境与对我国的启示研究认为，美国体育学科多元化光环下隐藏着边缘化危机，具体表现为学科基础理论混乱、体育教育价值弱化、学术与专业发展相背离，原因是学科发展对科技的过分偏重、内部的分裂与对抗、整体方向缺失。由此得出启示是，我国体育学科发展路径应由外向内发展，要充分挖掘和发挥我国的传统体育文化资源和现代人文和特色治理思想，学科发展科技与人文并重，避免领域内的分裂与对抗，构建体系内的自我批判机制。

张业安等以 2015—2016 年 CSSCI 收录的 10 种体育学术期刊为研究样本，通过中国知网检索其近 30 年刊发的 300 篇高被引论文的题目、作者、发表时间、来源期刊、机构、被引频次等信息,采用 Ucinet6.0 软件和 NetDraw 工具绘制知识图谱,并归纳其演进特征。认为体育学术期刊高被引论文研究主题与公共政策引导相辅相成,作者知名度与论文被引量休戚相关。研究内容创新仍是提升论文被引量重要因素,学科特色是突破论文被引瓶颈的长久之策。

方千华等研究认为体育学是研究体育现象及其规律的科学,是现代知识高度分化和综合的结果,对社会发展和人类进步具有重要的推动作用。面对当前体育学发展的问题,需要不断深化基本理论研究,重构学科体系。在吸收和借鉴国内、外研究成果的基础上,沿着定位体育学逻辑起点,建立体育学基本理论框架,重构体育学科体系的逻辑进路,以本体论、认识论、实践论为理论基础和相关学科基本要素为切入点,构建体育学基本理论的逻辑进路。今后的研究视域应拓展到体育学发展史、体育学元理论、体育学创新发展、体育学方法论、体育学学科重构等关键领域,为探索与揭示体育学发展内在规律,重构中国特色体育学学科体系做出示范与先导。

邹文华等采用文献计量学方法,对国际高等体育院校 2011—2015 年发表的被 WOS 数据库收录的学术论文影响力进行分析。结果发现,我国体育院校的发文总数处于中等水平,但被引频次较低。

(二)国家自然科学基金相关研究综述

刘伟[5]对国家自然科学基金资助体育学领域国内论文研究热点进行了分析。他通过 citespace 方法对中国知网数据库,2000—2014 年收录的国家自然科学基金资助的体育类论文进行分析和处理,以可视化知识图谱的方式,梳理了该领域的研究的机构、作者分布以及研究的热点。研究认为:其一,北京体育大学、上海体育学院、武汉体育学院、国家体育总局体育科学研究所、北京师范大学等机构研究成果较为丰富。其二,发文量排在第一位的是北京体育大学王瑞元教授,除此之外,发文量较大的学者还有北京体育大学的曾凡星教授、武汉体育学院的郑伟涛教授等。其三,研究已经形成一定的合作网络,但作者大多限制在具有直接“亲缘”关系间的合作,而不同单位作者之间合作关系非常弱。这在某种程度上阻碍了体育学研究中不同单位之间资源共享、优势互补的形成,不利于该领域的广泛、深入发展和传播。其四,近 15 年来国家自然科学基金资助体育学领域国内论文研究的热点主要集中在医学、生命科学及管理科学领域,分布很不平衡。因此建议今后体育学者们进一步加强薄弱学科的基金申报，国家自然科学基金在评审时应充分考虑学科间差异，以促进学科的均衡发展。

李勇勤[6]等对2000—2013年国际体育科学研究动态文献计量报告对国际体育科学研究的文献数量、机构、语种、学科分布、文献类型以及来源期刊等进行了发文量和引证分析。以期客观、定量分析国际体育科学研究现状，为我国体育科学研究工作者与科研管理者提供数据与资料参考。研究结果表明，2000—2013年国际体育科学研究共有以美国为主的142个国家或地区的以高校为主的科研机构（主要分布在欧洲与北美洲）在104种期刊上发表了125421篇文献；文献数量总体上呈现逐年平稳增长的趋势；研究方向涉及了运动创伤学、运动生理学、体育康复学、运动心理学等18个，其中运动创伤学、运动生理学是最热门的研究领域；来源期刊学术影响力较大，论文质量较高；出版语言以英语为主；文献类型以"期刊论文"形式为主，呈现多样化的特点。

王琪[7]对1986—2011年国家自然科学基金体育类资助项目的统计分析。结果显示：①26年来我国的体育自然科学研究在国家自然科学基金资助下取得了丰硕的成果。2000年以前基金资助项数、资助金额及资助强度呈稳步上升趋势，从2000年开始呈迅速上升趋势，这使得体育自然科学研究得到了长足进步。②体育类自然科学基金资助项目中主要是面上项目。2007年以前，体育类自然科学基金项目类型比较单一，而在2007年之后，项目类型逐渐多样化。自然科学基金资助出现了向青年学者和经济欠发达、研究基础薄弱地区倾斜的态势。体育自然科学的应用基础研究项目明显多于基础研究项目，这也符合体育科学实践性和应用性较强的学科特征。③我国体育自然科学研究力量的分布很不均匀，各省市间的竞争力差异较大。资助项目多集中在我国经济、社会、文化较为发达，高等院校和科研机构较为集中的地区。我国体育自然科学研究机构分布不均衡，形成了以"高等院校"为主体，"科研机构"为辅的机构格局。其中，北京大学、北京体育大学、上海体育学院、国家体育总局、天津体育学院这5个单位借助各自的体育自然科学学科优势在全国脱颖而出。我国的体育自然科学研究领域已出现了一批具有较大影响的主持人。④我国体育类国家自然科学基金项目资助呈现各学科分布不均匀的态势，主要集中在医学和生命科学领域。在具体学科和研究领域上，国家自然科学基金主要支持运动疲劳与恢复、运动损伤与康复、运动生理学、运动生物力学、运动营养、生物、医学光子学、高原医学、体育产业管理等。⑤体育类项目基金资助项数与资助总金额数所占国家自然科学基金总立项数以及资助总金额数的比例甚微。2012 年的 3 月 9 日，国家自然科学基金委员会主任陈宜瑜院士接受人民政协报记者采访时指出，“2011 年基金委共批准资助项目 3 万余项，全年共安排各类项目资助计划 187.3 亿元”。对照可知，体育自然科学研究在国内自然科学界受关注程度还很低。因此，我们在进一步加强体育自然科学的科研总体水平的同时，也建议国家自然科学基金加大对体育自然科学资助的力度。⑥我国自然科学基金资助的体育类重点项目和国际合作项目偏少，重点项目数量少在一定程度上也影响产出更多、更好的成果，国际合作项目少也制约着我国体育自然科学在国际上的竞争力和影响力。因此建议今后要增加重点项目和国际合作项目的资助力度。⑦鉴于我国体育类国家自然科学基金项目的学科分布不均匀，今后体育学者应进一步加强薄弱学科的基金申报，国家自然科学基金在评审时应充分考虑学科间差异，以促进学科的均衡发展。

卢志成[8]在我国体育院校综合化发展现状与动因研究中认为，科学研究是综合性大学的基本特征之一，而科学研究水平又是衡量高校学科发展水平的重要标志。近年来，各体育院校均在此方面取得了较大进展。从代表我国哲学社会科学领域最高层次的国家社会科学基金项目、代表我国自然科学基础性研究最高层次的国家自然科学基金项目立项情况看，自 1997 年国家社会科学基金项目设立体育学研究项目以来，体育院校就已有国家社会科学基金项目立项，至 2013 年 14 所体育院校均获得国家社会科学基金立项，其中立项最多的前 3 所院校是北京体育大学、上海体育学院及成都体育学院，分别为 60 项、47 项和 43 项；国家自然科学基金立项方面，2000 年武汉体育学院率先获得立项，其后，北京体育大学、上海体育学院、成都体育学院也先后获得立项。与国家社科基金项目立项相比，体育院校在获得国家自然科学基金项目资助的数量明显较少，目前还有山东体育学院等 4 所院校尚未在此方面获得突破，且仅北京体育大学、上海体育学院及成都体育学院 3 所院校在近年能每年立项。获得高层次的科技奖励也是衡量高校学科水平的重要标志。截至 2013 年，14 所体育院校的科研成果均已获得不同类别的省部级科技奖励。其中，北京体育大学、上海体育学院不仅获得多项省部级奖励，更是在国家科技进步奖中获得重大突破，他们的《国家皮划艇队训练创新和科技服务体系建设》（北京体育大学）、《提高运动员体能的关键技术研究》（北京体育大学与上海体育学院合作）、《竞技体育对抗性项目制胜关键技术系统研究与应用》(上海体育学院)3 个科研项目成果分别在 2006 年、2010 年、2012 年获得“国家科学技术进步二等奖”。

蒋颖[9]等人对国家自然科学基金的地区分布进行了研究。可以看出各地区的项目数量、资助力度都呈不均衡的分布,北京、上海、湖北等省市数量较多,尤其是北京与其他省市差异非常悬殊。北京地区的重要机构多,核心论文的产出也比较高,具有较高的影响力。正是由于其突出的核心竞争力才使得它在基金的竞争过程中处于优势地位。但是部分中部地区,尤其是西部地区的科研能力需要进一步加强。科学研究实力比较强的地区获得国家自然科学基金资助的比率比较大,再次获得资助的可能性也更大;相对于研究实力弱的地区获得资助的就会就要少得多。国家自然科学基金在各个地区的分布虽然呈现出了不均衡的状态,但是就分配机制来讲,它是公平的,不存在地区偏好问题。地区基金的设立,为弱势地区注入了发展动力,使这种不均衡的现象进一步消除。

马廷灿[10]通过对 2001—2010 年 10 年间国家自然科学基金立项信息的研究得出,近 10 年来,我国各省区市之间基础研究力量的差距呈逐年缩小的趋势,正在朝均衡发展化方向发展;但在机构层面,各个机构之间基础研究力量的差距呈缓慢扩大的趋势,未来有可能朝着两极分化的方向发展。

陈养发[11]等研究表明,国家自然科学基金对基础研究的发展发挥了重要的引领和推动作用。它对于加强重点学科建设、知识创新体系建设、科技创新能力建设、培养优秀人才和创新团队、取得高水平原创性成果起到了积极作用。从而得出国家自然科学基金是我国支持基础研究最主要的渠道之一。获得国家自然科学基金项目的能力已经成为衡量地区和科研机构基础研究力量的一项重要指标。

李莹[12]等人对 2006—2008 年国家自然科学基金的立项统计分析方面进行了研究。结果表明,高等院校是获得立项的主体。不但在培养科技人才方面承担着重任,而且也肩负着科技创新的重担。他们提出要保持科学基金具有广泛的学科覆盖面,要及时发现和支持处于科学前沿的探索研究,加强全面布局,促进多学科均衡协调可持续发展,为自主创新打好基础。还要做好培养和引进科研人才方面的工作。为了保持与一个大国地位相适应的科学研究实力,要开展高水平、高质量和可以持续的国际合作与交流。同时科研管理工作者要为国家自然科学基金的申报与管理做好全方位的服务。

高体[13]对家自然科学基金投入与论著产出的进行了初步分析。结果表明，在国家自然科学各类基金项目的管理工作中，论著产出的数量一直被作为衡量基金使用效率的重要指标之一，也是作为基金项目评价量化的参数之一。通过对1991—1996年面上项目成果统计内容里的项目完成论著情况来看，论文的数量基本上是每3年有一个起伏的周期。国内刊物的发表呈现出明显上升的趋势，国外刊物的数量也呈现出线性稳步上升的趋势。为了进一步提高国家自然科学基金的投入—产出率，要根据不同的需要对国家自然科学基金的投入进行适当的调节。这对于国家自然科学基金项目的国内和国外期刊发表论文数量的提高具有重要意义。

曾志平[14]、王来贵[15]等人对国家自然科学基金在学科建设中的地位和作用进行了研究。通过对于湖南师范大学1996—2005年获得国家自然科学基金资助项目的统计分析，得出湖南师大在这10年间的基础研究发展建设中，成绩大幅度提高，基金的获得促进了学校的学科建设与发展。同时要充实学科队伍，建设高质量科研团队，从而促进基金申请。加强重点学科的建设，进而提高学科水平。科学基金的资助对学科建设的起步、发展和壮大起到了扶持和推动的作用，使得学科的建设逐渐凸显，优势也日渐明显。

张经彦[16]等人对国家自然科学基金在地方人才培养中的重要作用进行了研究。结果表明，在地方经济、社会可持续发展中，知识对于社会与经济的发展至关重要，人才又是其中最重要也是最活跃的因素。所以，人才的竞争成了知识竞争的焦点。在增加基础研究投入的同时，要加强构建人才培养高地，提高基础研究队伍的整体素质，从而进一步提高在学术界的影响。通过国家自然科学基金项目的资助，稳定并且提升了创新人才的队伍、人才储量及学术竞争力。同时，科技人才在国际上的竞争力得到了增强，并且创造了一批优秀的学术团队。

陈玲[17]等人对国家自然科学基金的资助格局进行了研究。结果表明，国家自然科学基金是政府资助基础研究的主要渠道之一。但随着基础研究资助格局的发展变化和学科逐渐改变的要求，国家自然科学基金委会重新调整它的资助政策。要大胆地创新和探索，才能取得更多珍贵的科研成果；在不断优化学科资助结构上，要提高和扩大国家自然科学基金的总量。通过调整学科结构和资助模式，不断优化增量，将增加的经费更多投入到重点学科和新兴学科上。同时在增量的优化过程中，要重点考虑学科的发展规律和创新潜力，重点支持新兴交叉学科;在鼓励全社会增大对基础研究投入的同时,要努力形成多种类多渠道的自然科学基金资助模式。

唐先明[18]等人对地区科学基金政策实施的效果方面进行了研究。结果表明,加强地区科学基金的资助政策,对于充分发挥地区科学基金的平衡、稳定和协调,提高资助效益,促进地域之间科技协调发展和国家创新体系的完善具有非常重要的意义。地区科学基金的设立,培养和扶持了不发达地区的基础科研人才,促进了学科地理均衡分布的战略定位。同时,地区基金要始终保持一定的规模和适度的增加量,从而保证资助政策的连续性。并且要采取有效措施来防止地区科学基金出现向部分学科领域和部分区域过度集中等问题。发达地区在继续保持优势地位的情况下,适度进行扩大或调整地区科学基金资助地区范围,不断提高地区基金资助的强度。

吴善超[19]等人对国家自然科学基金与科学道德学风问题进行了研究。结果表明,当前科学道德问题是全球科技界比较关注的重要话题,这个问题已经逐渐浸染到学术界,并且频频发生在基础研究的领域。为了防范不端行为的发生,应该促进宏观科技政策环境的改善,营造有利于基金项目研究的宽松氛围;建设良好的科研示范正面引导,在基础研究领域倡导实事求是、勇于创新的科学态度和精神,促进科学技术发展与繁荣;针对不同的申请者,制定与之相符的科学道德自律准则,为科学基金项目营造健康的学术环境和氛围;加强科学道德与学风的教育,监管不端行为的处理力度。对科学基金的监督机制进行加强与完善,从而促进社会与科学的协调,使得更好的道德标准与更先进的科学同步发展。

张友棠[20]等人对美国2006年国家科学基金预算战略管理目标及其层次分析方面进行了研究。结果表明,其预算结构在战略层面上围绕研究项目、研究设施、教育培训三大功能,提出其预算战略目标是人才、构想、工具和组织卓越。人才指不同的、竞争性的、全球性的美国劳动力;构想是指跨越科学的前沿,将学习与创新联系在一起;工具是指可以进行发现、学习与创新、具有最高技术水平设备与其他基础设施;组织卓越是指通过最高技术水平的引导惯例,领导组织完成其灵活、创新的使命。这与我国有较大区别,但在传统学科与组织边界工作综合时,仍然要面临基础挑战的研究。

许登云[21]等人对1999—2008年10年间我国体育科研机构和研究人员获得的体育学科国家科学基金项目进行归纳分析。结果显示:①体育学科研究领域已经受到我国各个地区间经济、政治、科技、文化教育等发展状况不够均衡的影响。成功挑起体育学术生产中心重任的是作为我国各方面比较发达的北京、上海、广东等省，已经成为我国体育学科学术生产的高产区或主产区。但中西部地区及欠发达的“边”“少”地区体育学术生产力仍然相当落后。②体育社会科学学术生产的主要力量集中在高校，并且已经形成体育专业院校、师范大学体育学院和综合性大学体育学院三足鼎立的格局。③在承担国家科学基金的核心项目主持人中，大多数发表论文的作者就职于体育学术生产高产区机构。虽然其他地区或个别机构也有一些学术精英和高产作者，但由于研究力量比较分散，难以形成明显的研究优势群体。

三、研究对象与方法

（一）研究对象

以我国高校、科研机构和相关单位 2001—2015 年获得的国家自然科学基金体育科学项目为研究对象，分析指标包括立项数、经费、学科部、立项地区、单位、主持人及研究领域、内容、进展等。

（二）研究方法

1. 文献资料法

通过国家自然科学基金委官方网站（http://www.nsfc.gov.cn）和项目查询系统，查找各项目主持人的基本状况（包括姓名、单位、课题名称、批准号、代码、经费、申请年限）等。通过《中国科学基金》《科技导报》等国家自然科学基金研究和报道类重要报纸杂志，以及中国知网、Google 学术搜索、百度等网站，通过基金委和中国体育科学学会发布的年度报告、资助项目汇编、计划与财务报告、发展规划等进行查阅和统计，对于各个项目主持人基本信息与所申请课题相关的文献资料进行收集整理，使其作为研究的重要理论基础，为研究的顺利完成提供全面的理论依据。

2. 问卷调查法

对项目主持人的研究动向和体会进行问卷调查，从而得到更加准确完整的信息，为本课题研究提供全面的资料。

3. 比较分析法

将查阅的各项信息进行归纳整理,对国家自然科学基金的立项项目地区分布、立项数量及类型分布、立项单位分布、立项单位系统分布、主持人基本信息、核心项目主持人分布状况及国家社会科学基金体育学科立项等情况进行比较分析,从而进一步了解体育学科发展与研究现状,为本课题的研究提供更为清晰的论证。

4. 数理统计法

利用 SPSS 13.0 软件对得到的数据进行描述统计、分类统计等分析,为研究提供数据支撑,进一步评价项目立项情况、研究热点和发展趋势。

5. 会议调研法

通过参加中国科学技术协会和中国体育科学会主办的全国体育科学大会、全国体育工程学术会议、全国体育计算机等学术会议和对国家自然科学基金获得者本人、相关专家进行调研和访谈。参加的大型学术会议如下:

(1)2010 年 9 月	全国运动增强体质与健康学术会议	日照
(2)2010 年 10 月	亚运会科学报告会	广州
(3)2011 年 9 月	第 8 届国际体育计算机学术大会	上海
(4)2011 年 10 月	全国运动生理生化学术会议	广州
(5)2011 年 8 月	第六届学校体育科学大会	包头
(6)2011 年 11 月	第九届全国体育科学大会	上海
(7)2012 年 9 月	第五届全国体育工程学术会议	聊城
(8)2013 年 10 月	第七届学校体育科学大会	重庆
(9)2014 年 7 月	运动与老年健康学术会议	上海
(10)2014 年 11 月	2014 全国体育计算机学术会议	济南
(11)2015 年 11 月	第十届全国体育科学大会	杭州

第二章 国家自然科学基金体育科学立项总体情况分析

一、概述

通过文献资料、文献计量、数理统计等方法，对国家自然科学基金体育类项目2001—2015年立项情况和研究领域、内容进行了分析。结果表明，15年来共有637人获得760项；涵盖了国家自然科学基金委的8个学科部；有80人获得2次以上立项。面上和青年项目立项较多，分获444项和210项；综合、医科、体育院校是主要研究力量。研究产出了许多重要成果，形成了12个主要领域，以运动人体科学、医学为主，体育数理、信息、工程、计算机科学不断升温。今后应加强对体育科学的关注，扩大研究领域和项目类别，把握生命、医学重点立项领域，拓展数理、信息、工程等细分领域，加大管理科学项目申报，深化国际交流合作，推动体育科学自然科学基金项目更好地发展。

二、研究结果与分析

体育科技创新是我国体育事业不断发展的重要动力，是建设体育强国的有力支撑和保障。项目研究及其成果推广是科技创新的重要组成部分。在我国体育科学获得的高水平研究项目主要有国家社会科学基金、国家自然科学基金和国家科技部项目。然而国家社会科学基金偏重于人文和社会科学研究，体育科学科技部项目获批的数量较少[22]。国家自然科学基金项目在推动体育科技创新，促进学科发展，发现、培养优秀人才等方面都起到了重要作用，在一定程度上反映了我国体育自然科学研究的最高水平[23]。然而长期以来对该基金的研究情况却关注不足,为此对国家自然科学基金体育科学立项状况、人才数量、水平、领域、内容、不足和趋势进行统计研究,为科研选题、学科交叉、人才培养、研究水平提高和学科发展提供导向。

(一)立项类别和经费

通过查询发现,国家自然科学基金项目设置类别达到16种[24]。体育科学能够获得的主要包括重点、杰青、优青、面上、青年、专项、地区、联合、国际项目。其中面上项目涵盖各个学科和方向,是主要部分;联合项目由基金委与相关政府或企业共同设立;地区项目主要支持西部和偏远地区;国际项目支持国际合作和交流;杰出青年和优秀青年项目侧重于培养进入世界科技前沿的带头人和学术骨干[25]。近年国家加大了项目资助力度,2014年重点项目经费达300万元以上,杰出青年项目为200万,面上项目为50万—80万元,青年项目为20万~30万元[26]。2001—2015年体育学科共获国家自然科学基金760项,涵盖了16类项目中的9种。其中面上项目444项;青年项目210项;专项项目38项;地区项目30项;国际项目21项;重点项目12项;联合项目2项;杰出青年项目2项,都是关于运动医学与疾病的研究,优秀青年项目1项。15年来项目立项总体呈上升趋势,由2004年的13项,增加到2013年最高的104项,增长幅度为700%。2004年之后申报和获批的数量增长明显,2005年达到40项,2010年达到65项,2014年达到88项。研究形成了以面上、青年项目为主体,专项、地区和国际项目稳步增长,重点、杰出青年和优秀青年项目不断涌现的局面。经费方面,2001年以来国家自然科学基金体育科学项目共获得经费30805.85万元,项目平均资助额度40.5万元,单项最高经费350万元,已成为促进体育科学研究的有利资助渠道。各类别经费,面上项目20580万元,青年项目4414.5万元,重点项目3019万元,地区项目1192万元,国际项目542.35万元,专项项目470万元,杰出青年项目400万元,优秀青年项目130万元,联合项目58万元。各年度项目经费,2006年为1040万元,2011年达到3840万元,2013年达到5528.45万元,总体呈不断增加的趋势(表1)。

表1 2001—2015年国家自然科学基金体育科学立项数量和经费

单位:项/万元

年度	面上	青年	重点	专项	联合	地区	国际	杰/优青	合计
2001	10/173	2/37		4/46			1/2		17/258
2002	13/217	2/27	1/140	1/5					17/389
2003	11/175	1/19							12/194
2004	11/229			1/8			1/0.8		13/237.8
2005	29/675	7/175		1/20			3/68		40/938
2006	21/552	6/88	2/325	1/15	2/58		1/2		33/1040
2007	23/641	7/119		2/25		1/15	1/3.5		34/803.5
2008	22/674	12/212		1/18		1/25	2/12		38/941
2009	36/1115	11/219	1/180	2/20		1/21	2/49		53/1604
2010	40/1248	11/206	1/210	8/90		4/88	1/9		65/1851
2011	39/2175	31/691		6/79		5/221	2/274	2/400	85/3840
2012	41/2953	22/519	1/300	7/90		2/95	1/5		74/3962
2013	55/3753	35/790	2/600	3/51		5/224	4/110.45		104/5528.45
2014	44/3204	30/673	3/990	1/3		9/423	1/5		88/5298
2015	49/2796	33/639.5	1/274			2/80	1/1.6	1/130	87/3921.1
合计	444/20580	210/4414.5	12/3019	38/470	2/58	30/1192	21/542.35	3/530	760/30805.85

(二)各科学部体育科学立项分析

15年来获批的体育科学项目涵盖了基金委的8个学部。从各学部立项情况来看(表2),医学科学部最多,立项371项,占48.8%;生命科学部立项227项,占29.9%;信息科学部立项83项,占10.9%;材料与工程学部立项30项,占3.9%;数理科学部立项25项,占3.3%;管理科学部立项20项,占2.6%;化学科学部立项3项,占0.39%。医学、生命科学部立项较多且连续性较强;近年数理科学部和材料与工程学部立项增长明显,分别在2011年和2012年达到5项;信息科学部2011年之后立项增长明显,2012年达到12项;管理科学部项目申报由于重视不够,近年有下滑趋势。从总体情况上看,体育科学项目研究体现出综合、交叉和多学科特性,运动人体科学和运动医学立项较多;与体育联系紧密的信息、工程、数理科学项目不断增加;化学科学研究项目较少[27]。

表 2　2001—2015 年国家自然科学基金体育科学立项所属学部情况

单位:项

年度	数理科学部(A)	化学科学部(B)	生命科学部(C)	地球科学部(D)	材料与工程学部(E)	信息科学部(F)	管理科学部(G)	医学科学部(H)
2001		1	4			3	2	7
2002			3				2	12
2003			2			2		8
2004			1			4		8
2005	1		4		4	6	2	23
2006	1	1	5		1	7	3	15
2007	1		5			3	1	24
2008	1		12			3	2	20
2009	3		21		1	5	1	22
2010	1		25		2	5		32
2011	5		32		4	6	4	34
2012	3		21		5	12	3	30
2013	4		40		4	10		46
2014	1	1	22		4	8		52
2015	4		30	1	5	9		38
合计	25	3	227	1	30	83	20	371

(三)立项项目地区分布情况

2001—2015 年国家自然科学基金体育科学项目立项涵盖了大多数省份,立项数量与当地的经济、科技、体育水平以及高等学校和研究机构数量有直接关系。北京是立项最多的地区,达到 180 项,占 23.7%。北京作为我国的政治、经济、文化中心,有较多的高等院校和科研机构,有申报高水平项目的条件。上海位于第二位,立项 160 项,占 19.8%,且立项数有 6 年超过北京。上海是国际大都市,科研究所、高校密集、人才较多,学术交流和学科交叉具有优势。广东、江苏、陕西、天津、辽宁立项总数分别为67项、42项、34项、33项、30项,列第3、第4、第5、第6、第7位,是体育学项目具有竞争力的地区。湖南、湖北、浙江立项均超过20项。福建、四川、河北、山东4省立项均超过10项。另外,安徽、青海、重庆、江西、吉林、云南、山西立项在5~8项,内蒙古、广西、宁夏各有2项,海南仅有1项(表3)。

表3 2001—2015年国家自然科学基金体育科学立项主要地区分布

单位:项

地区	2001年	2002年	2003年	2004年	2005年	2006年	2007年	2008年	2009年	2010年	2011年	2012年	2013年	2014年	2015年	合计
北京	13	6	6	7	14	8	10	7	16	16	14	12	19	21	11	180
上海	2	3	1		5	6	5	10	10	8	15	17	26	22	30	160
广东		2		2		3	5	1	6	8	12	3	7	11	7	67
江苏		1	1		4	2		2	2	5	6	2	9	4	4	42
陕西			1	1	4		1	3	5	3	3	5	3	1	4	34
天津		1		1	3	1	1	4		3	4	4	6	3	2	33
辽宁		1			1	1	1	3	2	3	3	3	5	2	5	30
湖南					2	3	2	2	2	3	3	2	1	2	2	24
浙江	1				2	2		1	1		6	2	3	1	3	22
湖北						3	3		1	5	2	3	2	1	1	21
四川			1						3	3	2	5	2	3		19
山东							1	2	1	2	1	2	1	2	3	15
河北					1	1	1	1		1	4	3	2		1	15
福建					1				1		1		3	4	3	13
安徽			1				1		1			2	2	1	1	9
山西		1	1			2				1		1	1		2	9
江西												1	3	2	1	7
重庆		1		1			1		1			2		1		7
青海	1									2	1			2	1	7
云南													1	4		5

（四）立项单位类别分布情况

随着体育科学受重视程度不断提高，有更多的单位开始关注国家自然科学基金体育科学项目。2001—2015 年综合院校获得 210 项、医科院校获得 174 项、体育院校获得 139 项、理工院校获得 93 项、研究机构获得 75 项、师范院校获得 62 项（表 4）。

表 4 2001—2015 年国家自然科学基金体育科学立项单位类别情况

单位：项

年度	体育院校	师范院校	综合院校	医科院校	理工院校	研究机构
2001	2		6		2	7
2002	3		8	2		4
2003	2		5	2	1	2
2004	2	1	3	3		4
2005	8		9	15	3	5
2006	8	1	7	4	8	3
2007	8	3	9	8	1	4
2008	10	4	13	5	4	2
2009	11	3	11	14	7	7
2010	14	7	12	18	10	4
2011	11	10	29	22	10	3
2012	15	6	14	20	14	5
2013	14	9	28	26	13	10
2014	14	7	31	19	11	7
2015	17	11	25	16	9	8
合计	139	62	210	174	93	75

综合院校学科门类齐全、科研实力较强，各个学科领域都有涉及，在体育综合、交叉学科处于领先地位。复旦大学获 31 项，中山大学获 27 项，这两所学校都成立了运动医学研究所，具有相关学科博士点，是集医疗、教学和科研为一体的科研单位，其中复旦大学附属华山医院的运动医学科是国内成立较早的研究机构。同济大学

获14项，在体育场馆设施建设研究方面具有优势。浙江大学获12项，该校建有“体育科学与技术研究所”，重点从事体育工程方面的研究。中南大学获10项，南京大学、青海大学、苏州大学、山东大学、天津大学5所院校立项在4～6项。

医科院校具有附属医院、大型仪器设备，利用医科优势在运动与医学方面研究处于领先地位。首都医科大学获18项，该校建有“中国康复研究中心”，拥有博士学位授予权。第四军医大学、第三军医大学、第二军医大学分别获11项、11项和11项，研究实力也较强。天津医科大学获9项、中国医科大学获8项、河北医科大学获8项、南京医科大学获7项。上海中医药大学、南方医科大学、山西医科大学、重庆医科大学立项都超过5项；安徽医科大学、福建医科大学、辽宁医科大学、滨州医学院4所院校立项都超过3项。

体育院校有15个单位获得立项，其中有8个单位立项超过5项，在运动生理学、运动技战术分析、运动损伤、疲劳与恢复等方面研究具有一定优势。上海体育学院是立项最多的院校，共获46项，近年增长明显，2015年达到10项；北京体育大学获37项；天津体育学院获20项，在运动生理学研究方面实力较强。这三所院校都拥有博士学位授予权，北京体育大学是我国体育院校中的重点院校，运动人体科学是国家级重点学科。上海体育学院和天津体育学院都拥有教育部、国家体育总局等科研平台，运动人体科学分别是上海市和天津市重点学科。成都体育学院获9项，该校2013年获批博士学位授权，2009年之后立项较多，在运动医学和运动损伤防治方面有一定优势。广州体育学院获6项，其中范毅方教授获得3项；沈阳体育学院获6项，其中董传升教授获2项；武汉体育学院获5项，以水上项目研究为主；首都体育学院获5项，以运动生理与代谢调控研究为主（表5）。

理工科院校的项目多数在材料与工程学部、信息科学部获得，研究内容以体育场馆、设施建设、数据采集、计算机建模分析、视频模拟为主。其中上海交通大学获22项，华中科技大学获14项，北京工业大学获5项。

师范院校有18个单位获得立项，其中华东师范大学获15项，该校体育与健康学院早在1993年就获批了运动生物化学博士点，同时拥有“运动人体科学”教育部国家重点培育学科。北京师范大学获14项，该校体育与运动学院具有博士学位授权，近几年在运动人体科学研究方面获得了较大的发展。陕西师范大学获12项，拥有“运动生物学”博士学位授权，“运动人体科学”国家级教学团队。湖南师范大学、河北师范大学立项都为4项，他们的体育学科都具有博士学位授权。

另外西北师范大学、东北师范大学、杭州师范大学、南京师范大学、福建师范大学等13 所师范院校立项在1 ~3 项。

研究机构立项以国家级科研单位为主,他们都是国内知名和权威机构,如中科院及其下属的研究所共获34 项、国家体育总局体育科学和运动医学研究所共获16 项、中国医学科学院获11 项、中国军事医学科学院获8 项。

表5　2001—2015 年我国主要院校国家自然科学基金体育科学立项情况

单位:项

单位	2001年	2002年	2003年	2004年	2005年	2006年	2007年	2008年	2009年	2010年	2011年	2012年	2013年	2014年	2015年	合计
上海体院					2	3	1	4	4	2	4	3	6	7	10	46
北京体大	2	2	2	1	5	3	1	3	2	4	1	2	1	4	4	37
复旦大学	1	2	1				2	3	1	1	4	3	1	7	5	31
中山大学	1	1		1		2	2		3	3	6		5	3		27
上海交大	1				1	2		1	1	2	2	4	5	2	1	22
天津体院		1		1	1		2	3		3	2	2	4	1		20
首都医大			1		2		1		3	2	1		5	2	1	18
华东师大								1			3	2	4	2	3	15
华中科大						3	1		1	4	1	2	2			14
北京师大				1			1		1		2	2	2	3	2	14
同济大学						1	1	1	1		2	1	1	2	4	14
陕西师大								1	2	2	2	1	2		2	12
四军医大				1	4		1	1	1				1	2		11
浙江大学	1				1	2		1	1		2		1	1	2	12
三军医大		1		1			1	1		3	2			2		11
中南大学					2	2				1			1	2	2	10
北京大学	2		1	1		1	1	2		1	2	1	1			13
二军医大		1			3					1			4	1	1	11

(五)国家自然科学基金体育科学立项人员情况分析

2001 年以来共有637 人获国家自然科学基金体育科学项目,正高级职称占

53.8%，博士学位占84.9%。根据普赖斯的公式统计显示[28]，获得2项以上的核心主持人有80人，其中体育院校24人，综合院校16人，医科院校13人，师范院校13人，研究机构7人，理工院校6人，财经院校1人。核心主持人共获203项，总体偏少；其中面上基金147项、青年基金19项、专项基金15项、国际基金13项、地区基金5项、重点基金2项、联合基金1项、杰青基金1项。天津体育学院张勇立项最多，获9项，另外，获5项的有王瑞元、陈佩杰、庄平，获4项的有冯连世、张缨、牛文彦、唐勇、周丽华、赵传胜、刘宇、周成林（表6）。核心主持人北京体育大学和上海体育学院较多，都为7人，中山大学有5人，天津体育学院有4人，这些院校体育科研人才较为集中。研究还发现体育科学有89.2%的核心主持人进行了系列研究，他们具有稳定的研究方向。如"运动神经元"在周丽华基金中出现4次；"运动疗法神经"在赵传胜基金中出现4次；"肌GLUT4"在牛文彦基金中出现3次；"老年训练"在唐勇基金中出现3次。

"增复量"是反映项目主持人稳定和活跃程度的重要指标，根据洛特尔定律，新主持人立项数占立项课题总数的百分比为主持人增量，最佳的值为0.64[29]。2001—2015年国家自然科学基金体育科学项目主持人增量值为0.73，高于洛特尔定律的最佳值，核心主持人数量不足。核心主持人立项达到了12.5%的人主持26.7%的项目，与普莱斯提出的10%的主持人承担50%课题的理想值差距较大，说明核心主持人主持项目数偏少。但体育院校主持人增量值达到0.57，接近最佳值，突显了体育院校的专业性和研究人员相对集中的特点。对项目名称的重复词频分析，有89.2%的核心主持人进行了系列研究。重复频次最高的是"运动""低氧""肌细胞""训练""骨骼肌""线粒体"等。如"线粒体"在张勇基金中出现7次；"运动神经元"在周丽华基金中出现4次；"骨骼肌"在王瑞元基金中出现4次；"运动疗法神经"在赵传胜的4个基金中都出现；"肌GLUT4"在牛文彦基金中出现3次；"老年训练"在唐勇基金中出现3次；"骨骼肌"在张缨基金中出现3次；"有氧运动"在石丽君的基金中出现2次；"低氧"在王茹基金中出现2次；"运动细胞"在陈佩杰基金中出现2次。

表 6　2001—2015 年国家自然科学基金体育科学立项核心主持人情况

姓名	单位	年度(类别)	姓名	单位	年度(类别)	姓名	单位	年度(类别)
张勇	天体	2002(面) 2004(面) 2007(面) 2008(面) 2008(国) 2010(面) 2010(国) 2011(国) 2013(面)	周丽华	中山大学	2006(面) 2010(面) 2011(面) 2014(面)	唐勇	重庆医大	2004(专) 2009(面) 2012(面) 2014(面)
			温红梅	中山大学	2011(青) 2014(面)	王天辉	军医科院	2009(面) 2013(面)
文立	天体	2007(面) 2012(面)	臧颖	中山大学	2009(青) 2013(面)	李玲	军总医院	2009(面) 2010(面) 2014(面)
姜宁	天体	2010(青) 2013(面)	黄东锋	中山大学	2009(面) 2013(面)	高峰	四军医大	2004(面) 2008(面)
孟庆华	天体	2011(青) 2013(面)	胡普权	中山大学	2010(面) 2013(面)	余志斌	四军医大	2007(面) 2009(国)
池建	北体	2005(专) 2005(面) 2006(专)	陈亮	复旦大学	2011(面) 2014(面)	胡波	三军医大	2011(青) 2014(面)
			陈疾忤	复旦大学	2008(青) 2014(面)	黄庆愿	三军医大	2002(青) 2007(面) 2010(面)
赵丽	北体	2010(专) 2012(面) 2015(面)	马昕	复旦大学	2011(面) 2014(面)	刘畅	辽宁医大	2011(青) 2014(面)
曾凡星	北体	2006(面) 2010(面)	肖俊杰	上海大学	2012(青) 2015(面)	张翼	河北医大	2005(面) 2012(面) 2012(国)
王瑞元	北体	2001(面) 2005(面) 2009(面) 2012(面) 2014(面)	赵延礼	青海大学	2010(区) 2014(区)	牛文彦	天津医大	2005(面) 2006(国) 2011(面) 2013(国)
			王建军	南京大学	2010(面) 2013(重)			
张缨	北体	2003(面) 2009(面) 2011(面) 2014(面)	陈姝	湘潭大学	2010(专) 2011(青)	冯连世	体育总局	2001(面) 2005(面) 2009(面) 2014(面)
石丽君	北体	2010(面) 2013(面)	李振中	山东大学	2007(面) 2009(面)	王绍武	大连医大	2008(专) 2009(面)

续表

姓名	单位	年度(类别)	姓名	单位	年度(类别)	姓名	单位	年度(类别)
刘宇	上体	2006(面) 2008(面) 2013(面) 2015(面)	邓敏	北京大学	2007(青) 2010(面)	赵传胜	中国医大	2005(青) 2008(面) 2013(面) 2015(国)
			邹北骥	中南大学	2005(面) 2006(面)			
潘珊珊	上体	2007(专) 2010(面) 2014(面)	欧宏伟	浙江大学	2006(联) 2011(杰)	肖德生	广西医大	2005(面) 2010(面)
陈佩杰	上体	2006(面) 2009(面) 2011(国) 2012(面) 2014(面)	郭建中	陕西师大	2012(面) 2015(面)	庄平	首都医大	2003(面) 2005(国) 2007(面) 2013(面) 2013(国)
			王友华	陕西师大	2011(青) 2015(面)			
周成林	上体	2009(专) 2011(面) 2012(国) 2015(面)	田振军	陕西师大	2010(专) 2011(面) 2013(面)	殷跃红	上海交大	2010(面) 2013(面)
			徐向阳	上海交大	2010(青) 2012(面)			
王茹	上体	2010(青) 2014(面)	彭峰林	广西师大	2010(区) 2015(区)	金花	天津师大	2007(面) 2014(面)
张剑	上体	2009(面) 2013(面)	张靓	北京师大	2012(青) 2014(面)	陈红	华中科大	2006(青) 2010(面)
娄淑杰	上体	2005(面) 2008(面) 2015(面)	郝冬梅	北京工大	2006(面) 2010(面)	刘晓莉	北京师大	2009(面) 2013(专) 2015(面)
袁琼嘉	成体	2009(面) 2013(面)	常芸	体育总局	2002(面) 2004(面)	伏云发	昆明理工	2014(区) 2014(面)
洪友廉	成体	2011(面) 2014(专)	丁树哲	华东师大	2008(面) 2011(面)	张安民	山西财大	2002(青) 2006(面) 2010(专)
范毅方	广体	2007(面) 2009(面) 2011(面)	罗剑	华东师大	2008(青) 2014(面)	崔丽英	国医科院	2009(面) 2009(国)
董传升	沈体	2006(面) 2012(面)	徐波	华东师大	2013(面) 2015(面)	朱大海	国医科院	2010(重) 2014(面)

续表

姓名	单位	年度(类别)	姓名	单位	年度(类别)	姓名	单位	年度(类别)
马勇	武体	2010(面) 2012(面)	李永青	湖南 师大	2008(面) 2014(面)	傅力	天津 医大	2012(专) 2015(面)
谢敏豪	北体	2002(面) 2005(面)	唐晖	湖南 科大	2009(面) 2012(专)	乔德才	北京 师大	2003(面) 2004(面) 2011(面)
刘坤	首体	2009(青) 2014(面)	郑澜	湖南 师大	2006(面) 2010(面)	孙孟炜	上海 体所	2012(面) 2014(专)

注:表中为主持2项以上人员、单位和项目类别情况,主持人单位有变化的以当前单位统计。

(六)体育科学国家自然科学基金立项学部与领域解析

根据项目申报代码、学科分类标准,对2001—2015年体育科学立项学部和领域进行了研究[30]。医学科学部获得371项,占48.8%,是主要立项学部,但研究分散在70余个领域,其中获20项以上的有6个领域。H1701“康复医学”立项最多,获62项,以医科院校李玲、赵传胜等为代表,研究以运动促进身体肌肉、神经、关节等部位康复的作用和方法为主。通过体育康复和训练方法的创新,会使更多的人提高治疗效果,今后重点将趋向于康复过程中生长因子剂量与愈合、抑制肌肉的纤维化、调节生长因子作用的微环境、运动训练对脑卒中后功能恢复等方面。H02“循环系统”获34项,以潘珊珊、徐昕等为代表,研究以运动对心血管循环系统的影响为主[31]。H0610“骨关节软组织运动损伤”获31项,陈疾忤、徐向阳为代表,以运动过程中损伤的防治研究居多。随着科研和医学能力的提高,该领域正朝着损伤预防与治疗并重,损伤机理研究不断加深,治疗方式多样化,恢复更完全的方向发展。H0608“骨关节软组织疲劳恢复”获25项,体育院所学者谢敏豪、冯连世、乔德才为代表,以运动疲劳调节、恢复、检测、改善研究为重点。H18“影像与生物医学工程”获23项,以体育医学工程研究为主,魏高峰、张剑等为代表。H27“中医学”获22项,主要研究我国传统中医理论、疗法以及中医药补剂在体育运动中的应用,发扬了我国传统医学,多数由医科院校获得,如沈仲元、张俐的项目。医学科学部立项涉及康复、损伤、疲劳、心血管、医学工程和中医学等多个学科门类,充分体现了多学科和交叉性。

生命科学部获得227项，占29.9%，在40余个领域均有立项，获5项以上的领域有3个。该学部是体育科学立项的第二大学部，其中C1106“运动生理”获113项，是所有领域中立项最多和最稳定的。它是体育自然科学的基础学科，受到体育院校重视，以张勇、王瑞元、张缨、陈佩杰、田振军为代表。随着超微、电镜观察、微电生理等技术在该领域的运用，研究手段更加多样化，有氧运动、不同训练方法生理机制、动态肌力发展、骨骼肌蛋白AMPK2和线粒体代谢与调控[32]、机能评定与监控、骨骼肌mTOR和Wnt信号通路研究逐渐成为热点。C09“神经、认知与心理学”获39项，发展较快，2013年立项7项，代表人物有周成林、娄淑杰、袁琼嘉、胡泼等。该领域主要研究体育运动中心理现象及其发生规律，近年来相关电位和经颅磁刺激技术运用不断深入，人体生理检测与心理评定、运动与神经康复、运动认知的脑机制、运动学习能力和运动竞赛心理成为热点[33]。C1107“特殊环境生理学”获5项，主要为低氧、低压等环境对人体运动影响的研究。该学部研究运动训练过程中生理、心理等问题，揭示运动对人体机能变化的影响，内容涉及训练、生理、生物、化学等多个学科门类。

信息科学部获得83项，占10.9%，该学部体育科学立项时间早、稳定性较好，仅2002年没有获得，主要立项领域有3个，综合和理工科院校立项较多。其中F0205“计算机应用技术”获23项，陈姝、夏时洪为代表人物，以计算机运动仿真、模拟与训练研究为主；F0304“模式识别”获16项，主要是对运动的人物和图像等信息识别的研究，如赵旭、王向阳的项目；F0108“多媒体通讯”获11项，多为信息采集和传输研究，如罗志增、吴小培的项目。该学部利用计算机进行运动模拟、体育视频分析、训练和比赛系统研发、运动技战术分析和模拟，体育信息管理与健康指导、多媒体运动数据采集、人体运动仿真、虚拟人体合成是研究热点[34]。

材料与工程学部获得30项，占3.9%，是体育科学新兴立项学部，2011年之后每年获批数量稳定在4~5项，理工院校获得较多。其中E08“建筑环境与结构工程”获16项，以体育设施建设、环境改善、规划、评价研究为主[35]，同济大学钱峰为代表人物；E05“机械工程”获8项，武汉体育学院马勇为代表，以体育器材、设施的制备与研发、体育新材料应用，传感、嵌入式编程，运动数据获取和分析为主。

数理科学部获得25项，占3.3%，2005年之后每年都有立项。A020503“运动生物力学”获19项，其中80%的项目由体育院校获得，范毅方、郝卫亚、刘宇等为代表人物。该学部研究运用计算机解析、加速器、光电系统等设备，在仿真与肌肉力学模拟、动作技术分析与监测、运动损伤和特殊人群生物力学分析方面取得了较大的成绩[36]。今后应加强运动康复、技术训练与测试、医学诊断、运动装备、测量技术、人体运动生物力学、建模与仿真研究和虚拟人体的研究。

管理科学部获 20 项,占 2.6%,2001 年体育科学在该学部获得立项,但发展较慢。其中 G03“宏观管理与政策”获 10 项,G01“管理科学工程”获 4 项,董传升、池建、林显鹏为代表人物,以体育公共服务与政策、体育产业、全民健身、团队建设、赛事管理、场馆运营研究为主[37]。研究者较注重国家社科基金申报,对自然科学基金关注较少,仅有池建、曹可强两类基金都获得过。今后应加强对管理科学项目的重视,在冬奥会管理和服务、体育资源开发、社会体育服务、体育产业和体育赛事等领域开展深入研究。

化学科学部仅获 3 项,占 0.39%,由国家体育总局运动医学所吴侔天、北京大学的常文保和首都体育学院刘坤获得,都是关于兴奋剂检测和生理过程电化学的研究。今后应不断加强对兴奋剂检测的重视,联合国内化学机构开展运动化学分析研究。地球科学部仅获 1 项,占 0.13%,由中国科学院王雪芹博士获得,是关于“鲐鱼肽对运动性疲劳致氧化应激保护作用”的研究,今后应进一步加强海洋生物对运动损伤和恢复作用及其价值开发的研究。(以上内容见表 7)

表 7 2001—2015 年国家自然科学基金体育科学立项领域

单位:项

申报代码	研究领域	2001年	2002年	2003年	2004年	2005年	2006年	2007年	2008年	2009年	2010年	2011年	2012年	2013年	2014年	2015年	合计
C1106	运动生理					1			7	11	19	14	9	21	15	16	113
C09	神经、认知与心理科学	1	2	2	1	2		2		2	1	4	5	7	4	6	39
C1107	特殊环境生理学					1		1		2		1					5
H1701	康复医学	1		1		1	1	2	2	5	5	4	6	8	13	13	62
H02	循环系统		2	1	2	2	1	5	2	1	2	3	2	1	4	6	34
H0610	骨关节软组织运动损伤	2				1	2	2	6		4	1	4	1	5	3	31

续表

申报代码	研究领域	2001年	2002年	2003年	2004年	2005年	2006年	2007年	2008年	2009年	2010年	2011年	2012年	2013年	2014年	2015年	合计
H18	影像与生物医学工程		1			2		1		1	4	1	3	3	5	2	23
H27	中医学					3				1	3	3	2	3	2	5	22
H0608	骨关节软组织疲劳恢复	2	2		3	8	2	1	2	3				2			25
H0605	骨关节软组织损伤修复					1	4	1	2	1	1	2	2		1	1	16
H07	内分泌代谢与营养支持	1	2	2		1		1				1	1	7	3		19
H0904	运动调节与障碍			1		2	2	1	3	1		1	1	2		1	15
H0601	运动系统结构发育异常					1		1		1		4		2	2		11
H26	预防医学								1	1	1		3	4	1		11
H0912	神经变性再生及疾病							1			2	2	1	1	2	2	11
H0910	脑脊髓神经损伤及修复										3	1	2		3	1	10
A0205	生物力学					1	1	1		2	1	4	2	4		3	19
E08	建筑环境与结构工程					1	1					4	1	3	2	4	16
E05	机械工程					2				1	1		1	1	1	1	8

续表

申报代码	研究领域	2001年	2002年	2003年	2004年	2005年	2006年	2007年	2008年	2009年	2010年	2011年	2012年	2013年	2014年	2015年	合计
F0205	计算机应用技术	1			1	2	1			2	1	4	4	3	2	2	23
F0304	模式识别	1			1		2		1	2	1		1	1	1	5	16
F0108	多媒体通讯	1			1	1		1				2	2	2		1	11
G03	宏观管理与政策	1	1			1	1	1	1	1		1	2				10

三、国家自然科学基金体育科学研究的成就

（一）产生了许多有价值的成果，促进了体育科学的发展

项目研究取得了诸多成就，形成了稳定的方向，促进了我国体育科学发展和科技创新。立项以运动生理学、运动康复医学、运动损伤防治、生物力学、体育计算机科学、运动心血管循环、认知神经与心理科学研究为主，运动代谢与营养支持、预防医学、信息采集与模拟、模式识别、体育设施建设与工程不断升温，体育数理科学、特殊环境生理学和体育相关化学立项较少。研究产出了许多重要成果，其中“运动激活骨骼肌 AMPK – MEF2 通路及其在 GLUT4 转录中的调节作用”“线粒体蛋白输入的运动适应与调控机制”“低氧和低氧训练对骨骼肌骨架蛋白代谢影响机理”等促进了运动生理学研究。“人体运动生物力学测量、分析和模拟”“炎症微环境在骨骼肌损伤和再生中的作用机制”“胸腰椎损伤运动功能重建的生物力学研究”在运动损伤和医学领域取得了重要进展；“认知和有氧代谢锻炼对常态化大脑可塑性的神经机制”“羽毛球运动对成人视运动知觉可塑性影响和神经机制”，促进了体育认知和神经科学的发展；“北京奥运会场馆后期开发利用”“基于全民健身需求的中小城市体育设施建设”“体育赛事市场开发支持体系与实施策略”促进了我国体育产业发展和体育设施规划。有许多研究成果受到国家的重视、被相关部门采纳、推广、应用；谢敏豪、陈佩杰等人的成果获得国家、省市科技进步奖；周成林、石丽君、张缨、常芸等人的研究获得中国体育科学学会成果

奖[38]。项目研究还产出了近千余篇科技论文，有的发表在国外重要刊物，产生了较大的影响。

（二）形成了各类高校和机构共同关注体育科学的局面

近年来体育院校、师范院校等各类单位都开始关注体育交叉科学研究，特别是医科院校和国家级研究机构的加入，使体育科学研究水平不断增强，极大地拓宽了科研队伍建设和研究视野。目前我国有较高水平体育自然科学研究能力的综合和师范院校已达90余所，医科院校达40余所，理工科院校达30余所，体育专业院校达10余所，研究机构有10余个。国家自然科学基金体育科学在2006年、2011年分别获得重点和杰出青年项目的突破，进一步展现了研究实力，确立了其在基金中的地位。各类院校都积极开展体育研究人才培养工作，已有6所体育专业院校，近20所其他院校开始培养体育博士研究生，更多的院校能够培养体育学硕士研究生。多数院校从项目管理、科研政策、交流合作等多方面出台政策，鼓励科研人员积极申报基金。如复旦大学积极推进科技体制创新，支持项目获得者进入校内研究中心工作，在工资待遇、科研奖励等方面给予支持[39]。上海体育学院配套国家自然科学基金项目经费的30%并给予经费的10%作为奖励；湖南师范大学给予面上和青年基金每项2万元奖励。

（三）研究的多学科和交叉性不断加强

通过国家基金项目的引领作用，进一步拓宽了体育自然科学的领域和视野，研究不断深入，手段和方法更加新颖，学科领域不断拓展，方向更加明确、细致和深入。15年来体育类项目立项2项以上的领域和方向已达到200余个，其中医学科学部已达50余个；生命科学部已达40余个；以前涉及较少的体育工程、信息、数理、运动代谢与营养、预防医学、运动模拟与仿真等领域也在近年得到了较快的发展。

（四）培养了科研人才，建立了研究基地

科研人才和平台建设是体育科学影响力提升，获得高水平项目的前提，青年人才是保障科研具有持续动力的重要条件。15年来760项基金项目的获得，使近1.2万人参与到研究中。青年项目立项不断增加，2013年达到35项，2014年更是

占立项总数的34.1%,这使大批体育青年科研人才在申报、论证、实验、分析等工作中得到锻炼,逐渐成为研究的骨干,为之后申报其他类别基金项目打下了基础。通过项目的增加,还形成了一定数量的科研平台。北京体育大学、上海体育学院、华东师范大学等院校建成了教育部重点实验室;上海体育学院还建成了国家体育总局科技示范园区;有30余个院校建成了国家体育总局等省级重点实验室;复旦大学、同济大学等院校还利用国家重点实验室或工程中心开展了体育相关研究工作。

四、国家自然科学基金体育科学研究展望

(一)研究水平和成果推广还需不断提升

虽然经过众多体育科研人员的努力,使我国体育自然科学研究取得了一定的成就,但影响力还非常有限,成果的深入性、应用价值和推广转化率还较低[40]。国家自然科学基金体育科学项目基础性研究占25.8%,应用基础性研究占68.1%,应用性研究占6.1%;成果以研究报告和论文形式结项的占79.2%,仅有13.9%设计了产品或进行成果转化;结项成果获得优秀或是被广泛报道的较少;具有国际影响力的论文和成果很少,研究的精品意识还有待加强。研究成果的转化率较低,但普遍缺乏推广形式,限制了成果价值的充分发挥。今后要拓宽成果的推广,促进体育科技产、学、研一体化,尤其要加强在竞赛训练、全民健身、体育产业、冬奥会科技服务等方面的成果转化,为这些领域的发展提供更大的支撑。

(二)深入学科交叉,扩大研究领域

科学是内在的统一体,各学科并非绝对割裂的,而是相互依存、相互联系的。在德国、美国体育已发展成为深度交叉和应用性的独立学科,运动与医学、生理学、运动认知、运动控制、体育工程、体育与健康是主要研究领域[41]。而目前我国体育自然科学研究力量较弱,学科范围有限,在生命和医学领域获得的自然科学基金项目占近80%,其中运动人体科学研究占将近70%。今后要利用各领域研究者开始关注体育科学的契机,加强学科交叉研究,把握物理、化学、医学、生理、心理等相关学科的国内外发展动向,将最新的研究成果应用到体育科学研究中来。不断扩大研究领域和范围,紧紧围绕运动生理学、运动训练方法创新、训练监

控与营养恢复、心理调控、运动伤病防治、康复训练、运动性疲劳消除、科学健身方法、体育信息与计算机模拟、体育工程与训练器械的研制、体育产业发展等开展研究,更好地为我国体育事业发展和人民群众健康服务。

(三)增加立项数量和类别,提高体育科学影响力

近年来体育科学在我国的受重视程度不断提高,各类体育科研项目立项数量稳步提升,但总的立项比例还较低。如国家自然科学基金2011年共批准3.1万余项,体育科学项目仅获85项,占0.27%;2014年共投入经费2128853万元,体育科学项目仅获5298万元,占0.25%;体育科学项目立项严重不均,面上项目占57.4%;青年项目占28.7%;专项、地区、国际、重点、联合项目分别占4.6%、4.2%、2.8%、1.5%和0.28%。重点项目仅占1.5%,说明高水平研究和领军人物不足;专项项目少反应体育科学的受重视程度还不够;地区项目少,说明偏远和经济不发达地区的研究能力有限;联合和国际合作项目少则制约着合作交流和研究视野。国家社会科学基金已于1997年设立体育学项目,之后项目立项大幅增加,从1997年以前的每年仅获6~10项,逐步增加,2014年立项达到127项,是国家自然科学基金2014年体育类项目的1.4倍。在国家自然科学基金申报中体育科学仍不是单独类别,这严重制约着高水平项目的获得,在当前情况下科研工作者仍要充分发挥体育综合、交叉学科的优势,积极争取各类项目。同时国家自然科学基金委已在多种行业和领域设立了联合基金,还曾设立“奥运2008科技行动计划专项”,要抓住当前我国体育大发展和承办冬奥会的机遇,争取体育总局与基金委合作,设立联合基金或推出冬奥会专项计划。

(四)大力跨学科培养优秀体育科研人才

目前我国体育自然科学研究人才总量要少于社会科学,研究队伍不尽合理,各省市间的竞争力差异较大,西部和经济不发达地区较少,人员主要集中在经济发达地区和重点高校。体育自然科学人才总量和青年人才都不足,项目核心主持人及其主持项目数偏少,缺乏具有影响力的专家。今后应进一步重视人才的引进和培养,突出各单位优势学科和区域特色,提供优越的条件,吸引不同领域、学科、行业的人才进行体育研究;利用学科、项目、平台、专家的带动作用,培养科研骨干和青年人才,鼓励他们深入体育实践,开展创新研究。从而提高各类项目的申报

数量和质量，更好地服务于我国体育自然科学发展。

（五）组建优势科研团队，争取高级别科研平台

科研团队和平台建设对汇聚和培养优秀科研人才具有重要意义。目前我国体育专业院所还没有科技部批准的科研平台，教育部、体育总局、省级自然科学研究平台也仅有30余个。受此影响体育专业院校国家自然科学基金立项在各类院校中仅仅位于第3位，尤其是我国现有的33个省级专业体育科学研究所中仅有上海体科所和湖南体科所2个获得过自然科学基金，高水平研究能力有待加强。然而综合、理工、师范院校的整体实力较强，也成立了一些校内体育研究机构，但专业性高级别体育科研平台数量还较少。应进一步发挥各类院校和研究机构的不同优势，加强体育类国家、省重点学科和特色学科的培育和建设，共同合作争取国家高级别体育科研平台、联合组建国际化平台，不断加大投入，凝练方向，为体育自然科学研究、人才培养和团队建设提供更有力的支撑。

（六）深化国内外各类交流与合作

相关调查显示国家自然科学基金获得者62%有国外学习或研究经历，而体育科学项目获得者仅有31.7%的人员有相关经历。由于对申报的重视不够，体育科学国际合作项目15年来仅有池建的“全国体育学研究生讲习班”、张勇的“中国线粒体2008国际学术会议”、周成林的“第一届国际运动认知科学研讨会”等20余项。同时体育科研人员分布较为分散，受制于隶属关系不同和科技管理体制不畅，造成了研究队伍的封闭性，缺乏交流，联合申报项目较少。要进一步优化管理体制，加强国内外交流合作，积极申报国际项目，举办学术活动，提倡资源共享，探索多种合作形式。如近年来北京体育大学与国家体育总局体科所、首都医科大学的联系越来越紧密；上海体育学院举办的各种论坛、评审会和项目申报中逐步出现了复旦大学医学研究人员。要扩大和完善交流形式，鼓励不同类型、学科、领域的单位联合培养人才，开展合作研究。要积极关注国外研究成果，鼓励研究者们到国外学习深造和交流，开阔视野，在国际期刊上发表论文，向国外推广成果。

第三章　体育院所国家自然科学基金研究能力分析

一、概述

国家自然科学基金在推动我国自然科学基础研究的发展，促进学科建设，发现和培养优秀科技人才等方面取得了巨大的成绩。体育学科是一门实践性很强的综合学科，涉及管理学、社会学、生物学、力学、医学等多个学科门类[42]。体育类自然科学也是体育院所科学研究和人才培养的重要方向，获得基金支持是发展体育自然科学的重要渠道。对国家自然科学基金体育院校与机构近些年立项情况分析，能够反映体育院校与机构自然科学研究的现状、热点和发展方向，有助于为体育院所研究选题、人才培养、学科建设提供导向和参考，以促进我国体育院所更好的发展[43]。

二、研究对象与方法

以2004—2014年体育院校、机构获得的国家自然科学基金项目为研究对象，采用文献资料调研、数理统计、文献计量学方法，统计数据来源于国家自然科学基金网络检索系统、基金委员会发布的年度报告、资助项目统计汇编及基金委计划与财务系统的统计数据。统计分析指标具体包括立项数、资助金额、资助强度、所属学部；主持人的年龄结构、职称结构、核心主持人和增量主持人情况；项目依托单位、项目组成员结构、项目主题内容分布等。对这些数据进行了分类统计，并对体育科学研究取得的成就和发展进行了回顾和展望。

三、研究结果与分析

(一)国家自然科学基金体育院所立项总体情况

1. 立项类别和资助经费分析

2004—2014 年体育院校与机构共获得国家自然科学基金项目 127 项(表 8),各年度项目立项的数量总体呈上升趋势。由 2004 年的 3 项,增加到 2014 年的 16 项,增长幅度为 433%。2008 年由于北京奥运会的筹办和“科技奥运”的提出,促进了体育自然科学的研究,立项项目达到了 11 项,之后一直稳定在两位数,2010 年获批 14 项,达到第一个高峰。11 年内的所有立项项目中,面上项目占主体,获得 92 项,占 72.4%;青年项目仅获 18 项,占 14.2%。青年项目要求申请者当年男性未满 35 周岁,女性未满 40 周岁,由于我国从事体育自然科学研究的青年人才储备和拔尖人才不足,因此青年项目明显落后于化学、物理、生物等学科。重点项目立项 1 项,占 0.8%,由国家体育总局吴侔天教授获得;专项项目共立项9 项,占 7.1%,专项项目虽然资助的金额较少,但对基金初次获得者和体育特殊的研究内容有较大帮助,其中有 4 位获得专项基金的主持人,在以后再次获得了基金项目。11 年内联合项目、国际项目共立项 7 项,占 5.5%,这从一定程度上反映了研究的对外开放、合作交流程度不足。因此,需要在体育合作交流、协同研发方面加大引导和鼓励。

经费方面,2004—2014 年的 11 年间,我国体育院校与机构获得国家自科基金委资助 5233 万元,平均每年为 475.7 万元,已成为研究的有利资助渠道。经费由 2004 年的 57 万增加到 2014 年的 923 万,增长幅度为 1519%;其中 2010—2011 年增加了 407 万元,增幅为 127%。2009—2013 年共获得经费 3306 万元,明显高于 2004—2008 年的 1004 万元,增幅为 229%。说明基金的申报和经费的申请越来越受到我国体育科研工作者的重视。从资金的分布看,面上项目最多,共获得资助 4262 万元,占 81.4%;青年项目获得资助 387 万元,占 7.4%,其次是国际项目共获得了 297 万元,占 5.7%,其中天津体育学院张勇教授的国际项目,一次性获得资助 270 万元,创下单项资助最高项目;重点项目获 180 万元,占 3.4%;专项项目获 99 万元,占 1.9%;项目平均资助额度达到 41.2 万元。近年来,国家自然科学基金加大了面上和青年项目的资助力度,还拓展了联合项目的资助范围,体育工作者更应把握机会争取更多的基金项目和经费支持[44]。

表 8 2004—2014 年国家自然科学基金体育院校与机构立项及经费

年度	面上/经费(万元)	青年/经费(万元)	联合/经费(万元)	专项/经费(万元)	国际/经费(万元)	重点/经费(万元)	立项总数	资助总额(万元)
2004	3(57)						3	57
2005	7(173)			2(20)			9	193
2006	6(128)		1(8)	1(15)		1(180)	9	331
2007	6(139)	1(16)		1(10)			8	165
2008	7(204)	2(39)		1(9)	1(6)		11	258
2009	11(337)	1(20)		1(10)			13	367
2010	6(195)	5(97)		2(20)	1(9)		14	321
2011	6(357)	4(97)			2(274)		12	728
2012	13(901)	1(23)		1(15)	1(5)		16	944
2013	14(899)	2(47)					16	946
2014	13(872)	2(48)			1(3)		16	923
合计	92(4262)	18(387)	1(8)	9(99)	6(297)	1(180)	127	5233

2. 立项项目所属国家基金委学部分析

体育院校与机构获批的基金项目涵盖了国家自科基金委除地球科学部以外的七大学部,反映了目前我国体育自然科学研究的综合性、交叉性、多学科特性。从各学部立项的情况来看(表 9),生命科学部立项项目最多共立项 61 项,占 48%;其次是医学科学部立项 35 项,占 27.6%;数理科学部立项 13 项,占 10.2%;管理科学部立项 8 项,占 6.3%;材料与工程学部立项 5 项,占 3.9%;信息科学部立项 3 项,占 2.4%;化学科学部立项 2 项,占 1.6%。其中医学科学部项目获得的连续性较强,每年都有立项;数理科学部仅 2004 年、2008 年、2014 年没有获得项目资助;生命科学部项目立项增长较为明显,从 2007 年的 1 项增长到 2008 年的 7 项,增长率为 600%,2013 年达到最高的 11 项。从总体情况上看体育运动人体科学和运动医学研究不断深入和加强,已形成相关学科、科研平台和团队;与体育联系紧密的数理科学、管理科学研究正在形成和发展,科研团队和研究基地建设还需要大力加强;体育相关材料与工程学、信息科学、化学等高水平研究刚刚起步。

表 9 2004—2014 年国家自然科学基金体育院校与机构立项所属学部情况

单位:项

年度	数理学部(A)	化学科学部(B)	生命科学部(C)	材料与工程学部(E)	信息科学部(F)	管理科学部(G)	医学科学部(H)	立项总数
2004							3	3
2005	1			1		2	5	9
2006	1	1			1	3	3	9
2007	1		1			1	5	8
2008			7				4	11
2009	2		9			1	1	13
2010	1		9	1	2		1	14
2011	3		6				3	12
2012	1		7	3		1	4	16
2013	3		11				2	16
2014		1	11				4	16
合计	13	2	61	5	3	8	35	127

3. 立项单位分布分析

研究以赫芬达尔指数,即各依托单位获资助项数占项目总项数的百分比的平方和,来测度 2004—2014 年体育院校与机构资助项目在各单位的分布状况。该指数越大,表明资助项目在各依托单位中分布越不均衡,即资助项目越来越集中在一部分依托单位,反之亦然。通过计算得知各年度赫芬达尔指数在 0. 1803 ~ 0. 3830,其中 2005 年、2008 年有所增加,总体呈现逐年下降的态势,由 2004 年的 0. 3267 降低至 2012 年的 0. 1328,2013 年、2014 年上海体育学院获得 6 项和 7 项基金,指数增至 0. 2265 和 0. 25。各单位获资助项目分布的不均度在逐步降低,立项单位由 2004 年的 3 个,增加到 2012 年的 9 个,之后一直稳定在 8 个。从近 11 年立项的 15 个单位情况来看,体育科研机构 4 个单位共获得 13 项,占 10. 2% ,国家体育总局下属的体育科学和运动医学研究所,有较强的实力,共立项 10 项;上海体科所具有地域优势立项 2 项;湖南体科所周志宏教授立项 1 项。体育院校有 11 个单位获得立项,是自然科学基金立项的主力军(表 10)。上海体育学院仅 2004 年没有立项,2007 年立项 1 项,其他年立项都在 2 项以上,2014 年达到 7 项,共获36项,占28.3%,立项最多;北京体育大学,每年都有立项,共获26项,占20.5%,位于第二;天津体育学院仅2006年、2009年没有立项,共获19项,占15%。这3所院校都是博士学位授予单位,其中上海体育学院拥有国家体育总局运动技战术诊断与分析、运动健身科技教育部重点实验室、上海市重点实验室等科研平台;北京体育大学拥有运动人体科学国家级重点学科、国家体育总局运动适应重点实验室及5个省部级重点实验室。天津体育学院拥有国家体育总局竞技运动心理与生理调控重点实验室等科研平台,对基金项目的获得起到了重要的推动作用。成都体育学院共立项10项,占7.9%,全部为2009年之后获得,它拥有国家体育总局运动医学重点实验室,在运动医学和运动损伤防治方面研究实力较强。广州体育学院立项5项,其中范毅方教授一人获得了3项,占其学校的60%。沈阳体育学院立项5项,以青年项目、体育管理学项目和冰雪项目研究为主;武汉体育学院立项4项以运动生理学和水上项目研究为主,有明显的地域优势;立项1项的单位有3所。南京体育学院和上海体育科学研究所都是2012年之后新增的立项单位,基金申报得到了更多单位的重视。获得自然科学基金较多的单位大都具有领先的学科建设和科研平台,充分显示了科研平台建设对于凝聚人才、培养学术团队,产出高水平科研成果的重要作用[45]。同时也要看到张勇教授和范毅方教授个人立项数量在其学校的重要地位,显示了高水平人才的突出作用;以及沈阳体育学院、武汉体育学院发挥地域优势,保持单项研究领先的特点。

表10 2004—2014年国家自然科学基金体育院校与机构立项单位情况

单位:项

单位	北体	成体	首体	上体	武体	总局体所	天体	沈体	广体	湖南体所	河北体院	西体	总局医所	南体	上海体所	赫芬达尔指数
2004	1					1	1									0.3267
2005	5			2		1	1									0.3830
2006	3			3				1			1		1			0.2591
2007	1		1	1	2		2		1							0.1875
2008	3			4			3			1						0.2893
2009	2	2	1	4		2			2							0.1954
2010	4	2		2	1		3		1			1				0.1836
2011	1	1	1	4		1	2	1	1							0.1803
2012	2	3		3	1		2	2				1		1	1	0.1328

续表

单位	北体	成体	首体	上体	武体	总局体所	天体	沈体	广体	湖南体所	河北体院	西体	总局医所	南体	上海体所	赫芬达尔指数
2013	1	1	1	6		1	4	1					1			0. 2265
2014	3	1	1	7		1	1						1		1	0. 2500
合计	26	10	5	36	4	7	19	5	5	1	1	2	3	1	2	2. 614

(二)国家自然科学基金体育院校与机构立项人员情况

1. 立项项目主持人总体情况分析

为了解获得国家自然科学基金的人员情况,我们对2004—2014年间体育院校与机构获批基金的76人进行了统计研究(表11)。结果表明,项目主持人具有教授职称的占40.8%;副教授职称的占44.7%;博士学位获得者占总数的72.4%;担任博士生导师的有19.7%,硕士生导师的有53.9%,充分体现了自然科学基金获得者的高水平和精英性。其中40岁以上的人员是获得体育类自然科学基金的主力,占总数的72.4%,40岁以下的主持人大都具有博士学位,在体育工程、体育计算机等新兴学科研究较为突出。有国外学习或工作经历的有22人,占28.9%,这使他们开阔了眼界,接触了国际名师和知名研究机构,促进了基金项目的获得。

表11 2004—2014年国家自然科学基金体育院校与机构立项人员情况

年龄			职称		学历			担任导师		国外经历
30~40	40~50	50~60	副教授	教授	本科	硕士	博士	硕导	博导	有
21	30	25	34	31	9	12	55	41	15	22
27.6%	39.5%	32.9%	44.7%	40.8%	11.8%	15.8%	72.4%	53.9%	19.7%	28.9%

2. 项目核心主持人情况分析

国家自然科学基金项目核心主持人是指主持项目较多,在本学科领域具有较大影响的主持人。核心主持人数量依据文献计量学学者普赖斯提出的公式计算,确定主持过2项以上项目的人员为核心主持人。如表12所示,2004—2014年项目核心主持人共有26人,其中获得立项最多的有1人,共主持过8个项目,2人获得过4次立项,8人获得过3次立项,其余15人都获得过2次立项,核心主持人共立项70项,达到了34.2%的人主持55.1%的项目,与普莱斯教授提出的10%的主持人承担50%课题的理想值有一定差距。其中北京体育大学和上海体育学院核心主持人最多，都为7人，部分人员出自同一科研团队，作为参与人参加了同校其他国家自然科学基金项目。核心主持人获得面上项目56项，占44.1%；国际（地区）合作与交流项目5项，占3.9%；专项项目6项，占4.7%；青年项目4项，占3.1%。核心主持人以有较大影响力的专家为主，中青年优秀科技人才不足。核心主持人大都善于掌握国家自然科学基金的支持方向和政策，如国家自然科学基金鼓励承担或承担过3年期以上科学基金项目的人员，申报合作与交流项目，因此张勇教授、陈佩杰教授、周成林教授和洪友廉教授以在研项目为依托获批了此类项目；为紧密结合经济社会发展，国家基金委根据当年情况设立专项研究基金，池建教授获得了2项专项项目，值得借鉴和重视。对核心主持人立项项目名称的重复热点词的研究发现，26人中仅有董传升教授1人获得的2个管理科学部项目没有重复词，其他都有重复词。例如，热点词重复最多的是张勇教授，在他获得的8项基金中有7项在名称中出现线粒体；范毅方教授获得的3项基金中全都出现生物力学；王瑞元教授获得的4项基金都是围绕骨骼肌蛋白代谢进行研究。说明具有稳定的方向，进行系列和连续的研究是获得国家自然科学基金项目的重要条件。

表12　2004—2014年国家自然科学基金体育院校与机构核心主持人立项情况

姓名	立项年度及类别	单位	名称热点词/次	首次获得基金项目名称
张勇	2004（面）2007（面）2008（面）2008（国）2010（面）2010（国）2011（国）2013（面）	天体	线粒体/7	活性氧在运动诱导骨骼肌线粒体生物合成中的信号作用及其调控因素
周成林	2009（专）2011（面）2012（国）	上体	神经机制/2	击剑专家级选手运动决策的认知优势及神经机制
张缨	2009（面）2011（面）2014（面）	北体	骨骼肌AMPKα2/2	运动激活骨骼肌AMPKα2－MEF2通路及其在GLUT4转录中的调节作用
范毅方	2007（面）2009（面）2011（面）	广体	生物力学/3	力量训练与青年人骨量适应性的生物力学研究
陈佩杰	2006（面）2009（面）2011（国）2012（面）2014（面）	上体	运动细胞/2	运动性淋巴细胞亚群失衡的发生机制研究

续表

姓名	立项年度及类别	单位	名称热点词/次	首次获得基金项目名称
潘珊珊	2007(专)2010(面)2014(面)	上体	运动心肌保护/2	运动预适应对心肌早期和延迟保护作用机制的研究
曾凡星	2006(面)2010(面)	北体	骨骼肌信号/2	低氧运动对骨骼肌 mTOR 信号的调控及机制
王瑞元	2005(面)2009(面)2012(面)2014(面)	北体	骨骼肌/4	低氧和低氧训练对骨骼肌骨架蛋白代谢影响机制的研究
冯连世	2005(面)2009(面)2014(面)	总局体所	低氧训练大鼠/2	不同模式低氧耐力训练大鼠 HO/CO、NOS/NO 信号系统适应性机制研究
娄淑杰	2005(面)2008(面)	上体	大鼠神经/2	运动促进幼龄大鼠神经再生和空间学习能力的机制研究
刘宇	2006(面)2008(面)2013(面)	上体	神经肌肉/2	制约短跑速度能力的神经力学探讨
董传升	2006(面)2012(面)	沈体	无/0	奥运对科技产业发展的影响研究
文立	2007(面)2012(面)	天体	龄 mtDNA/2	基于运动与限食模型对增龄过程中 mtDNA 突变与缺失累积的分子机理研究
袁琼嘉	2009(面)2013(面)	成体	学习记忆能力/2	PSA/NCAM 信号通路介导力竭运动对学习记忆能力影响的作用机制研究
石丽君	2010(面)2013(面)	北体	有氧运动/2	有氧运动诱导衰老血管功能重塑的平滑肌 K 通道机制
姜宁	2010(青)2013(面)	天体	小鼠帕金森发病/2	增龄和预运动训练在 MPTP 致小鼠帕金森发病中的作用:线粒体自噬途径的分子生理学机制
孟庆华	2011(青)2013(面)	天体	踝关节外侧韧带损伤/2	踝关节外侧韧带损伤机制研究及其危险因素的随机生物力学评定
池建	2005(专)2005(面)2006(专)	北体	体育/3	全国体育学研究生讲习班
赵丽	2010(专)2012(面)	北体	运动/2	运动对淀粉样肽所致 AD 模型学习记忆的影响及机制

续表

姓名	立项年度及类别	单位	名称热点词/次	首次获得基金项目名称
胡杨	2004(面)2010(面)2014(面)	北体	氧研究/2	运动员间歇性低氧训练个体适应能力预测指标的研究
张剑	2009(面)2013(面)	上体	复杂运动神经心理机制/2	复杂运动条件下认知能力和运动技能学习能力的神经心理机制研究
马勇	2009(面)2012(面)	武体	多帆运动帆船/2	基于数值模拟的多帆运动帆船帆翼空气动力性能研究
洪友廉	2011(面)2014(专)	成体	太极拳/2	太极拳运动效果脑神经机制的影像学研究
王茹	2010(青)2014(面)	上体	低氧调剂作用机制/2	运动/低氧对慢性疲劳综合征动物模型的免疫调剂作用及其机制
孙孟炜	2012(面)2014(面)	上体科	骨骼肌运动损伤/2	乙醛脱氢酶2在骨骼肌运动性损伤中的作用及其机制
刘坤	2009(青)2014(面)	首体	抗坏血酸/2	运动对大鼠脑缺血早期海马脑区抗坏血酸变化影响的活体动态研究

3. 项目主持人的增复量情况分析

国家自然科学基金新主持人的增加能够反映申请人的活跃程度。根据洛特尔定律,一定时期新主持人立项数占立项课题总数的百分比,反映了新主持人的涌现情况,称为主持人增量,增量理论的最佳值为64;核心主持人立项数占立项课题总数的百分比,称为主持人复量。主持人增量和复量的情况可通过洛特尔公式来定量化地计算[46]。2004—2014年国家自然科学基金体育院校与机构项目主持人的增复量情况,增量在30.8~63.6,平均值为47.6,没有达到洛特尔定律的最佳值;复量在36.4~69.2,平均值为52.4。表明新增主持人较少,研究人员力量不足,结构不够合理。研究人员总量不足,项目申报数量少,新增的主持人少是制约国家自然科学基金体育科学项目立项数量的主要问题。

4. 项目立项领域与方向

通过对国家自然科学基金127项体育科学项目的主题内容研究与分析,可以看出体育科学研究中的传统优势领域、新兴方向以及近年的研究热点[47](表13)。研究表明,运动生理学是体育院校与机构自然科学基金项目立项的主要方向,立项63 项,占 49.6%。其中 2006 年少于其他学科,2013 年与其他学科持平,其余都明显高于其他学科,2004 年立项的 3 项,都为运动生理学方向;运动生理学 2007 年立项数量,占当年立项项目的 75%;2010 年占当年立项项目的 64.3%;2014 年占当年立项项目的 62.5%。运动生理学是体育自然科学的基础学科,也是博士和硕士的招生学科,已形成人才培养的梯队和比较稳定的研究方向,实力较强。运动心理学立项 16 项,占 12.6%,位于第二位;2004 年、2007 年、2012 年没有立项,2013 年达到 4 项,越来越受到重视。运动生物力学立项 13 项,占 10.2%,仅 2004 年、2005 年、2014 年没有立项,其中以上海体育学院和广州体育学院居多,主要包括运动损伤和运动训练实践中的生物力学分析。运动医学立项 10 项,占 7.9%,2006 年立项 1 项,2013 年达到 4 项,侧重于运动医学理论与实践方面的研究。体育管理学立项 7 项,占 5.5%。我国综合国力不断提升,体育事业蓬勃发展,体育管理学项目主要是大型赛事管理、体育团队管理等方面的内容。随着现代科学技术的发展,体育工程学、体育计算机科学近年来不断升温,共立项 7 项,占 5.5%。2005 年立项1 项,其他都出现在 2009 年之后,以中青年具有相关背景的博士居多,例如:2010 年沈乐君博士的《基于多摄像机和球类比赛概率图模型的比赛信息获取方法研究》、2011 年王新博士的《自由式滑雪空中技巧项目人体调控对出台速度影响的研究》。另外,国家自然科学基金鼓励体育学术交流,立项了 6 项;运动营养方向立项 1 项,对此方面的关注和研究有待加强。

表 13 2004—2014 年国家自然科学基金体育院校与机构立项领域与方向

研究领域	2004	2005	2006	2007	2008	2009	2010	2011	2012	2013	2014	合计	比例
运动生理学	3	5	1	6	6	6	9	6	7	4	10	63	49.6%
运动医学			1		1	1			2	4	1	10	7.9%
运动生物力学			1	1	1	1	1	2	2	4		13	10.2%
运动营养					1							1	7.9%
运动生物化学									1		1	2	1.6%
体育与计算机						1	1		1			3	2.4%
兴奋剂检测			1								1	2	1.6%
体育工程学		1					1	1	1			4	3.1%
运动心理学		1	2		1	3	1	2		4	2	16	12.6%
体育管理学		1	2	1		1	1		1			7	5.5%
体育学术交流		1	1		1			1	1		1	6	4.7%

四、国家自然科学基金体育院校与机构研究的成就与展望

（一）学科和科研平台建设促进了立项项目的增加

体育院校与机构多项国家自然科学基金项目的获得，使人才和成果不断积累，学科发展更为成熟。截至2014年体育院校中已经有5所获得体育学博士点，10余所获得运动人体科学硕士点，部分院校开设了体育计算机、体育工程研究方向；一些院校的体育自然科学还被评为国家、省级重点学科。研究者们以独特的视角、科学的方法，高屋建瓴地探索体育自然科学基础理论和热点问题，形成了有价值的成果，推动了运动技术水平提高和体育科技进步。2008年国家体育总局推行了重点实验室建设，目前已建成30余个覆盖了大多数体育院校，他们已逐渐成为国家自然科学基金申请和获批的主力。虽然经过多年的发展，我国体育自然科学研究取得了一定的成绩，但是学科和科研平台建设与其他传统科学相比仍有天壤之别，体育自然科学研究起步较晚、研究力量薄弱、学科单一、科研平台层次不高。今后各高校可以采用与重点院校联合的方式争取科技部、教育部重点实验室，要进一步加大支持和投入力度，从而扩大体育自然学科的研究水平和影响力，不断培养人才和学术团队，促进更多国家级项目的获得。

（二）学科交叉和体育专项研究应不断深入

目前在发达国家体育科学已发展成为具有深度交叉和应用性的学科，体现出强烈的科学取向[48]。而我国体育院校与科研机构获国家自然科学基金项目以运动人体科学为主占将近70%，其他研究领域较少。我们要学习德国、美国的先进经验，进行多学科交叉研究。抓好国家体育总局重点实验室建设，开展运动实践相关专项研究。国家体育总局要积极与国家自科基金委进行合作争取设立专项研究，如“国家自科基金委奥运2008科技行动计划”资助包括：兴奋剂检测、运动医学、运动员体能恢复、安全检测、通信、视频、大跨度场馆建筑、供应链管理等。同时要树立为生命健康和体育运动实践服务的思想，加强在科学健身、生物医药、运动营养、高科技运动装备等方面的专项研究。

(三)夯实研究基础培养体育科学研究人才

虽然体育科学在国家自然科学基金申报中不是单独的学科门类,但通过知名专家的带动作用、形成稳定的研究方向以及及时对科研发展动向的把握,体育院校也获得了一定数量的基金项目。11 年来 127 项自然科学基金的获得,使近 1200 人参与到研究中,其中不乏高级职称、青年骨干教师、博士学位获得者以及在校研究生,他们从中受到锻炼,积累了经验,逐渐成为研究的骨干。从目前我国体育自然科学发展现状并结合相关研究结果看,研究的人才基础和总量少于体育社会科学研究,优秀人才匮乏,后备人才不足。在过去的 11 年中,40 岁以下的基金立项人员仅占 27.6%;青年基金项目仅占 14.2%。今后应进一步夯实研究基础,体育主管部门和各体育院校、机构要高度重视,提高体育自然科学的研究条件,充分发挥知名专家的作用,大力培养和引进具有生物学、医学、工学、计算机科学、管理学背景的优秀人才,凝练和培养学术团队,形成稳定的研究方向,提高高级别项目的申报数量和质量。

(四)加强交流合作拓宽研究视野和领域

经过多年的发展体育院校与机构在国家自然科学基金项目研究方面形成了以运动生理学、运动心理学为基础;体育数理科学、运动医学研究不断深入;体育工程学、体育计算机科学等应用科学与软科学研究蓬勃发展的局面。研究者们不断的结合其他学科和新兴学科,拓宽体育自然科学研究的领域和范围。但研究队伍具有相当大的封闭性,现有基金资助的课题,大多数成员都来自同一单位。今后要加强体育系统内部以及不同学科、领域研究人员之间的合作,同时积极与国外高校和研究人员加强交流,联合申报,提高申报成功率和研究水平。另外要发挥中国体育科学学会的作用整合现有协会,成立体育自然科学研究会,对国内外最新成果进行报道,对国家自然科学基金体育学项目立项情况和研究动向进行分析和研讨,加强各单位之间的联系和学术交流,活跃我国体育自然科学研究的学术氛围。

第四章　体育院所国家自然科学与社会科学基金立项综合研究

一、概述

体育学科是为数不多能同时获得国家自然科学基金和社会科学基金资助的学科，两类基金的获得极大地促进了体育院所的发展。通过文献资料、文献计量、数理统计等方法，对 2004—2014 年体育院所这两类基金项目的立项、进展、成就和不足进行了述评和展望。结果表明体育院所 11 年来社会科学基金有 465 人获得 532 项，体育社会学、体育管理学立项较多。自然科学基金研究规模小，有 145 人获得 198 项，但经费高于社会科学基金，运动人体科学立项较多。体育院校在两类基金研究中一直保持着领先，共立项 374 项。研究产出了许多重要成果，促进了体育学科和科研平台建设，培养了青年人才。今后应增强成果的精品意识，加强基础理论和学科交叉研究，强调专业化和针对性，拓宽成果形式和转化渠道。体育院所应促进学科协调发展，加强科研平台建设，深化交叉和交流合作，培养优秀人才，更好地推动我国体育高水平研究的发展。

二、研究对象与方法

以我国体育院校、体育科研机构、师范院校及体育专业院系 2004—2014 年获得的国家社会科学基金和自然科学基金体育类项目为研究对象，采用文献资料、专家访问、数理统计、文献计量学等方法对全国哲学社会科学规划办和国家自然科学基金委网站上的数据以及发布的年度报告、资助项目统计汇编、计划与财务报告等进行了统计，对体育院所研究取得的成就和趋势进行了分析。分析指标包括项目立项数、经费金额;主持人的年龄、职称结构、主持人的增复量,核心主持人情况;项目依托单位、成员结构、主题内容、研究热点等。

三、研究结果与分析

(一)立项总体情况分析

1. 立项数量和类别

国家社会科学基金与国家自然科学基金资助的学科性质、侧重点和管理方式不同,项目类别设置上也存在不同。通过研究把近些年体育院所获得的社会科学基金重点和重大、一般、青年项目与自然科学基金重点和重大、面上、青年项目对应;社会科学基金西部、后期资助、学术外译项目与自然科学基金专项、联合、国际项目对应作为同类别进行研究[49]。2004 年以来体育院所共获得国家社会科学基金 532 项;自然科学基金 198 项(表 14)。两类基金各年度立项数量总体呈上升趋势,社会科学基金 2012 年达到最高,立项 75 项,增长较快;自然科学基金 2010 年立项 27 项,增幅较大。社科基金立项以一般项目为主体,获 313 项;青年项目 136 项;西部项目 43 项;重大项目 11 项;重点项目 22 项;后期资助项目 7 项。自然科学基金立项以面上项目为主体,获 135 项;青年项目 38 项;专项项目 16 项;重点项目 1 项,由国家体育总局吴倬天教授获得;联合项目 1 项,由北京体育大学张岭获得;自然科学基金研究注重开放性和合作交流[50],体育院所立项了 7 项国际项目。体育院所自然科学基金研究青年人才少,青年项目立项少于社会科学基金 98 项;社会科学基金 2010 年开始设立中华学术外译项目,体育院所没有获得过,为此在优秀体育成果对外宣传和交流方面应加强。

表 14 我国体育院所国家社会与自然科学基金立项项目类别

单位:项

年度	社科一般/自科面上	社科/自科青年	社科/自科重点重大	社科西部/自科专项	社科后期/自科联合	社科外译/自科国际	社科/自科合计
2004	16/3	7/0	2/0	3/0			28/3
2005	20/7	6/1	4/0	5/1			35/9
2006	19/7	9/0	2/1	1/1	0/1	0/1	31/11

续表

年度	社科一般/自科面上	社科/自科青年	社科/自科重点重大	社科西部/自科专项	社科后期/自科联合	社科外译/自科国际	社科/自科合计
2007	20/10	9/2	1/0	4/2			34/14
2008	27/11	7/4		6/0		0/2	40/17
2009	23/13	9/3	2/0	2/1			36/17
2010	28/13	13/7	6/0	5/6	1/0	0/1	53/27
2011	36/15	16/7	2/0	2/0		0/2	60/24
2012	38/19	23/6	5/0	7/1	2/0	0/1	75/27
2013	36/18	22/4		6/1	3/0		67/23
2014	50/19	15/4	5/0	2/3	1/0		73/26
合计	313/135	136/38	33/1	43/16	7/1	0/7	532/198

2. 立项经费

国家社科基金各类别项目单项经费以当年全国哲学社会科学规划办申报文件中公布的资助额度计算,自然科学基金以国家自然科学基金委立项公告的经费计算。2004 年以来体育院所社科基金获得经费 7170 万元,自然科学基金获得 8136 万元,共计 15306 万元,已成为科学研究的有利资助渠道(表 15)。社科基金一般项目获 4158 万元;青年项目获 1603 万元;重大和重点项目获 754 万元;西部项目获 519 万元;后期资助项目获 136 万元。自然科学基金面上项目获 6583 万元;青年项目获 811 万元;国际项目获 387 万元;重点项目获 180 万元;专项项目获 167 万元。社科基金经费 2004 年为 196 万元,2012 年达到最高为 1560 万元,其中 2013—2014 年增加了 420 万元,增幅为 36.8%;自然科学基金经费由 2004 年的 57 万增加到 2012 年最高的 1488 万,其中 2010—2011 年增加了 659 万,增幅为 99.1%。体育院所获得国家自然科学基金总经费高于社会科学基金 966 万元;自然科学基金面上项目高于社科基金一般项目 2425 万元;青年项目社科基金高于自然科学基金 792 万元。这是由于两类基金项目的研究特点不同,管理部门的项目设置和经费投入方式不同,自然科学基金面上项目经费为 50 万~80 万元,青年基金为 20 万~30 万元,体育院所项目平均资助额度达到 41.1 万元,张勇教授的国际项目单项经费最高,达到 270 万元。社科基金项目随年份的不同经费资助额度也不断增长,如一般项目 2004 年为 8 万元,2014 年已增长到 20 万元[51],但体育院所项目平均资助额度仅为13.5万元,年度总经费仅2004年、2005年、2010年、2014年高于自科基金。

表15　我国体育院所国家社会与自然科学基金立项项目经费

年度	社科一般/自科面上(万元)	社科/自科青年(万元)	社科/自科重点重大(万元)	社科西部/自科专项(万元)	社科后期/自科联合(万元)	社科外译/自科国际(万元)	社科/自科合计(万元)
2004	112/57	39/0	24/0	21/0			196/57
2005	140/173	36/0	48/0	35/10			259/183
2006	152/205	63/0	24/180	8/15	0/8	0/3	247/411
2007	160/259	72/52	13/0	32/20			277/331
2008	270/332	56/57		60/0		0/96	386/485
2009	230/439	72/61	30/0	20/10			352/510
2010	336/406	130/180	140/0	60/70	12/0	0/9	678/665
2011	540/906	160/144	150/0	30/0		0/274	880/1324
2012	570/1355	345/113	125/0	105/15	50/0	0/5	1195/1488
2013	648/1138	330/108		108/24	54/0		1140/1270
2014	1000/1313	300/96	200/0	40/3	20/0		1560/1412
合计	4158/6583	1603/811	754/180	519/167	136/8	0/387	7170/8136

3. 项目在不同类别单位中的分布特征

通过查询发现,2004—2014年国家社会科学和自然科学基金体育类项目体育院校分别立项261项和113项;师范院校分别立项253项和72项;综合院校分别立项178项和64项;体育机构分别立项18项和13项(表16),由体育总局和体育科学研究所、运动医学研究所、上海体科所和湖南体科所等获得。体育院校这两类基金获得数量都位于第1位;师范院校位于第2位。综合院校立项项目更偏重于运动生理学、医学、运动心理学以及体育交叉学科研究。

表16　国家社会与自然科学基金体育科学项目立项分布情况

年度	体育院校 社科/自科	师范院校 社科/自科	综合院校 社科/自科	体育机构 社科/自科
2004	14/2	11/0	5/1	3/1
2005	17/7	17/1	7/2	1/1
2006	17/8	13/2	9/2	1/1

续表

年度	体育院校 社科/自科	师范院校 社科/自科	综合院校 社科/自科	体育机构 社科/自科
2007	22/8	11/6	11/2	1/0
2008	20/10	18/6	19/5	2/1
2009	22/10	13/5	21/5	1/2
2010	25/14	25/13	20/5	3/0
2011	28/11	32/12	21/10	0/1
2012	38/15	34/11	19/3	3/1
2013	30/14	37/7	21/13	0/2
2014	28/14	42/9	25/16	3/3
合计	261/113	253/72	178/64	18/13

4. 立项单位分布情况

2004 年以来体育院校是两类基金项目立项的主力军，师范院校紧随其后（表 17、表 18）。从具体立项情况来看，社会科学基金北京体育大学最多，获 47 项；上海体育学院获 40 项；成都体育学院获 36 项，其中西部项目 9 项；武汉体育学院获 31 项；西安体育学院获 20 项，其中西部项目 8 项；首都体育学院获 19 项；华南师范大学获得 19 项，位于师范院校第 1 位；天津体育学院获 18 项；沈阳体育学院获 17 项；福建师范大学获得 16 项；华中师范大学获得 14 项；曲阜师范大学立项 11 项；辽宁师范大学和南京师范大学各获得 10 项。自然科学基金上海体育学院最多，获 36 项；北京体育大学立项连续性较好，获 26 项；天津体育学院获 19 项，运动生理学研究实力较强。华东师范大学获得 15 项；北京师范大学获得 14 项，这两所院校都是国内知名师范大学，借助科研平台和学科交叉优势，获得了较多的项目。陕西师范大学获得 10 项，其中田振军教授获得 3 项。成都体育学院获9 项，都为 2009 年之后获得，在运动医学和运动损伤防治方面有一定优势。广州体育学院获 5 项，其中范毅方教授获得了 3 项。沈阳体育学院获 5 项，董传升教授获 2 项；2011 年、2012 年、2013 年分别由王新博士、衣雪洁教授和孙拥军博士获得；武汉体育学院获 4 项，以水上项目研究为主。

立项单位中仅有 26 个同时获得两类基金，多数单位体育类项目社科基金立项总数高于自科基金，其中武汉体育学院、成都体育学院都高出 27 项，西安体育学院高出 18 项，华南师范大学高出 18 项，福建师范大学高出 14 项。国家自然科学基金体育项目研究仅有上海体育学院、北京体育大学、天津体育学院等体育院校和少数师范院校形成了规模，具备一定的实力。总的来看我国体育院所学科发展不够平衡，自然科学研究较为薄弱，获得社会科学基金的难度相对要小于自然科学基金[52]。

表 17　我国主要体育院校与机构国家社会与自然科学基金立项情况

单位	2004 社/自	2005 社/自	2006 社/自	2007 社/自	2008 社/自	2009 社/自	2010 社/自	2011 社/自	2012 社/自	2013 社/自	2014 社/自	合计 社/自
北体	2/1	4/4	4/3	5/1	4/3	2/2	4/4	5/1	10/2	4/1	3/4	47/26
成体	2/0	3/0	3/0	1/0	3/0	4/2	4/2	5/1	4/2	5/1	2/1	36/9
首体	1/0	1/0	1/0	1/1	1/0	3/1	3/0	3/1	3/0	0/1	2/1	19/5
上体	2/0	3/2	3/3	3/1	3/4	3/4	2/2	3/4	7/3	6/6	5/7	40/36
武体	2/0	2/0	2/0	3/2	2/0	2/0	2/1	2/0	3/1	5/0	6/0	31/4
总局	3/1	0/1	1/1	1/0	2/0	1/2	3/0	0/1	3/0	0/2	3/2	17/10
天体	1/1	1/1	1/0	1/2	2/3	1/0	2/3	1/2	4/2	2/4	2/1	18/19
沈体		2/0	1/1	1/0	1/0	2/0	2/0	1/1	2/2	3/1	2/0	17/5
广体	1/0	1/0	1/0	1/1	2/0	1/2	1/1	2/1	1/0	1/0		12/5
河北体			0/1	1/0						1/0	1/0	3/1
西体	2/0			3/0	1/0	2/0	2/1	3/0	3/1	2/0	2/0	20/2
吉体			1/0	1/0			2/0	3/0	1/0		2/0	10/0
南体						1/0			0/1	1/0	1/0	3/1
上体所									0/1		0/1	0/2
山体				1/0		1/0						2/0
哈体	1/0						1/0	1/0				3/0

表 18　我国主要师范院校国家社会与自然科学基金体育类项目立项情况

单位	2004 社/自	2005 社/自	2006 社/自	2007 社/自	2008 社/自	2009 社/自	2010 社/自	2011 社/自	2012 社/自	2013 社/自	2014 社/自	合计 社/自
北京师大				0/1	0/1	0/1	2/2	0/0	1/2	1/1	0/4	4/14
华东师大			1/0		1/2	1/0	1/2	1/3	2/3	1/4	1/1	9/15

续表

单位	2004 社/自	2005 社/自	2006 社/自	2007 社/自	2008 社/自	2009 社/自	2010 社/自	2011 社/自	2012 社/自	2013 社/自	2014 社/自	合计 社/自
华中师大		2/0	1/0	1/0	1/0	1/0	2/1	2/0	1/0	1/0	2/1	14/2
华南师大	2/0	1/0	2/0	1/1	1/0	1/0	2/0	3/0	2/0	2/0	2/0	19/1
湖南师大	1/0	1/0		1/1	1/1	0/1		1/0		1/0	1/1	7/4
曲阜师大		1/0	1/0	1/0			1/1	2/0	2/0	2/0	1/0	11/1
河北师大				0/1	0/1				1/0		1/0	2/2
陕西师大	1/0		0/1	0/1		0/2	1/3	0/1	0/1	0/1	1/0	3/10
东北师大			0/1	0/1				0/1			2/0	2/3
西北师大		3/0			1/0		0/2	1/0	1/0	1/0	1/0	8/2
辽宁师大	1/0	1/0		2/0	1/0		1/1		2/0	1/0	1/0	10/1
杭州师大		1/0	1/0			1/0	2/0	1/1	1/2	1/0		8/3
南京师大	1/0	1/1	1/0	1/0	1/0	1/0	1/1	1/0		2/0		10/2
福建师大	1/0		2/0		2/0	1/0	2/0	2/1	1/1	2/0	3/0	16/2
安徽师大						1/0	2/0	2/0	1/0	2/0		8/0

(二)立项人员情况分析

1. 立项人员与核心主持人分析

2004 年以来体育院所共有 465 人获国家社会科学基金,145 人获国家自然科学基金。社科基金正高级职称主持人较多,占 63.4%;自然科学基金博士学位主持人较多,占 76.4%,正高级职称仅占 36.8%。核心主持人是主持项目较多,具有较大影响力的主持人。采用文献计量学学者普赖斯提出的公式计算后确定

2004—2014 年主持过 2 项以上项目的为两类基金的核心主持人[53]（表 19、表 20）。体育院所社科基金核心主持人有 59 人，共立项 126 项；主持一般项目 82 项、青年项目 18 项、重点项目 8 项、重大项目 7 项、西部项目 6 项、后期资助项目 4 项、成果文库项目 1 项。其中核心主持人最多的是上海体育学院有 7 人；福建师大黄汉升教授立项最多，主持过 4 个项目。社科基金达到了 12.7% 的人主持 23.7% 的项目，与普莱斯提出的 10% 的主持人承担 50% 课题的理想值差距较大，主持人较为分散。自然科学基金核心主持人有 33 人，其中 78.8% 为体育院校人员。核心主持人共立项 86 项，其中面上项目 66 项、专项项目 9 项、青年项目 6 项、国际项目 5 项。立项最多的张勇教授主持过 8 个项目，陈佩杰教授主持过 5 个项目，王瑞元教授主持过 4 个项目，另外还有 9 人主持过 3 个项目，达到了 23% 的人主持 43% 的项目，主持人更加集中。核心主持人北京体育大学和上海体育学院都为 7 人；天津体育学院有 4 人。同时获得过社会科学和自然科学基金的仅有北京体育大学池建教授，反映了两类基金主持的难以交叉性。

国家自然科学基金有 93.5% 的核心主持人进行了系列研究获得 2 次以上立项。如张勇主持的基金中“线粒体”出现 7 次；周成林主持的基金中“神经机制”出现 2 次；张缨主持的基金中都出现“骨骼肌”；陈佩杰主持的基金中“运动细胞”出现 2 次；曾凡星主持的基金中都出现“骨骼肌 mTOR 信号”；马勇主持的基金中都出现“多帆运动帆船”。社会科学基金有 43.1% 的核心主持人进行了系列研究获得 2 次以上立项，如戴国斌主持的基金中都出现“武术文化”；刘海元主持的基金中都出现“学校体育”；龚波主持的基金中都出现“足球”；霍红主持的基金中都出现“羌族传统体育”；郭玉成主持的基金中都出现“武术”；程文广基金中都出现“体育教育”，蔡军主持的基金中都出现“体育消费统计指标”。

表 19　国家社会科学基金体育院所核心主持人立项情况

姓名	单位	立项年度（类别）	姓名	单位	立项年度（类别）
黄汉升	福建师大	2004（一般）2006（一般） 2011（重点）2014（重大）	黄彦军	韩山师院	2008（一般）2014（一般）
			邹师	沈阳师大	2004（一般）2010（一般）
方千华	福建师大	2006（青年）2012（青年）	戴健	上体	2004（一般）2011（重大）
杨文轩	华南师大	2006（重点）2010（一般） 2011（重大）	戴国斌	上体	2007（一般）2014（重点）

续表

姓名	单位	立项年度(类别)	姓名	单位	立项年度(类别)
周爱光	华南师大	2005(一般)2010(一般)2014(重点)	舒盛芳	上体	2008(一般)2013(一般)
谭华	华南师大	2007(一般)2012(一般)	张林	上体	2007(一般)2011(一般)
胡小明	华南师大	2006(一般)2010(重点)	龚波	上体	2010(一般)2014(一般)
邓星华	华南师大	2008(一般)2013(一般)	司虎克	上体	2009(一般)2013(一般)
王健	华中师大	2005(一般)2011(重大)	郭玉成	上体	2006(青年)2012(一般)
雷选沛	华中师大	2005(一般)2010(一般)	杨桦	北体	2006(重大)2010(重大)
陈元欣	华中师大	2008(青年)2013(青年)	熊晓正	北体	2004(一般)2008(一般)
王斌	华中师大	2009(一般)2014(一般)	蔡有志	北体	2005(一般)2011(一般)
胡庆山	华中师大	2007(青年)2011(一般)	黄亚玲	北体	2005(一般)2012(一般)
李启迪	浙江师大	2012(后期)2014(一般)	隋路	北体	2005(重点)2008(一般)2012(重点)
邵伟德	浙江师大	2012(一般)2014(后期)	郭晴	成体	2006(西部)2012(一般)
李荣日	杭州师大	2005(青年)2012(一般)	霍红	成体	2009(一般)2014(一般)
徐金尧	杭州师大	2006(一般)2011(一般)	程林林	成体	2005(西部)2010(重点)2010(成果)
韩春利	曲阜师大	2006(青年)2013(一般)	刘建	沈体	2009(青年)2014(一般)
曹莉	曲阜师大	2005(一般)2012(一般)	程文广	沈体	2007(青年)2012(一般)
芦平生	西北师大	2005(西部)2013(一般)	陈琦	广体	2004(一般)2009(一般)
陈青	西北师大	2005(一般)2014(一般)	陈琦	广体	2004(一般)2009(一般)
孙娟	辽宁师大	2007(一般)2014(一般)	祝莉	总局	2004(一般)2008(一般)
黄汉升	福建师大	2004(一般)2006(一般)11(重点)2014(重大)	黄彦军 邹师	韩山师院 沈阳师大	2008(一般)2014(一般) 2004(一般)2010(一般)
于文谦	辽宁师大	2005(一般)2008(一般)2012(一般)	崔乐泉	总局	2010(一般)2010(重大)
张振华	安徽师大	2010(后期)2013(后期)	黄莉	武体	2007(一般)2012(一般)

续表

姓名	单位	立项年度(类别)	姓名	单位	立项年度(类别)
郑国华	江西师大	2007(青年)2010(一般)	肖林鹏	天体	2004(青年)2009(青年)2013(一般)
张文健	温州大学	2005(青年)2013(一般)	刘海元	首体	2007(一般)2014(一般)
卢文云	西华师大	2007(青年)2011(青年)	冉令华	哈体	2004(青年)2011(青年)
孙翠琪	青海师大	2008(西部)2013(一般)	孙玮	吉体	2010(一般)2014(一般)
罗湘林	湖南师大	2007(一般)2014(一般)	蔡军	西体	2007(西部)2012(一般)
陆云兆	广西师大	2007(西部)2014(一般)	孙班军	河北体	2007(一般)2013(一般)

注:表中为主持2项以上项目人员、单位和项目类别情况,主持人单位有变化的以当前单位统计,如陈琦2004年单位为华南师大;李荣日2005年单位为天津体院;隋路2005年单位为沈阳市体育局。

表20　国家自然科学基金体育院所核心主持人立项情况

姓名	单位	立项年度(类别)	姓名	单位	立项年度(类别)
张勇	天体	2004(面)2007(面)2008(面)2008(国)2010(面)2010(国)2011(国)2013(面)	陈佩杰	上体	2006(面)2009(面)2011(国)2012(面)2014(面)
			周成林	上体	2009(专)2011(面)2012(国)
姜宁	天体	2010(青)2013(面)	潘珊珊	上体	2007(专)2010(面)2014(面)
孟庆华	天体	2011(青)2013(面)	刘宇	上体	2006(面)2008(面)2013(面)
文立	天体	2007(面)2012(面)	娄淑杰	上体	2005(面)2008(面)
王瑞元	北体	2005(面)2009(面)2012(面)2014(面)	王茹	上体	2010(青)2014(面)
池建	北体	2005(专)2005(面)2006(专)	张剑	上体	2009(面)2013(面)
张缨	北体	2009(面)2011(面)2014(面)	冯连世	总局	2005(面)2009(面)2014(面)
胡杨	北体	2004(面)2010(面)2014(面)	马勇	武体	2010(面)2012(面)
曾凡星	北体	2006(面)2010(面)	孙孟炜	上体所	2012(面)2014(专)
赵丽	北体	2010(专)2012(面)	金花	天津师大	2007(面)2014(面)

续表

姓名	单位	立项年度(类别)	姓名	单位	立项年度(类别)
石丽君	北体	2010(面)2013(面)	李永青	湖南师大	2008(面)2014(面)
袁琼嘉	成体	2009(面)2013(面)	丁树哲	华东师大	2008(面)2011(面)
洪友廉	成体	2011(面)2014(专)	罗剑	华东师大	2008(青)2014(面)
刘坤	首体	2009(青)2014(面)	张靓	北京师大	2012(青)2014(面)
范毅方	广体	2007(面)2009(面)2011(面)	刘晓莉	北京师大	2009(面)2013(专)
董传升	沈体	2006(面)2012(面)	田振军	陕西师大	2010(专)2011(面)2013(面)

表21　国家自然科学基金体育院所立项及立项主持人情况

姓名	单位	类别	姓名	单位	类别	姓名	单位	类别	姓名	单位	类别
常芸	总局	2004(面)	严翊	北体	2008(青)	王智如	华东师大	2011(面)	王仁俊	吉林师大	2012(青)
谢敏豪	北体	2005(面)	唐世鹏	北京师大	2008(国)	乔德才	北京师大	2011(面)	文娟	武体	2012(专)
席翼	天体	2005(面)	郝卫亚	总局	2009(面)	吴思	北京师大	2011(面)	赵杰修	总局	2013(面)
危小焰	上体	2005(面)	李良刚	成体	2009(面)	张化祥	山东师大	2011(面)	伊木清	总局	2013(面)
张朝	南京师大	2005(青)	胡敏	广体	2009(面)	刘鸣	华南师大	2011(面)	徐昕	上体	2013(面)
吴侔天	总局	2006(重)	丁锦江	首师大	2009(面)	潘志庚	杭州师大	2011(面)	闫坚强	上体	2013(面)
刘丽萍	河体	2006(面)	闵一建	陕西师大	2009(面)	何子红	总局	2011(青)	孙拥军	沈体	2013(面)
耿锁奎	上体	2006(面)	唐量	陕西师大	2009(青)	张雪琳	首体	2011(青)	朱蔚莉	首体	2013(面)
任维	陕西师大	2006(面)	谭丽君	湖南师大	2009(青)	王新	沈体	2011(青)	王芸	天体	2013(面)
曾宪录	东北师大	2006(国)	蓝肇熙	成体	2010(面)	郑艳红	福建师大	2011(青)	漆正堂	华东师大	2013(面)
林岭	北体	2006(联)	董晓蔚	华东师大	2010(面)	张秀玲	东北师大	2011(青)	陈爱华	华东师大	2013(面)

续表

姓名	单位	类别	姓名	单位	类别	姓名	单位	类别	姓名	单位	类别
徐国栋	武体	2007(面)	刘峰	华中师大	2010(面)	史雪荣	盐城师院	2011(青)	袁凌燕	上海师大	2013(面)
林显鹏	北体	2007(面)	宋艳	北京师大	2010(面)	何本祥	成体	2012(面)	傅维杰	上体	2013(青)
卜淑敏	首体	2007(面)	张钦	首师大	2010(面)	刘北湘	成体	2012(面)	肖卫华	上体	2013(青)
胡华光	陕西师大	2007(面)	张昆茹	陕西师大	2010(面)	衣雪洁	沈体	2012(面)	曹庆文	华东师大	2013(青)
张明	东北师大	2007(面)	杨志军	南京师大	2010(面)	王晓慧	上体	2012(面)	徐波	华东师大	2013(青)
陈湘定	湖南师大	2007(面)	沈乐君	成体	2010(青)	钱竞光	南体	2012(面)	黄强民	上体	2014(面)
杨翼	武体	2007(青)	任占兵	广体	2010(青)	徐冬青	天体	2012(面)	刘冬梅	上体	2014(面)
刘玉清	河北师大	2007(青)	黄谦	西体	2010(青)	王惠敏	华东师大	2012(面)	吴殷	上体	2014(面)
涂展春	北京师大	2007(专)	郭小娟	北京师大	2010(青)	曹晓华	华东师大	2012(面)	冯红	天体	2014(面)
王琳	北体	2008(面)	齐伟	曲阜师大	2010(青)	徐玉明	杭州师大	2012(面)	唐东辉	北京师大	2014(面)
刘卉	北体	2008(面)	李洁	西北师大	2010(专)	沈万华	杭州师大	2012(面)	王友军	北京师大	2014(面)
傅力	天体	2008(面)	丁艳平	西北师大	2010(专)	刘兴华	首师大	2012(面)	范明霞	华东师大	2014(面)
周志宏	湖南体所	2008(面)	苏艳红	辽宁师大	2010(专)	张学民	北京师大	2012(面)	刘莹	上体	2014(青)
郭春彦	首师大	2008(面)	杨明浩	陕西师大	2010(专)	潘玮敏	西体	2012(青)	周鑫淼	总局	2014(青)
何玉秀	河北师大	2008(面)	于新凯	上体	2011(面)	陈鲁倬	福建师大	2012(青)	候莉娟	北京师大	2014(青)
史仍飞	上体	2008(青)	邹军	上体	2011(面)	刘微娜	华东师大	2012(青)	赵华	华中师大	2014(青)
虞定海	上体	2008(青)	张季平	华东师大	2011(面)	宁丽娟	陕西师大	2012(青)	王盼	北体	2014(专)

2. 项目主持人的增复量分析

“增复量”是反映科研项目主持人稳定和活跃程度的重要指标，根据洛特尔定律，一定时期核心主持人立项数占立项课题总数的百分比为主持人复量；新主持人立项数占立项课题总数的百分比为主持人增量，增量理论的最佳值为0.64。2004—2014年社科基金体育院所主持人增量值为0.76，高于洛特尔定律的最佳值；复量值为0.24。说明社科基金核心主持人偏少，研究队伍稳定性不强。2004—2014年自然科学基金主持人增量值为0.57，低于洛特尔定律的最佳值；复量值为0.43。新增主持人少，项目申报数量少，研究人员总量不足，制约着体育院所自然科学基金的获得。

（三）国家基金项目体育院所立项的研究领域分析

对立项项目的研究内容分析，可以看出近年来研究的优势、发展方向和热点。根据体育科学分类标准，研究领域1~11为自然科学；12~21为社会科学[54]（表22）。其中国家自然科学基金运动生理学立项103项，它是运动人体科学的基础学科，人才储备较多，2010年最高达到19项。运动心理学立项36项，发展较快；其中师范院校立项20项，有一定研究优势。运动医学立项18项，部分体育院校设有体育医院，师范大学医科研究人员对此方向也较为关注。运动生物力学立项14项，以运动过程中的损伤和生物力学研究居多。体育工程和计算机应用近年来不断升温，共立项9项，如郝卫亚博士的《运动专项空中技术动作控制的建模与仿真研究》和王新博士的《自由式滑雪空中技巧项目人体调控对出台速度影响的研究》。国家社会科学基金体育社会学立项82项；体育管理学立项81项，其中体育院校立项55项；体育教育学立项78项，其中师范院校立项49项；体育文化历史立项63项。民族传统体育立项57项，体育经济与产业立项51项，近年不断升温，受到学者们的关注。随着我国竞技体育不断取得好的成绩，相关研究热度有所下降，立项37项，值得注意；体育新闻传播立项23项，在国家提出体育强国建设之后有所升温2012年立项7项。同时社科基金围绕热点问题的研究较多，如2008年前后奥运会研究较热，2006—2009年共立项此类课题20项；2009年以后体育强国研究较热，2009—2013年立项此类课题21项。

表22 我国体育院所国家社会与自然科学基金立项项目研究领域分析

单位:英

序号	研究领域	2004年	2005年	2006年	2007年	2008年	2009年	2010年	2011年	2012年	2013年	2014年	合计	比例
1	运动生理学	3	5	3	10	11	9	19	11	10	12	10	103	14.1%
2	运动医学			1	1	1	2	1	1	4	4	3	18	2.5%
3	运动生物力学			1	1	1	1	1	2	2	4	1	14	1.9%
4	运动营养					1							1	0.1%
5	运动生物化学									1		1	2	0.3%
6	体育与计算机						1	1	1	1			4	0.6%
7	兴奋剂检测			1								1	2	0.3%
8	体育工程学		1					1	1	2			5	0.7%
9	运动心理学		1	2	1	2	4	4	7	4	6	5	36	4.9%
10	体育科技管理		1	2	1		1	1		1			7	0.9%
11	体育科技会议		1	1		1			1	1		1	6	0.8%
12	体育社会学	8	4	4	3	9	3	10	7	15	9	10	82	11.2%
13	群众体育学	1	6	4	6	2	4	7	4	1	5	5	45	6.2%
14	体育经济产业	3	6	1	3	4	6	5	8	6	4	4	51	7%
15	竞技体育学	1	5	4	3	5	2	2	3	2	5	5	37	5.1%
16	民族传统体育		2	1	3	4	3	3	5	14	9	13	57	7.8%
17	体育教育学	3	2	5	4	5	5	8	16	8	11	10	78	10.7%
18	体育管理学	9	5	7	4	7	6	7	8	8	7	13	81	11%
19	体育文化历史	2	2	2	5	4	6	9	6	11	8	8	63	8.6%
20	体育法学		1	1	1			2	2	2	5	1	15	2.1%
21	体育新闻传播		1	2	2		1		1	7	4	5	23	3.2%

四、研究成就分析

(一)对国家基金项目的重视程度不断提高

近年来我国体育院所对科研和国家基金项目的重视和投入逐步加大,从课题申报、科研奖励、人才培养、学术交流等方面积极调动科研人员的热情。如北京体育大学鼓励教师进行国际交流合作和联合申报国家级课题;沈阳体育学院设立青年教师科研基金，定期举办项目交流会和国家基金申报讲座；上海体育学院对国家基金项目配套立项课题经费的30%，项目结项后按项目资助经费的10%给予奖励；南京体育学院对国家基金项目按期结项的，给予2万元奖励。华东师范大学给予国家社会科学基金立项项目3万~10万元奖励，按期结项并获优秀的给予2万~5万元奖励。福建师范大学给予国家社会科学基金项目3万元奖励和获批经费的5%作为配套；国家自然科学基金给予3万元奖励和获批经费的2%作为配套。

（二）形成了稳定的研究方向，产生了有价值的成果

体育院所高水平国家级项目经过几十年的发展，取得了诸多成就，形成了稳定的方向，获得了许多重大科研成果。在研究中自然科学基金以运动生理学、运动心理学为基础，运动生物力学、运动医学研究不断升温；社会科学基金以体育社会学、体育管理学、体育教育学、体育文化为基础，民族传统体育、体育产业、体育新闻传播研究不断升温。在取得的成果中《我国公共体育服务体系研究》《体育学科体系建设研究》《中国体育发展方式转变研究》《体育大国迈向体育强国的战略研究》《我国体育产业发展与政策研究》等受到国家的重视或是被相关部门采用，有的转化为体育政策，有些进行了推广应用；《兴奋剂 rhEPO 和 rhGH 检测方法的研究》《北京奥运会体育传播控制与传播效果研究》《对北京奥运会社会期待及社会心理研究》《举办2008年奥运会与我国经济社会发展关系研究》对北京奥运会的成功举办和促进经济社会发展起到了积极的作用；《低氧和低氧训练对骨骼肌骨架蛋白代谢影响机理的研究》《制约短跑速度能力的神经力学分析》《线粒体融合与分裂的动态变化在运动能量代谢中的作用》等促进了运动人体科学研究，为运动训练和竞技体育水平提高做出了贡献。国家基金项目研究提升了体育院所的科研水平，促进了我国体育科技创新，指导了竞技体育运动实践，服务了全民健身、制度完善等多方面；为体育科学繁荣、体制建设、文化推广提供了支撑，产生了较大的社会影响。

（三）学科交叉和研究深度不断加强

通过国家基金项目的带动作用，促使了我国体育院所科学研究向深度化、科学化、学科交叉和应用的方向发展。自然科学基金项目体现出强烈的科学取向，

把握了物理、化学、医学、生理学、心理学等相关学科的最新研究动向。在运动生理学、运动损伤防治、科学健身、运动模拟与仿真等方面有了一定的突破。社会科学基金项目研究注重学科交叉渗透,借鉴相关学科的知识和方法与社会学、管理学、法学、经济学、文化学等学科紧密结合,不断拓宽研究视野,从多角度、多方面探索了解决我国体育实践问题的新途径。

(四)培养了大批体育科学研究人才

体育科研人才队伍建设是高水平项目研究的基础和保障。11 年来我国体育院所获得 532 项国家社会科学基金和 198 项自然科学基金,使近 9500 人参与到项目中。国家基金青年项目社科基金立项 136 项,自然科学基金立项 38 项,共计 174 项。通过国家基金项目的研究,培养了大批体育科研人才和青年骨干,一大批获得资助的中、青年学者从中积累了经验,成了各领域的拔尖人才和带头人。广大参与者在项目申报论证、资料收集、调查、实验、统计分析等工作中得到了锻炼,提高了水平,为科学研究提供了有力的人才保障。

(五)增强了体育院所的学科和科研平台建设水平

国家基金项目研究推动了体育院所的发展,形成了科研、学科、平台互动发展的局面。截至 2014 年年底我国已有 5 所体育专业院校获得体育学博士学位授予权,10 所师范大学的体育学院开始培养博士研究生,体育专业院校与师范院校共计有 70 余所获得体育学一级学科硕士学位授予权。多数体育院校拥有 3 ~ 5 个省级重点学科,北京体育大学的体育学还被评为国家级重点学科。国家基金项目的研究者们对体育科学的理论和热点问题进行探索,在此过程中购置了仪器设备、汇聚了科研人才,形成了科研团队,促进了体育院所科研平台建设。我国已有 30 余个体育院所先后建成国家体育总局社科基地或重点实验室,获得基金较多的单位还建成了教育部、省、市科研平台。如北京体育大学拥有“运动与体质健康教育部重点实验室”等 5 个省部级重点实验室;上海体育学院建成了“运动健身科技教育部重点实验室”“上海市体育赛事研究人文社科基地”等科研平台;华东师范大学建成了“青少年健康评价与运动干预教育部重点实验室”;沈阳体育学院拥有“国家体育总局冬季项目运动技术诊断和技能评定重点实验室”和辽宁省人文社科基地等科研平台。

五、研究的不足与展望

(一)应不断提升研究水平和成果的转化能力

虽然经过几代体育人的努力,体育院所国家基金项目研究崭露头角,但研究的社会化和科学化程度还不够,成果的针对性、应用价值和转化率还较低,缺乏有力的推广方式和环节,限制了成果价值的发挥[55]。如体育院所2004年以来获准结项的102个社科基金项目优秀的仅有14项,占13.7%;良好的有39项,占38.3%,精品意识还有待加强;结项形式研究报告占68.9%,专著占21.6%,以论文占9.5%,研究报告所占的比重过大,缺乏其他结项和推广形式。体育院所自然科学基金研究领域较少,多数项目是在基金委的生命和医学科学部获得,分别占48%和27.6%,而在其他6个科学部获得的项目仅占24.4%。体育自然科学基金成果多数偏重于基础研究,仅有12.2%设计了专利、软件或产品,研究的实用性和应用价值还有待提高。今后要拓宽研究领域和视野,围绕国家体育发展规划和迫切需要的我国冬季奥运会申办和保障、公共体育服务体系、体育强国建设、青少年健康、体育科技创新等课题进行全方位、深层次、多角度的综合研究,拓宽成果形式和转化渠道,进一步提高体育院所科研水平。

(二)应进一步完善体育学科体系,争取高级别科研平台

目前我国体育专业院校仅有32所,高水平科研的整体规模较小,即使加上有稳定研究能力的师范院校和综合院校,规模也仅有90多所[56]。体育科学研究的整体规模和数量小,对体育的特色和深入研究不够,对一些体育新兴和交叉学科的关注度不足,制约着学科影响力的提升。应发挥科研的带动作用,扩大体育学科建设的范围、完善学科体系、突出特色,加强广泛的社会联系,提高体育学科影响力,争取早日成为单独的学科门类。同时我国体育专业院校拥有国家级科研平台的寥寥无几,拥有省级以上科研平台数量最多的北京体育大学也仅有10余个。这与其他综合类、理工类院校动辄几十个国家、省级科研平台的实力相差甚远。体育院所要继续加大投入,不断凝练研究方向,培养人才和学术团队,发挥体育专业院校和师范院校的不同优势,共同积极争取科技部、教育部科研平台、联合组建国际化平台,为科学研究和高水平项目申报提供更大的支撑。

(三)应不断增加体育科研人才数量,优化人才结构

目前我国体育院所国家基金项目的研究队伍都不尽合理,社会科学基金的主持人较为分散,核心主持人立项数偏少,具有重要影响力的专家不多;自然科学基金的核心主持人过于集中,新增主持人较少,人才总量和青年人才储备不足。今后应进一步夯实人才基础,各体育院所要高度重视,突出学校特色和区域特点,跨学科引进人才;提供优越的条件,发挥知名专家的带动作用,培养中青年体育学术带头人、创新人才和团队,更好地服务于体育科学研究水平的提升。

(四)需要进一步促进体育社会科学与自然科学协调发展

体育学科是一门特殊学科,也是为数不多能同时获得国家社会科学基金和自然科学基金的学科。在德国、美国等发达国家体育已发展成具有深度交叉和应用性的科学。目前我国体育社会与自然科学发展不平衡,自然科学基金研究力量较弱,范围较窄,仅限于运动生理学等传统学科;社会科学基金研究过于追逐热点,对体育学科的基本问题探讨不足,成果的应用性和影响力不够。今后要利用体育社会和自然科学兼顾的优势,加强对体育基本理论和方法、体育政策、管理、产业、娱乐、表演等进行研究;突出体育的科学属性,加强生理、运动、健康、健身、治疗的研究。体育院所要从学科协调的高度统筹发展,使体育社会科学与自然科学在设备条件、人才培养和研究水平等多方面更加均衡和有特色,加强专业化和针对性研究,强调成果的转化和推广,更好地为我国体育事业和人民群众健康服务。

(五)应以科学研究带动体育学科影响力的提升

近年来体育学科在我国的受重视程度不断加大,经过众多体育学者的呼吁全国哲学社会科学规划办在 1997 年开始设立体育学项目,从此大幅增加了体育社科基金的数量,体育学项目立项总数 1997 年为 21 项,2001 年 31 项,2014 年达到 127 项,其中体育院所也因此受益。另外体育学科至今仍不是国家自然科学基金的单独申报类别。为了奥运会的申办,国家自科基金委曾经在 2008 年当年设立了“奥运科技专项计划”资助运动员体能恢复、兴奋剂检测、运动医学、体育场馆建筑等研究。体育工作者和相关院校要研究国家基金项目设置的学科、方向、类别和指南特点,组建符合要求的团队,采用具有领先性和科学化的手段和方法,提高

研究水平,不断扩大体育学科的影响力。同时体育院所要加大宣传,体育总局要大力支持,争取国家自然科学基金委早日设立体育专项或联合项目。

(六)应进一步拓宽研究视野,深化国内外交流与合作

目前我国体育科学研究的领域和视野还不够广阔,成果的社会价值和认可程度还有待进一步提高。研究队伍较为封闭,大多数成员都来自同一课题组或单位,各单位之间的交流和合作不足;与国外的交流更加欠缺,社会科学研究方面尤其明显。今后要进一步加强国内外合作,举办学术活动,加强国际合作研究,鼓励研究者们在国际期刊上发表论文,积极向国外推广成果。同时可以发挥中国体育科学学会的作用,成立体育科学发展研究会,对最新成果进行报道,活跃学术氛围,对国家基金项目进行专题研究,对体育科学的发展方向和高水平研究进行分析和研讨。

六、小结

国家社会科学基金和自然科学基金项目为体育科学研究提供了较好的条件,体育院所重视程度不断提高,项目立项数量和金额稳步增长。体育院所国家社会科学基金有 465 人获得 532 项,经费 7170 万元;国家自然科学基金有 145 人获得 198 项,经费 8136 万元。国家社会科学基金立项数量和单位较多,其中北京体育大学最多,获 47 项。国家自然科学基金仅有 10 余所院校形成了研究规模,其中上海体育学院最多,获 36 项。国家基金项目研究培养了大批体育科研人才和青年骨干,主持人都体现出高水平和精英性。社会科学基金正高级职称主持人较多,占 63.4%;核心主持人有 59 人;福建师大黄汉升教授立项最多,主持过 4 个项目。自然科学基金博士学位主持人较多,占 76.4%;核心主持人有 33 人,其中 78.8% 为体育院校人员;天津体育学院张勇教授立项最多,主持过 8 个项目。同时社会科学基金存在主持人较为分散,具有重要影响力的专家不多的问题;自然科学基金存在主持人过于集中,新增主持人较少,青年人才储备不足的问题。体育院所高水平基金项目研究取得了诸多成就,产生了许多重要成果,形成了运动生理学、运动心理学、体育社会学、体育管理学、体育文化、体育教育学稳定发展,运动生物力学、运动医学、民族传统体育、体育产业、体育新闻传播等体育新兴和交叉学科研究不断升温的局面。高水平科学研究推动体育院所形成了科研、学

科、平台互动发展的局面。通过科研的带动作用,购置了仪器设备、汇聚和培养了人才,促进了优势学科的形成。多数院校在近几年新增了学位授予权,建设了一定数量的重点学科,建成了省部级重点实验室等高级别科研平台,为体育院所科研的发展提供了支撑。总的来看,我国体育科学高水平研究的规模还较小,特色和深入研究不够,领域和视野还较窄,制约着体育学科和科研水平的整体提升。今后应进一步加强交流合作,不断提高研究水平,增强成果的精品意识、实用性和应用价值,拓宽研究成果形式和转化渠道。围绕国家迫切需要的冬季奥运会申办和保障、公共体育服务体系、体育强国建设、青少年健康和运动生理学、运动营养、运动医学、科学健身、体育工程等进行研究,不断扩大体育科学的影响力。

第五章 体育院所国家自然科学基金资助与管理成效分析

一、概述

新中国成立后国家为发展体育事业,培养体育人才,建立了一批体育院校和科研机构。经过多年的发展,我国体育院所规模逐渐扩大,科研条件和水平不断提升,目前已有国家体育总局直属科学研究所 2 个;高等本科体育院校 14 所;省级体育科学研究所 30 个[57]。国家自然科学基金是我国自然科学基础研究的最高级别项目,近年来体育院所非常重视基金项目的申报,围绕运动人体科学、运动医学等领域开展了研究,并取得了一定成就。为此对 2007—2016 年体育院所国家自然科学基金投入产出和管理情况进行了研究,为加强科研管理工作,提高研究水平提供借鉴和参考。

二、研究对象与方法

以 2007—2016 年体育院校和研究机构获国家自然科学基金资助和管理情况为对象。查阅国家自然科学基金委、中国体育科学学会发布的年度报告、资助项目汇编和自然科学基金分析、科研管理等方面的论文、著作等资料。借助国家自然科学基金委网站项目查询系统(ISIS)、"科学基金共享服务网"、CNKI 等数据库,对体育院所获资助情况和项目结题报告、论文等产出成果进行检索。对体育院所科研管理部门的经验和研究者的体会进行访谈和实证调查,对得到的数据进行分类统计分析,评价其资助成效、管理经验和发展趋势。

三、研究结果与分析

(一)获资助项目类别和经费

2007—2016 年体育院校与机构共获得国家自然科学基金 133 项(表 23),其中面上项目 93 项,占 69.9%,是主要部分;青年项目 26 项,占 19.5%;专项项目 8 项,占 6%。青年和专项项目对人才培养和体育特色研究有较大帮助,有 8 位获得这两类项目的主持人,在以后再次获得了基金。国际项目获 6 项,占 4.5%,如张勇 2011 年立项的《运动干预衰老性肌萎缩活性氧和线粒体稳态的调控》获得经费 270 万。另外,重点和联合项目体育院所仅在 2006 年获得过,突显了领军人物不足和研究的不稳定性。由于 2008 年北京"科技奥运"的提出,极大地促进了体育自然科学研究,立项逐步增加,2014 年达到最多,获 18 项,受人才储备不足影响 2016 年立项有所下滑,仅获 8 项。经费方面,2007—2016 年体育院所共获得基金资助 5789 万元,单项平均资助额度 43.5 万元。资助经费面上项目最多,获 4865 万元,占 84%;青年项目 540 万元,占 9.3%,国际项目 297 万元,占 5.1%;专项项目 87 万元,占 1.5%。2010—2011 年增幅最大,增加了 407 万元,增幅为 127%;2012—2016 年共获得经费 3950 万元明显高于 2007—2011 年的 1839 万元,增幅为 115%,可见国家自然科学基金已成为体育院所获得经费,开展高水平研究的重要支撑。

表 23　2007—2016 年国家自然科学基金体育院所立项类别及经费

年度	面上 个/万元	青年 个/万元	专项 个/万元	国际 个/万元	合计 个/万元
2007	6/139	1/16	1/10		8/165
2008	7/204	2/39	1/9	1/6	11/258
2009	11/337	1/20	1/10		13/367
2010	6/195	5/97	2/20	1/9	14/321
2011	6/357	4/97		2/274	12/728
2012	13/901	1/23	1/15	1/5	16/944
2013	14/899	2/47			16/946

续表

年度	面上 个/万元	青年 个/万元	专项 个/万元	国际 个/万元	合计 个/万元
2014	13/872	2/48	2/23	1/3	18/946
2015	12/660	5/99			17/759
2016	5/301	3/54			8/355
合计	93/4865	26/540	8/87	6/297	133/5789

(二)获资助项目所属学部

体育院所获资助项目涵盖了基金委的七大学部,仅地球科学部没有获得过,研究逐渐向综合和多学科交叉领域拓展。生命科学部最多,获 74 项,占 55.6%,近年增长明显,2007 年仅获 1 项,2014 年达到 11 项;医学科学部获 33 项,占 24.8%,立项较为稳定,每年都有立项;数理科学部获 14 项,占 10.5%,仅 2008 年没有立项,研究以运动生物力学分析和数值模拟为主;材料与工程学部获 5 项,占 3.8%;管理科学部获 3 项,占 2.3%;信息科学部获 3 项,占 2.3%;化学科学部获 1 项,占 0.7%(表 24)。2012—2016 年各学部立项增长明显,有 4 个学部立项数高于 2007—2011 年,化学科学部由首都体育学院刘坤在 2014 年获得,是关于抗坏血酸相关生理过程活体电分析化学基础的研究,这是继 2006 年国家体育总局体科所吴侔天在化学科学部获得重点项目后的再次立项。值得注意的是,随着体育院所综合化和科技水平的提升,材料与工程学部立项也逐渐增多,如成都体育学院何本祥的《人工关节用各向同性自增强聚乙烯共混物的制备与性能研究》;还要看到体育院所在体育管理科学有一定研究能力,但申报国家社会科学基金较多[58],对国家自然科学基金关注不足。

表 24　2007—2016 年国家自然科学基金体育院所立项所属学部情况

年度	数理科学部(A)	化学科学部(B)	生命科学部(C)	材料与工程科学部(E)	信息科学部(F)	管理科学部(G)	医学科学部(H)
2007—2011	7		32	1	2	2	14
2012—2016	7	1	42	4	1	1	19
合计	14	1	74	5	3	3	33

(三)主要单位资助率

2007—2016年体育院所国家自然科学基金共有14个单位获得立项。科研机构有4个获得立项,他们共申报44项,获批11项,资助率较高,为25%(表25)。其中国家体育总局体育科学研究所获批6项,它下属8个研究中心,是我国成立最早、规模最大的综合性体育研究机构;国家体育总局运动医学研究所获批2项,该机构专门从事运动医学和伤病防治研究,高级职称30余人;上海体育科学研究所获批2项,都由孙孟炜获得;湖南体育科学研究所获批1项,由周志宏获得。体育院校有10个获得立项,他们共申报558项,获批122项,资助率为21.9%。其中上海体育学院申报171项,获批43项,申报和立项数都是最多,该校较早获得体育学博士学位授予权;北京体育大学申报96项,获批22项,该校是国家体育总局直属重点大学。天津体育学院申报68项,获批17项,运动生理、心理学研究条件设施较好,实力较强。成都体育学院申报54项,获批10项,都为2009年之后获得,在运动医学和运动损伤防治研究方面具有明显优势。武汉体育学院申报61项,获批8项,以运动生理检测和体育工程研究为主,该校拥有国内仅有的体育工科研究机构"国家体育总局体育工程重点实验室"。广州体育学院申报33项获批7项,在运动神经机制和认知研究方面处于领先地位。首都体育学院申报21项,获批6项,在运动生理和电化学分析研究方面具有特色;沈阳体育学院申报28项,获批5项,以冰雪项目、数值模拟、运动与健康和体育管理研究为主;西安体育学院申报18项,获批3项,其中黄谦获2项,是关于运动员复杂社会网络构建与应用的研究。由于基金申报逐渐得到了更多单位的重视[59],南京体育学院和上海体育科学研究所在2012年及以后获得立项。

表25　2007—2016年国家自然科学基金体育院所立项单位申请和获批情况

排序	单位	2007 申/获	2008 申/获	2009 申/获	2010 申/获	2011 申/获	2012 申/获	2013 申/获	2014 申/获	2015 申/获	2016 申/获	合计 申/获
1	上海体育学院	8/1	13/4	20/4	21/2	17/4	18/3	19/6	20/7	25/10	10/2	171/43
2	北京体育大学	6/1	11/3	13/2	10/4	8/1	9/2	5/1	10/4	16/4	8/0	96/22
3	天津体育学院	7/2	8/3	6/0	8/3	5/2	6/2	11/4	6/1	5/0	6/0	68/17
4	成都体育学院	5/0	3/0	9/2	8/2	6/1	7/3	4/1	3/1	4/0	5/0	54/10

续表

排序	单位	2007 申/获	2008 申/获	2009 申/获	2010 申/获	2011 申/获	2012 申/获	2013 申/获	2014 申/获	2015 申/获	2016 申/获	合计 申/获
5	武汉体育学院	9/2	5/0	3/0	3/1	4/0	7/1	5/0	6/0	8/1	11/3	61/8
6	广州体育学院	4/1	3/0	6/2	1/1	3/1	2/0	5/0	3/0	3/1	3/1	33/7
7	首都体育学院	3/1	2/0	1/1	1/0	1/1	3/0	2/1	4/1	1/0	3/1	21/6
8	体育总局体育科学所	3/0	5/0	6/2	2/0	3/1	1/0	6/1	5/1	2/0	4/1	27/6
9	沈阳体育学院		1/0		2/0	3/1	6/2	6/1	5/0	4/1	1/0	28/5
10	西安体育学院				3/1	2/0	3/1	1/0	2/1	2/0	5/0	18/3
11	体育总局运动医学所			2/0	1/0			2/1	1/1	2/0		8/2
12	上海体育科学研究所				2/0		2/1		1/1		1/0	6/2
13	南京体育学院				2/0		3/1	2/0		1/0		8/1
14	湖南体育科学研究所		1/1						2/0			3/1

(四)获资助主持人情况

对2007—2016年体育院所获批项目的88人进行统计,教授占46.6%;副教授占53.4%;博士占73.9%;博士生导师占23.9%,硕士生导师占59.1%,充分体现了研究者的高职称和高学历(表26)。项目主持人40岁以上占72.7%,40岁以下人员大都具有博士学位,在新兴学科和交叉研究方面较为突出。主持人有国外学习或研究经历的有32人,占36.4%,这使他们开阔了眼界,接触了国外最新研究动向,促进了基金的获得。获资助2项以上的有28人,共获73项。其中上海体育学院最多,有9人,北京体育大学有7人,天津体育学院有4人,国家体育总局体科所、成都体育学院各有2人。天津体育学院张勇立项最多,获7个项目,获4个项目的有上海体育学院陈佩杰,获3个项目的有范毅方、王瑞元、张缨、周成林、潘珊珊、马勇、王茹,他们都有稳定的方向,进行了系列和连续的研究。

表 26　2007—2016 年国家自然科学基金体育院所立项人员情况

年龄			职称		学历			担任导师		国外研究经历
30～40	40～50	50～60	副教授	教授	本科	硕士	博士	硕导	博导	有
24	33	31	47	41	10	13	65	52	21	32
27.3%	37.5%	35.2%	53.4%	46.6%	11.3%	14.8%	73.9%	59.1%	23.9%	36.4%

(五)获资助项目领域与方向

通过对体育院所 2007—2016 年 133 项基金的立项学部和申报代码来分析其研究领域、新兴方向和热点。结果表明 C1106“运动生理学”获 56 项，占 42.1%；在此方向张勇获 4 项，冯连世、张缨、王瑞元、陈佩杰立项都在 2 项以上。运动生理学是运动人体科学的重要支撑学科和博士学位点建设学科，已形成人才培养梯队和稳定的研究方向。A020503“生物材料与运动生物力学”获 13 项，占 9.8%，研究主要是运动生物力学分析和体育实践中的数值模拟，范毅方在此领域获 3 项，有较大影响力。这两个领域是体育院所的核心研究领域。医学科学部 H1701“康复医学”获 6 项，H0610“骨关节软组织运动损伤”获 5 项，H0605“骨关节软组织损伤修复”获 3 项，多数是在 2011 年之后获得，可见运动损伤与康复研究正成为热点。生命科学部 C2111“运动心理学”和 C0901“分子神经生物学”共获 7 项，近年来体育院所在运动决策认知、运动与神经机制、运动认知的脑机制、运动学习能力方面开展了相关研究，上海体育学院周成林在这 2 个领域获 4 项。另外 H2501“老年医学”获 3 项，随着我国老龄化社会的到来，老年健康受到了较多的关注。E0910“海洋工程”获 3 项，主要是对奥运会水上项目装备数值模拟和性能的研究，如 2010 年武汉体育学院马勇的《基于数值模拟的多帆运动帆船帆翼空气动力性能研究》。H0613、H1826、H0201、H0203、H2606、G0306、F0302 这 7 个领域立项在 2 项以上，涵盖了运动系统疾病、影像医学与生物医学工程、心肌与血管细胞损伤修复，肥胖与青少年健康等。另外还有 C0406、C1001、C1101、C1104、C1105、C1112、C2101、C2102、C2105、H0602、H0608、H0609、H1015、H1615、H2108、H2703、A0108、E0313、E0315、B0509、F0104、G0313，这 22 个领域立项 1 项，主要是对生理学与整合生物学、运动心理、运动系统损伤与疾病、特殊医学、有机高分子材料、生化分析、通信网络、区域发展的研究。

(六)获资助项目成果产出

借助CNKI、中国科技论文数据库和"科学基金共享服务网"成果查询系统对体育院所2007—2016年获资助项目成果产出情况进行了研究。结果发现,截至2015年底133个项目中有63项应按期结项,实际结项数为48项。结题项目共产出核心期刊论文201篇,占41%;会议论文199篇,占40.6%;SCI收录论文59篇,占12%;一般期刊论文31篇,占6.3%。核心期刊论文中有71.2%发表在体育类刊物,在国内顶级期刊中国体育科学学会会刊《体育科学》上发表的有37篇,在国家体育总局主办的《中国运动医学杂志》发表的有58篇;有28.8%发表在其他学科刊物,如《医用生物力学》《中国应用生理学杂志》《中国康复理论与实践》《光学学报》《交通科技》等,这充分反映了成果的高水平和学科交叉性。结项的项目产出论文在10篇以上的项目有17个,高产的主持人如上海体育学院陈佩杰发表SCI收录论文4篇,核心期刊论文12篇;上海体育学院的刘宇发表SCI收录论文4篇,核心期刊论文10篇;北京体育大学的石丽君发表SCI收录论文8篇,核心期刊论文9篇;天津体育学院的傅力发表SCI收录论文2篇,核心期刊论文28篇;首都体育学院的卜淑敏发表SCI收录论文2篇,核心期刊论文14篇[60]。会议论文中参加国际会议的较少,仅占12.1%,研究的国际交流能力还有待加强。省部级以上奖励方面,仅获7项;专利方面,仅有3项分别是上海体育学院张剑的《一种反应速度测试装置》、广州体育学院范毅方的《ESM语音编码解码装置及其编码解码方法》和成都体育学院沈乐君的《一种基于球场比赛视频图像的移动目标位置自动检测方法》。

四、资助与管理成效分析

(一)基金重视程度不断提高,申报和管理成绩显著

体育院所国家自然科学基金申报和管理10年来取得了显著成效,共获133项,经费5789万元。2008年国家体育总局启动重点实验室建设,目前已建成30余个,覆盖了大多数体育院校和部分省市体科所,他们已逐渐成为基金申请和获批的主力。在国家自然科学基金委的支持下还设立了"奥运2008科技行动专项计划"资助运动医学、兴奋剂检测、安全检测、运动员体能恢复、大跨度场馆建筑、

通信、视频、供应链管理等方面研究。中国体育科学学会积极开展了全国体育科学大会和运动生理、生物力学、信息科学等分会的学术交流活动,每年对国家自然科学基金指南、各学校研究和管理情况进行交流研讨。各体育院所不断加大国家自然科学基金申报、动员、组织和论证工作。根据各学校自身情况积极探索有效的管理方式,出台奖励文件,鼓励高水平研究,如北京体育大学出台国家级项目激励政策,引导科研人员整合学科方向,更合理有效地申报基金。上海体育学院对国家自然科学基金配套立项经费的30%,结项后按资助经费的10%给予奖励[61],同时在每年基金《指南》公布后,召开申报动员会,积极调动了科研人员的积极性,促进基金申报和获批数量的大幅增加。天津体育学院设立了国家项目培育基金,并发挥学术带头人作用,形成了研究团队和方向;成都体育学院不断提升学校办学实力和科研平台建设,突出"以体为主、体医结合",促进了项目在医学、生理等多个领域的获得;沈阳体育学院积极邀请不同学科基金项目主持人介绍经验,组织专家对申请书进行初评,提高了申报质量;国家体育总局体育科学研究所积极与各支国家训练队合作,开展科技保障研究,提高了基金项目的应用性和转化渠道。

(二)改善了科研条件,促进了科研平台建设

体育院校与科研机构多项国家自然科学基金的获得,促进了体育学科发展和科研平台建设。截至2016年年底,体育院校中已经有6所获得体育学博士点,14所获得运动人体科学硕士点,部分院校还开设了体育医学、信息、工程、康复等研究方向;在校硕士研究生达到近万人,博士研究生800余人。如北京体育大学、上海体育学院分别建成了"运动健身科技"和"运动与体质健康"教育部重点实验室。上海体育学院还建成了我国首个体育类国家大学科技园和"国家体育总局运动技战术诊断与分析""上海市运动技能研究"等重点实验室。北京体育大学建成了"运动人体科学国家级重点学科""国家体育总局运动适应重点实验室"等5个省部级科研平台。天津体育学院建成了"教育部体育教学研究中心""运动心理学国家教学团队""运动人体科学天津市重点学科""国家体育总局竞技运动心理与生理调控"等重点实验室。成都体育学院建成了运动医学国家体育总局和四川省重点实验室。沈阳体育学院建成了"国家体育总局冬季项目运动技术诊断和技能评定重点实验室"。山东体育科学研究所建成了"国家体育总局模拟训练和训练

技术创新”重点实验室。这些科研平台的建成，进一步充实了体育院所的实力，为开展基金研究提供了坚实的基础和保障。

（三）产生了一批科技成果，服务了体育事业发展

近年来体育院所国家自然科学基金研究取得了一定数量的重要科研成果，形成了稳定的方向。以运动生理学、运动生物力学为基础、运动损伤与康复医学、运动心理学研究不断升温。如《运动预适应对心肌早期和延迟保护作用机制的研究》《有氧运动诱导衰老血管功能重塑的平滑肌 K 通道机制》促进了运动对心血管系统增强机制和平滑肌 K 通道机制的研究；《运动专项空中技术动作控制的建模与仿真研究》《力量训练与青年人骨量适应性的生物力学研究》把数理科学和计算机模拟运用到了体育运动实践中；《击剑专家级选手运动决策的认知优势及神经机制》《乒乓球运动员感知运动系统的行为特征与脑功能网络的关系》开展了不同运动项目的认知和心理科学研究；《我国经济发达地区体育公共服务体系与供给模式研究》对完善体育服务制度和机制，促进群众体育发展起到了积极作用。项目研究还取得了一定数量的高级别科研奖励，如 2010 年北京体育大学与上海体育学院合作的《提高运动员体能的关键技术研究》和 2012 年上海体育学院的《竞技体育对抗性项目制胜关键技术系统研究与应用》分别获“国家科学技术进步二等奖”。上海体育学院王茹的《运动低氧对慢性疲劳综合征动物模型的免疫调节作用及其机制》获 2012 年教育部高校科技成果二等奖。北京体育大学的石丽君研究的《有氧运动诱导衰老血管功能重塑的平滑肌 K 通道机制》获 2014 中国体育科学学会学术二等奖[62]。

（四）进一步充实体育院所科研实力，扩大立项单位规模

我国体育院所中获得过国家自然科学基金的仅有 14 个，研究能力较强的仅有上海体育学院、北京体育大学等 6 所老牌重点体育院校和国家体育总局所属科研单位；南京体育学院、湖南体育科学研究所等单位的实力则有明显差距；山东体育学院、吉林体育学院、哈尔滨体育学院还从未获得过国家自然科学基金；30 个省级体育科学研究所中仅有 2 个获得过国家自然科学基金。体育院校拥有的省级以上自然科学研究平台仅 30 余个，这与综合、理工院校几十个国家、省级科研平台的实力相差甚远。当前体育院校要转变专业院校和单一学科发展的固有思维，

不断向综合化、研究型大学转变，提升办学能力和水平。要继续加大对自然科学的投入，发挥体育院校在体育行业中的领先优势和鲜明特色，凝练研究方向，如上海体育学院的体育赛事、武汉体育学院的体育工程、成都体育学院的运动医学、哈尔滨体育学院的冰雪项目等研究。还要积极争取教育部、科技部的科研平台、联合组建国际化科研平台，使更多的单位实现国家自然科学基金项目的突破。

（五）大力引进和培养体育科学研究人才

2007—2016 年体育院所仅申报国家自然科学基金 600 余项，获得过基金的仅有 88 人，40 岁以下仅有 24 人，每年新增主持人不足 10 人，这与我国体育事业发展需要是极不相称的。具备高水平研究能力的青年人才不足，项目申报数量少是制约体育院所获得国家自然科学基金的主要原因。今后应进一步夯实人才基础，各体育院所要高度重视，突出学校特色和区域特点，提高人才培养水平，发挥知名专家的带动作用，培养好青年拔尖人才和研究生群体；提供优越的条件，大力引进具有医学、生物、工程、数理、计算机等学科背景的优秀人才，培养和组建学术团队，形成稳定的研究方向，更好地服务于体育科学研究。

（六）不断拓展体育科学研究视野和领域

2007—2016 年体育院所国家自然科学基金立项领域仅有 38 个，立项超过 10 项的领域仅有 2 个，生命科学部 C1106 是体育院所唯一立项超过 50 项的领域。目前体育院所基金立项的整体规模还较小，立项数量与医学、生物等学科和综合、理工类院校差距非常大，多数领域立项稳定性不强，有 22 个领域仅获 1 项；特色和深入研究不够，对一些新兴和交叉学科关注不足。同时立项类别较少，仅有面上、青年、专项和国际 4 个，其中面上和青年项目分别占 69. 9% 和 19. 5%。今后体育院所要不断完善学科体系，加强广泛的社会联系，积极与国内知名机构和实力较强的综合、医科、理工院校合作开展研究，共用和共建科研平台，提高研究水平，扩大立项领域和类别。

（七）进一步提升研究水平，促进优秀成果产出

近年来体育院所的科研水平有了一定的提升，但项目的按期结项率、成果产出率、应用推广能力还较低[63]。如 2007—2016 年体育院所有 23. 8% 的国家自然

科学基金项目未按期结项，结题项目产出国外期刊、国内期刊、会议论文、省级以上奖励、专利成果的均值为1.2篇、4.8篇、4.1篇、0.15个和0.06个，而自然科学基金同类结题项目成果产出的均值则为4.0篇、4.3篇、3.1篇、0.13个和0.43个[64]。可见体育院所论文主要在国内期刊发表，国外发表较少；会议论文比重过大，质量有待加强；参加高层次和境外国际会议较少，专利获批的数量过少，成果的应用性、国际交流和推广能力有待提高。今后要进一步加大科研投入，突出研究的深度和国际视野，大力进行国际合作交流，不断增加成果形式和转化渠道。要积极争取在国外刊物发表论文，积极申报专利和高级别奖励，增强成果的影响力。

第六章　体育科学国家自然科学基金项目产出论文情况

一、概述

从1986年国家自然科学基金设立以来,从未间断对体育科学相关研究项目的资助,然而体育科学国家自然科学基金资助项目论文产出情况的研究较少有人涉及。为此通过数据库对2000—2014年间国家自然科学基金资助的体育类论文进行检索,分析了体育科学产出论文的研究机构、作者分布及领域和热点。从而把握体育自然科学研究现状,促进体育自然科学学科建设,为今后国家自然科学基金体育科学选题、优化资助结构、提高成果产出水平提供参考。

二、研究方法

对2000—2014年国家自然科学基金项目数据库和CNKI中检索,共得到988篇论文作为基础数据。进一步运用文献计量学和可视化科学知识图谱的方式,分析体育科学研究的机构、作者分布及体育学研究的热点,探讨国家自然科学基金资助体育科学领域国内论文的主要特征。

三、研究结果与分析

(一)国家自然科学基金资助体育科学项目产出论文单位分析

通过数据分析,按发文量可分为3个层次。首先,发文量多于100篇的有北京体育大学(176)、上海体育学院(112)。其次,发文量在 50 ~ 99 篇的有武汉体育学院(73)、国家体育总局体育科学研究所(61)。最后,发文量在 20 ~ 49 篇的有北京师范大学(39)、华南师范大学(32)、沈阳体育学院(29)、陕西师范大学(29)、天津体育学院(27)、成都体育学院(21)、清华大学(20)。通过分析发现,发文量多于 20 篇的 11 所机构大部分来自高校,说明体育科学研究的主要阵地在经济、社会、文化较为发达地区的高等学校。在这些机构中北京体育大学、上海体育学院为发文量最多的机构;国家体育总局体育科学研究所、武汉体育学院、北京师范大学等也具有较高的文献量。研究还发现,研究机构之间有着一定的合作关系,但整体合作交流还较为欠缺。

(二)国家自然科学基金资助体育科学项目产出论文作者分析

研究发现,国家自然科学基金资助体育科学领域国内论文作者排在第一位的是北京体育大学王瑞元教授,他的研究领域主要是运动对骨骼肌电活动的影响、运动和低氧环境对骨骼肌收缩蛋白代谢的影响、运动对骨骼肌超微结构和收缩蛋白代谢的影响等。发文量排在第二位的是北京体育大学曾凡星教授,它长期从事运动人体科学研究,先后撰写专著及编著 8 部,发表学术论文 40 篇,主持或作为主要研究人员参加部委课题 7 项。其中主持国家自然科学基金项目 2 项,分别是 2006 年的低氧运动对骨骼肌 mTOR 信号的调控及机制和 2010 年的雄激素对运动骨骼肌 mTOR 信号的调控及机理。发文量位于第三位的是武汉体育学院郑伟涛教授,他长期以来积极开拓从事船舶流体力学、体育工程、运动生物力学、运动训练学等多学科边缘交叉领域的科研和教学工作,并做出了诸多开创性的成绩。先后主持 30 多项省部级课题,参加完成科研课题 40 项,取得了国际先进和国内领先的科技成果 6 项,获省部级科技进步奖 4 项,获得专利 3 项。他参与创建的国家体育总局"体育工程重点实验室"是目前国内体育界唯一的工科类重点实验室,开设的"体育装备工程"也是目前国内体育院校中唯一的工科类本科专业。除此之外,天津体育学院刘晓莉教授、上海体育学院刘宇教授、北京体育大学胡扬教授发文量均多于 18 篇,位于前列。研究表明目前国家自然科学基金资助体育科学领域国内论文研究已经形成一定的合作网络,其中比较大的合作网络有 6 个,以曾凡星、胡扬、田振军、田赵华等为核心的第一合作网络;以郑伟涛、韩久瑞、马勇等为核心的第二合作网络;以王瑞元、刘承宜等为核心的第三合作网络;以刘晓莉、乔德才等为核心的第四合作网络;以田野、赵杰修等为核心的第五合作网络;以刘宇为核心的第六合作网络。进一步分析发现这些合作网络中的成员基本具有同一特点,或者是师生关系,或者来自于同一部门,或者地理位置位于同一地区的机构,说明目前我国体育学研究的作者大多限制在具有直接"亲缘"关系间的合作,而不同单位作者之间合作关系非常弱。这在某种程度上阻碍了该体育科学研究中不同单位之间优势互补和资源共享的形成,不利于该领域的广泛、深入发展和传播。

(三)国家自然科学基金资助体育科学项目产出论文关键词分析

"关键词共现分析"是一种文本内容分析技术。由于一篇文献的关键词是文章核心内容的浓缩和提炼,因此如果某一关键词在其所在领域的文献中反复出现,则反映该关键词所表现的研究主题是该领域的研究热点。Citespace 是基于词频分析法的原理统计关键词的出现频次以及不同关键词之间共现的频次的方法,利用这种方法可以得出某一领域的研究热点。高频出现的热点关键词具有比较强的趋中性,说明研究主题相对比较集中,这些关键词在一定程度上反映出我国体育科学国家自然科学基金论文研究热点所在。"运动 ""动物实验""骨骼肌""大鼠"是图谱中出现最多的几个,说明研究热点是紧紧围绕动物实验的方法研究各种环境或状态下运动中动物骨骼肌的各种变化而展开的,实验中的动物主要是"大鼠"。相关研究从 2001 年北京大学冯建英教授主持的"高强度运动训练影响免疫功能机制的研究"到 2007 年北京体育大学王瑞元教授主持的"低氧和低氧训练对骨骼肌骨架蛋白代谢影响机制的研究"再到 2011 年北京体育大学曾凡星教授主持的"雄激素对运动骨骼肌 mTOR 信号的调控及机制",几乎每年的国家自然科学基金体育类论文都有相关的研究。

对近 15 年来我国体育学科国家自然科学基金资助项目产出论文关键词分析发现,主要形成了 42 个聚类,4 个热点学科领域和知识群,他们分别是医学科学、生命科学、数理科学和管理科学。医学科学部运动系统研究论文关键词聚类一直占据着优势,如"运动预适应""心肌保护效应""力竭运动""心肌损伤""热休克蛋白""白屈菜红碱""低氧""大鼠""腓肠肌""膜完整性""抗肌营养不良蛋白""结蛋白""肌损伤""急性运动""动脉粥样硬化斑块 ""主动脉""心肌收缩""骨骼肌流失""损伤""活性氧""线粒体膜电位"都是有关方面研究,而运动系统研究关键词又主要集中在骨、关节、软组织疲劳与恢复以及运动损伤这2个领域，另外还有循环系统和内分泌系统代谢、营养支持、神经系统、精神疾病、康复医学、医学免疫学和特种医学领域。

生命科学部的运动生理学研究论文关键词聚类占有绝对优势，其次为神经科学和认知科学与心理学的研究，关键词如“递增负荷”“跑台”“营养”“基因”“促红细胞生成素”“运动性贫血”“动物实验”“线粒体”“电子漏”“质子漏”“氧循环”“氧应激”“运动性疲劳”“运动生物化学”“去乙酰化酶”“运动训练”“功能内稳态”“综述”“运动医学”“有氧运动 ”“apoe 基因缺陷小鼠 ”“低脂膳食”“体育评价”“力量训练”“速度”“功率”“强度”“可视化”“血清铁”“运动员”“周期性变化”“过度训练”“中性粒细胞”“活性氧”“细胞凋亡”“细胞因子”“二联苯碘 ”“谷氨酰胺 ”“呼吸爆发”“吞噬功能”“过氧化损伤”“防护”“运动训练”“高脂膳食”“骨骼肌”“线粒体移动”“线粒体融合分裂”“体育评价”“力量训练”“速度”“功率”“强 度”“可视化”“干扰素”“白细胞介素4”“递增负荷过度训练”“低氧运动”“蛋白合成”“动物实验”“耐力运动”“攻击行为”“百米跑”“耦合根子”“生物同步”“运动疲劳”“黑质致密区”“多巴胺”“玻璃微电极技术”“神经元电活动”“变化”“大学生”“比较”“生物化学”“人类基因组”“后基因组”“功能基因组”“体育运动”“短跑”“运动能力”“人工神经网络”“评价”“选材”“睡眠剥夺”“游泳训练”“下丘脑”等。

数理科学部研究论文关键词聚类主要集中在运动生物力学领域，产出的论文关键词主要是“数学”“划船”“赛艇”“动力学”“划桨技术”“阻力”“广义路径”“线图分析”“素数分布”“卷和函数”“帆船”“建模”“空气动力”“计算流体力学”“试验”“帆翼”“展弦比”“拱度”“升力系数”“攻角”“内稳态”“运动生理学”等。

管理科学部的产业政策与管理以及管理科学与工程领域论文是研究热点，关键词如“公共体育服务”“供给”“体育诉求”“需求导向”“赛艇”“世界格局 ”“中国 ”“赛艇现状”“发展对策”“兴波阻力”“竞技体育”“博弈论”“预期效用”“科技管理”“技术种群”“奥运会竞赛项目种群”“协同进化”“教练员”“工作家庭冲突”“前因变量”“结果变量”“理论体系”“冲突模型”“工作满意度”“科技成果转化”“科技奥运”“实物期权”“运动员”“人力资本”“投资”“看涨期权”“体育组织”“胜任特征”“展望”“旅游资源”“空间分布”“影响因素”“北京市”等。

信息科学部、工程与材料科学部、化学科学部体育类论文产出较少 ，关键词如

"计算机""图像分析""体育""跳水""信息处理""无损检测""肌氧含量""血乳酸浓度""个体乳酸阈""运动强度""绩效评定""光环效应""自我中心效应""多质多评价者程序""体育器材""体育比赛""计算流体力学""流 体模型""空气动力""研究成果""体育工程学""力量训练""速度""功率""强度""可视化"等。

上述情况充分表明,国家自然科学基金体育科学项目产出论文涵盖全部国家自然科学基金委员会所设的 8 个学科。但研究的学科分布很不平衡,主要集中在医学、生命、数理科学和管理科学领域。

四、结论与建议

运用新兴科学计量学方法和可视化的知识图谱将 CNKI 数据库中 2000—2014 年间国家自然科学基金资助体育学领域国内论文进行可视化计量分析。通过对图谱的解读,可以得到如下结论:第一,北京体育大学、上海体育学院、武汉体育学院、国家体育总局体育科学研究所、北京师范大学等机构研究成果较为丰富。第二,发文量位于第一位的作者是北京体育大学王瑞元教授,除此之外发文量较大的还有北京体育大学的曾凡星教授、武汉体育学院郑伟涛教授等。第三,现有论文成果已经形成一定的合作网络但作者大多限制在具有直接"亲缘"关系间的合作,而不同单位作者之间合作关系非常弱。这在某种程度上阻碍了体育学研究中不同单位之间的资源共享和优势互补,不利于该领域的广泛、深入发展和传播。第四,近 15 年国家自然科学基金资助体育学领域国内论文研究的热点主要集中在医学、生命科学及管理科学领域,分布很不平衡。因此建议今后体育学者进一步加强薄弱学科的基金申报和成果积累,以促进学科均衡发展。

第七章　基于国家自然科学基金立项的体育学科发展思考

一、概述

2015 年 10 月国务院印发了《统筹推进世界一流大学和一流学科建设总体方案》,国内体育学术界对一流体育学科建设展开了讨论和研究,高水平项目是促进学科发展和扩大学科影响力的重要因素,也能够从一个侧面反映学科发展状况和水平。国家自然科学基金是国务院 1986 年设立的我国基础研究领域最高级别项目,长期以来支持运动生理、心理、损伤防治、康复、工程等体育自然学科研究并取得了许多重要成就。为促进体育科学研究和学科建设,通过文献资料、专家访谈、数理统计等方法,对 2001—2015 年国家自然科学基金体育学科项目立项数量、类别和学部等情况进行了分析。结果表明十五年来有 637 人获得 760 项,综合、医科、体育院校分获 210 项、174 项和 139 项。研究涵盖了 8 个学部,涉 9 种类别,促进了体育学科与生物学、医学、数学、物理、信息、工程、计算机、管理等多个学科的融合发展。今后应提高体育学科社会关注度,科学定位和谋划学科建设,扩大立项领域,加大人才培养力度,深化国际交流合作。

二、研究对象与方法

(一)研究对象

以 2001—2015 年国家自然科学基金体育学科项目为研究对象,通过对其立项数、经费、学部、单位、人员、领域、内容等指标来研究体育学科实力和发展动向。

（二）研究方法

1. 文献资料法

查阅国家自然科学基金委、中国体育科学学会发布的年度报告、资助项目汇编和体育科学研究、学科建设方面的论文、著作等资料。

2. 数据库查询法

借助国家自然科学基金委网站项目查询系统（ISIS），基于研究对象、内容、范围、服务领域与体育学科相关的理念，甄别和选择项目。首先在“单位名称”中输入“体育”对体育院校和机构获得的项目进行检索；其次在“申请代码”栏中输入A020503“运动生物力学”C1106“运动生理学” H0610“骨关节软组织运动损伤”等有关代码；最后在“项目名称”栏中输入“训练”“骨骼肌”“运动”“氧代谢”“认知”等关键词进行查询。最后删除重复项目，对数据进行汇总。

3. 专家访谈法

通过2015年第十届全国体育科学大会对国家自然科学基金获得者和30位体育学科建设方面的专家进行访谈。

2.2.4　数理统计法

利用统计软件对数据进行分类统计分析，评价体育学科项目立项情况、热点和发展趋势。

三、研究结果与分析

为掌握近年来体育学科发展方向和热点，根据项目申报代码、学科分类标准，对国家自然科学基金体育学科立项领域进行了研究（表27）。结果表明研究形成了12个主要领域，以运动训练及其生理学研究、运动损伤防治、康复医学、体育与计算机科学、运动疲劳与恢复、神经认知与心理学、运动心血管循环系统研究为主，这些领域立项都在30项以上；体育设施建设与工程研究、中医学与体育结合研究不断升温，这些领域立项都在20项以上；运动生物力学、运动营养与代谢研究、体育管理科学研究形成了一定的规模，这些领域立项都在10项以上；而特殊环境生理学、工程科学、化学等体育相关科学立项较少。

从学科申报代码来看，研究形成了20余个主要方向，其中生命科学部C1106“运动生理学”最多，共立项113项，其中2013年最多，达到21项，该学科是运动人体科学的基础学科，较受体育院系重视，人才储备较多；C09“神经、认知与心理学”立项39项，发展较快，2013年立项7项，体育和综合院校对此方向较为关注。医学科学部获371项，研究领域较为分散，综合和医科院校立项较多。立项最多的是H1701“康复医学”，达到62项；2007年立项2项，2013年立项8项，2014和2015年各立项13项，呈逐渐增加的趋势。H02“循环系统”立项34项，2015年达到6项；H0610“骨、关节、软组织运动损伤”立31项；H0608“骨、关节、软组织疲劳与恢复”立25项；H27“中医学”立项22项；H07“内分泌代谢与营养支持”立项18项。数理科学部A020503“运动生物力学”立项较多，达到19项，其中2011年立项4项。材料与工程学部E08“建筑环境与结构工程”立项较多，达到16项，其中2011年最多，达到4项；E05“机械工程”立项8项，E03“高分子聚合材料”立项2项。信息科学部立项近年来不断增加，综合和理工科院校立项较多。F0205“计算机应用技术”立项最多，达到23项；F0304“模式识别”立项16项；F0108“多媒体通讯”立项11项。管理科学部G03“宏观管理与政策”立项较多，达到10项，G01“管理科学与工程”立项4项。由此可见立项以运动训练及生理学、运动损伤防治、运动康复医学、体育与计算机、运动神经、认知、与心理学科学、运动疲劳恢复与调节、运动与心血管循环系统、体育设施建设与工程、运动营养与代谢、中医学与体育结合、运动生物力学、体育管理科学为主。

表27　2001—2015年国家自然科学基金体育学科立项领域与方向

序号	研究领域与学科	主要方向与申报代码(立项数)	合计
1	运动训练及其生理学研究	C1106“运动生理”(113)、C1107“特殊环境生理学”(5)	118
2	运动损伤防治研究	H0610“骨关节软组织运动损伤”(31)、H0605“骨关节软组织损伤修复”(16)、H0601“运动系统结构发育异常”(11)、H0910“脑脊髓神经损伤及修复”(10)、H0912“神经变性再生及疾病”(11)、H26“预防医学”(11)	90
3	体育康复医学研究	H1701“康复医学”(62)	62
4	体育与计算机科学研究	F0205“计算机应用技术”(23)、F0304“模式识别”(16)、F0108“多媒体通讯”(11)	50
5	运动疲劳恢复与调节研究	H0608“骨关节软组织疲劳恢复”(25)、H0904“运动调节与障碍”(15)	40

续表

序号	研究领域与学科	主要方向与申报代码(立项数)	合计
6	运动神经认知与心理研究	C09“神经、认知与心理学”(39)	39
7	运动心血管循环系统研究	H02“循环系统”(34)	34
8	体育设施建设与工程研究	E08“建筑环境与结构工程”(16)、E05“机械工程”(8)、E03“高分子聚合材料”(2)	26
9	中医学与体育结合研究	H27“中医学”(22)	22
10	运动生物力学研究	A020503“运动生物力学”(19)	19
11	运动营养与代谢研究	H07“内分泌代谢与营养支持”(18)	18
12	体育管理科学研究	G03“宏观管理与政策”(10)、G01“管理科学工程”(4)	14

四、结论与建议

(一)合理定位体育学科发展,不断优化学科布局

随着更多的高校和机构关注体育学科研究,充实了体育科研队伍,提高了研究水平。有较高水平研究能力的综合院校达到60多所、医科院校40多所、师范院校30多所、理工科院校30多所、体育院校10多所、研究机构10余个,其中有6所体育院校和近20所其他院校开始培养体育学博士研究生。体育学科在2011年由南京大学和浙江大学分别获得杰青基金的突破,2015年浙江大学获得优秀青年基金突破,使影响力进一步提升。然而体育学科设置之初定位较为单一,重在培养体育教师、教练员等应用型人才,专业主要布局在体育和师范院校,目前仅有400余所院校开设有体育本科专业,以体育教育、运动训练等教育学、人文社会科学类专业为主;开设自然科学类专业的院校仅有40余个,如14所体育本科院校中开设理学的有11个,以运动人体科学为主;开设工学的仅有武汉体育学院和山东体育学院;开设医学的仅有成都体育学院,致使学科完整性和发展空间受到严重制约。造成了目前体育、师范院校自然科学研究水平仍然整体不高;体育学科

在综合、理工、医科院校处于边缘地带;社会权威机构对体育研究和学科建设的关注度不高的现状,这无论对于体育院校综合化还是体育学科发展都是不利的。而艺术学科有广泛的布局和多个分支学科支撑,形成了自身特色并与社会广泛融合,在2011年成为了独立学科门类。今后应从学科广度、完整性和更有利于科学研究的角度思考,重新高起点定位体育学科发展,加强其自然科学属性以及与生物、医学、预防、信息等学科的结合,不断扩大覆盖面和影响力。

(二)提高研究水平和质量,不断扩大体育学科影响力

十五年来国家自然科学基金体育学科获得项目760项,经费30805.85万元,其中立项超过30项的领域达到5个;立项5项以上的地区达20余个,这很好地支持了体育学科发展。如"运动/低氧对慢性疲劳综合症动物模型的免疫调剂作用及其机制""运动防治扩张型心肌病的微小RNA30d机制研究"促进了运动生理学的发展。"传统养生锻炼的随意性呼吸调节与自主神经平衡调节相关性""PSA/NCAM信号通路介导力竭运动对学习记忆能力影响的作用机制研究"促进了运动神经机制和心理学研究。"基于多模医学影像的人体骨骼肌神经生物力学协调机理应用""基于步态仿真技术的踝关节动态生物力学分析"在运动建模和模拟方面取得了重要进展。"奥运对科技产业发展的影响研究""体育赛事市场开发支持体系与实施策略"等促进了体育产业和管理科学的研究。许多成果还得到国家或行业协会重视,如北京体育大学和上海体育学院分别在2010年和2012年获"国家科学技术进步二等奖";2011年、2010年谢敏豪、陈佩杰的成果分获北京和上海市科技进步奖;2014年陈佩杰、周成林、石丽君获中国体育科学学会科技成果二等奖。项目研究还产出了近万篇科技论文,部分发表在国外重要刊物。但体育学科研究水平与传统的物理、生物、数学等学科水平差距较大[65],基金成果的影响力还非常有限,应用和推广转化率较低,项目产出成果中论文占62.2%,研究报告占25.1%,仅有7.9%获批了专利或产品。今后要进一步提高研究质量,拓宽成果转化渠道,促进体育科技产、学、研一体化,尤其要加强运动生理、运动损伤、生物力学等基础研究;体育康复、运动信息和竞赛训练、全民健身、体育产业等应用研究;还要大力促进科技服务和成果转化,为体育学科发展提供更大的支撑[66]。

(三)扩大体育学科领域和视野,促进其深度融合发展

目前国家自然科学基金体育学科立项领域已达到200余个,其中医学科学部

70余个,生命科学部40余个,立项5项以上的领域有20余个,体育信息技术、工程、特殊医学、营养、运动模拟等新兴领域也得到了较快的发展。体育学科研究在一些院校还形成了规模和优势,上海体育学院获46项,是立项最多的单位;还有20个单位立项超过10项。如复旦大学、华东师范大学等综合、师范院校在体育交叉学科研究具有优势;首都医科大学等医科院校运动医学、损伤防治、康复、中医学研究实力较强;北京体育大学、天津体育学院等体育专业院所在运动生理学、科学训练、运动疲劳恢复、生物力学研究方面特色鲜明;上海交通大学等理工科院校在体育工程、信息、材料、设施建设研究方面处于领先地位。然而与美国、德国相比,国外体育学科科学化程度较高,体育自然科学与治疗、康复、保健等行业深度融合,吸引着上百万研究和从业人员,我国在这些方面则较为薄弱。今后应进一步掌握生理学、运动学、物理学、计算机科学、分子生物学等学科的国内外发展动向,围绕体育科技创新、冬奥会科技服务、运动生理、体育医学、健康、营养、损伤、工程等进行联合攻关,扩大研究领域和范围,支持优势学科,扶持薄弱学科,推进体育学科向纵深发展。还要积极调动各类社会资源,发挥教育部、中国科协、体育科学学会、体育总局、自然科学基金委等部门的作用,共同支持体育学科发展、吸引知名高校和机构开展体育研究、增设新的体育专业和方向,加强学科交叉,探索体育与其他学科的深度融合。

(四)加强人才培养和平台建立,为体育学科发展提供有力支撑

科研人才和平台建设是提升体育学科影响力,获得高水平项目的前提。15年来有637人获批的国家自然科学基金体育学科项目,1.2万人参与到研究中,培养了一批专家和中青年骨干。华东师范大学、北京体育大学等5所院校还建成了体育类教育部重点实验室;20余所院校建成了国家体育总局重点实验室,部分综合和医科院校利用高水平科研平台开展了体育研究。但目前还存在立项人数总体不足,青年人才匮乏,项目分布不均,专家人才偏少等问题,如15年来自然科学基金青年项目仅获210项,获2项以上基金的仅有80人;现有科研机构水平整体不高,省属33个体育科学研究所中仅有2个获得过国家自然科学基金,缺少体育学科专门性国家级体育重点实验室或工程中心。今后各类院校应积极扩充自身实力,增设体育交叉学科和方向,加大人才引进和培养力度;支持偏远地区发展和区域特色研究;积极开展合作研究和联合申报;促进国家、省市重点和特色体育学科

建设,合作争取高级别科研平台。

(五)掌握自然科学基金特点,争取高级别科研项目

科学研究是体育学科发展的先导和前提,要充分发挥高水平项目的带动作用。目前体育学科在国家自然科学基金申报中不是单独类别,其立项所占的比例也较低。如基金委2015年共批准37060项,经费2222776.81万元,体育学科仅获87项,占0.23%,经费3921.1万元,占0.18%;十五年来立项以面上和青年基金为主,分别占58.4%和27.6%;重点、地区、专项基金明显偏少,仅获12、30和38项。今后要针对体育学科优势和自然科学基金特点,拓展立项类别、扩大研究领域,紧紧抓住生命和医学科学部C1106、H1701、H0610、H0608、H02、H0904等立项重点领域,开展全方位、深层次、多角度研究;拓展A020503、F0108、F0205、F0304、E08、E05等新兴领域和交叉学科研究;吸引有能力的人员申报管理科学部基金。还要抓住当前我国体育快速发展,申办2020年冬奥会的机遇,学习浙江、辽宁等省和煤炭、石油等行业设立联合基金的经验,争取国家体育总局与基金委合作,设立联合基金或推出"冬奥2020科技计划专项"。

(六)积极开展国内外交流合作,不断推动体育学科国际化

目前国家自然科学基金体育学科研究分布不均衡,北京、上海等经济、社会较发达地区研究的国际化程度较高,偏远地区研究力量较弱,联合申报较少,学术交流能力欠缺。调查发现国家自然科学基金获得者有国外研究经历的占62%,而体育学科基金获得者仅为31.7%;15年来体育学科国际合作基金仅获21项;2012—2014年,完成结项的63个体育学科项目,产出SCI收录论文仅为72篇;国内被SCI收录的体育类期刊仅有上海体育学院主办的《运动与健康科学》。体育学科研究在项目主持人员经历、联合攻关和成果发表等多方面的国际化都很有限。今后要积极邀请国内外不同领域专家开展学术交流活动,鼓励研究者们关注国外成果,积极与国际接轨,支持他们到国外学习深造,开阔视野。要进一步优化管理体制,探索不同地区和隶属关系的单位进行多种形式合作,资源共享,实现体育学科在项目申报、成果产出、推广渠道等多方面的国际化[67]。

第八章 国家自然科学基金体育科学研究进展解析

一、概述

为了解 2001—2015 年国家自然科学基金体育科学研究情况，通过文献资料、文献计量、数理统计等方法，对这 15 年国家自然科学基金资助项目研究形成的运动训练及其生理学、运动损伤防治、康复医学、体育与计算机科学、运动疲劳恢复与调节、运动神经认知与心理、运动心血管循环系统、体育设施建设与工程、中医学与体育、运动生物力学研究、运动营养与代谢、体育管理科学 12 个主要领域的进展和趋势进行了分析。结果表明研究产出了许多重要成果，以运动人体科学、医学为主，体育数理、信息、工程、计算机科学不断升温。今后应加强对体育科学的关注，扩大研究领域和项目类别，把握生命、医学重点立项领域，拓展数理、信息、工程等细分领域，加大管理科学项目申报，深化国际交流合作，推动体育科学更好的发展。

二、研究对象与方法

以我国高校、科研机构等单位 2001—2015 年获得的国家自然科学基金体育科学项目为研究对象。采用文献资料、专家访问、数理统计、文献计量学等方法，查询国家自然科学基金委发布的年度报告、资助项目统计汇编、中国体育科学学会年度报告等材料。借助国家自然科学基金项目查询系统、科学基金成果共享服务网、CNKI 数据库和中国科技论文数据库[68]，对 15 年来项目资助情况和结题报告、论文、著作等产出成果进行查阅分析。

三、研究结果与分析

(一)“运动训练及其生理学”研究进展

“运动训练及其生理学”是一门既经典又与时俱进的学科,它研究运动训练的规律和机制,揭示运动对人体机能变化的影响,指导各专项运动训练实践,内容涉及训练、生理、生物、化学等多个学科门类,体育院校获得近70项,研究较有优势。

张勇、丁树哲对线粒体变化及其对能量代谢影响研究认为,“线粒体是细胞中能量代谢的重要场所,也是活性氧产生的中心,运动诱导线粒体合成不仅可以提高耐力运动,对于衰老引起的肌肉退行性改变也具有重要作用”[69]。众所周知,人类骨骼肌ATP的再生能力是维持高水平运动能力的一个重要的限制因素,而线粒体是氧化磷酸化生成ATP的重要场所。线粒体作为核外唯一具有遗传效用物质(mtDNA)的细胞器,具有自我复制功能,并控制相当的遗传性状。研究表明,杰出的运动能力很大程度上受控于基因,在人类存有对运动训练敏感的高反应群体(high responder, HR)和对训练不敏感的低反应群体(low responder, LR),其遗传特征存有母系遗传。近年随着分子遗传学的进展及其对运动医学领域的渗透,学者们还尝试着探讨与运动能力相关的基因标记,并定位这些基因,以解决优秀运动员的早期选材和运动能力诊断问题,并从分子水平揭示人类运动能力的遗传生物学机制。

陈佩杰对骨骼肌损伤修复过程中巨噬细胞的作用及其IGF-1MG干预研究认为,“免疫系统在骨骼肌急性损伤和随后肌肉修复阶段起着至关重要的作用”。

张缨、李良刚研究认为,运动通过提高MEF2/GLUT4DNA结合的活性从而提高GLUT4表达,AMPK2参与调解了运动诱导的GLUT4基因表达量的升高。

胡扬、张缨、王瑞元对低氧训练对骨骼肌代谢影响研究认为,“高住低训可提高骨骼肌有氧代谢能力,氧浓度为14.2%的高住高练低训与15.4%相比,能更快更有效地提高红细胞和血红蛋白的生成”[70]。

石丽君、张全江对有氧运动改善心肌抵抗与敏感性、延缓衰老研究认为,长期进行有氧运动可促进糖、脂代谢,PI3K-Akt信号转导并抑制氧化应激和缺血再灌注诱导的心肌细胞凋亡,发挥心脏保护作用。

史仍飞、邹军对运动mTOR和Wnt信号通路影响认为,运动通过mTOR信号通路促进肌肉生长及肥大，在肌肉蛋白合成方面，该通路也起到重要作用。Wnt信号通路是调节细胞生长发育的一个关键途径，合理的运动可以防止 Wnt 通路的异常激活。

肖德生、刘畅对骨骼肌能量代谢调控机制研究认为，一氧化氮与运动关系密切，在运动与铁代谢中有重要调控作用；CFL2b 基因主要在骨骼肌中表达，对肌肉的发育和肌纤维的形成具有一定作用。

田振军、徐国栋对耐力运动中肌氧监测和促进心肌细胞增殖研究认为，“有氧运动可抑制促凋亡因子的表达，抑制心肌细胞凋亡；促进心肌细胞增殖相关因子的表达，使心肌细胞增殖，从而改善心梗后的心功能恢复”。

娄淑杰、胡扬、郭松长、张缨等人对生物体的低氧适应及其机制方面进行了研究。他们认为，动物脑中的神经发生存在年龄依赖现象，随着年龄的增加，大部分脑区的神经发生潜能会逐渐减弱[71]。合理运动可以促进成年动物海马神经发生。为达到低氧训练的目的，需要选择适宜的低氧浓度，还要结合小强度的运动。高住低训中运动员受运动训练和低氧暴露的双重刺激，只有适宜的运动负荷才能提高机体红细胞免疫能力。间歇性低氧训练可以使机体生理机能以及分子水平产生适应，使得运动员的生理机能和运动能力得到改善。但在目前，对于吸低氧的浓度、每天吸低氧的次数、每次多长时间等，都值得进一步探讨研究。因此，在训练中的应用需谨慎。诱导型一氧化氮合酶(inos)对低氧和低氧环境变化比较敏感，低氧可以刺激 inos 催化产生一氧化氮，增加血流，从而改善组织供养，增强高原属兔在高原低氧的环境中产生更好地适应。

刘玉倩和肖德生在运动对于铁代谢的调控及机制方面进行了研究。研究认为一氧化氮(NO)与运动关系密切，在运动与铁代谢中有重要的调控作用[72]。运动中血清一氧化氮合酶活性增强，产生更多的 NO，使肌细胞从循环系统摄取铁增加，而肌细胞向外释放铁减少，引起肌细胞内铁贮存增加，从而满足运动中肌组织对铁的需求[73]。运动和铁代谢异常均可调节脑的高级功能，使得运动时的脑代谢活动增强[74]。

刘畅对于骨骼肌糖代谢调控机制方面进行了研究，认为骨骼肌糖代谢是骨骼肌蛋白质和肌内脂肪合成以及肌肉活动的重要能量来源。CFL2b 基因主要在骨骼肌中表达，对肌肉的发育和肌纤维的形成具有一定作用。振动运动干预使得 CFL2b 基因低表达，从而骨骼肌糖代谢能力下降。

谢敏豪、田野、陈佩杰等对于运动引起机体某些功能下降方面进行了研究。研究认为血睾酮与血色素作为机能评定的重要指标,起到的调节作用不容忽视。过度训练会导致持续性低血睾酮,进而影响训练。运动训练还会导致红细胞损伤、血红蛋白合成减少,从而造成低血色素。所以蛋白质和铁元素要合理供给,以缓解运动性低血色素。T 淋巴细胞是细胞免疫反应中功能极为重要的细胞,大运动量训练后会导致机体免疫调节功能紊乱。因此要进行科学、合理的训练。

何玉秀和姜宁分别对早期运动促进机体健康方面进行了研究。研究认为运动训练使血液循环中的某些代谢指标发生变化。游泳锻炼使下丘脑胰岛素含量明显增多,因脑胰岛素具有抑制食欲、增加机体产热的作用[75],从而使机体不至于过度肥胖,影响健康。帕金森病是一种与年龄相关的进行性神经退行性运动病变。自噬能改善损伤细胞功能,并在帕金森病的发生、发展过程中发挥重要作用。当 MPTP 这种特定的强黑质毒素发生损害时,可及时调控线粒体分裂,促进自噬水平上调,在运动防治帕金森病中发挥神经保护作用[76]。

曾凡星、史仍飞和邹军分别在运动对 mTOR(雷帕霉素靶蛋白)和 Wnt 信号通路的影响方面进行了研究。他们认为耐力运动会使 mTOR 信号通路的表达得到促进,单纯的低氧运动可能会通过抑制 mTOR 信号通路而使蛋白质的合成受到抑制,低氧耐力运动可以削弱低氧对 mTOR 信号通路的抑制作用。因此,低氧运动对 mTOR 信号通路的影响有时程变化,同时有时程差异[77]。运动通过 mTOR 信号通路促进肌肉生长及肥大,而相应的抑制剂会阻断运动训练的效应。在肌肉蛋白合成方面,该通路也起到重要作用[78]。Wnt 信号通路是调节细胞生长发育的一个关键途径,是胞外至胞内,胞质至胞核的一种信号传递途径[79],合理的运动可以防止 Wnt 通路的异常激活,从而防止骨质疏松。

危小焰与张安民分别对通过训练促进肌肉力量增加的机制方面和动态等速肌力自然发展方面进行了研究。研究认为,振动力量训练作为一种新兴训练手段,能以相对小的负荷量使肌肉力量得到明显提高,它主要分为局部振动力量训练和全身震动力量训练[80]。它不仅提高运动员最大力量,使肌肉群的平衡协调发展,获得优异的比赛成绩,而且运用在运动损伤后的康复训练上,使受伤运动员早日回到场地进行训练或比赛[81]。同时,动态等速肌力是一种关节运动速度恒定,但外加阻力呈顺应性变化的动态运动,它的发展具有一定的规律性。胡敏在"抗阻训练"对红细胞参数的影响及机制方面进行了研究。"抗阻训练"是获得骨骼肌肥大的最佳训练方法,能引起骨骼肌、骨骼、心血管及内分泌系统机能出现较明显的适应性变化[82],使得红细胞运输氧的能力增强,提高机体的气体交换能力。

徐国栋和田振军分别对某种技术在耐力运动中对肌氧监测方面以及耐力运动促进心肌细胞增殖方面进行了研究。研究认为,近红外光谱技术可以测定运动员在递增负荷时的工作能力。适度的有氧运动对改善心梗后的心功能具有重要作用。有氧运动可抑制促凋亡因子的表达,抑制心肌细胞凋亡;同时可以促进心肌细胞增殖相关因子的表达,从而使得心肌细胞增生。G－CSF(粒细胞集落刺激因子)可同时动员自体骨髓造血干细胞和间充质干细胞,修复坏死的心肌组织,可用于心肌梗死的治疗[83]。

谢敏豪、张安民分别在运动诱导某种基因表达方面进行了研究。谢敏豪研究认为白细胞介素6(IL－6)是骨骼肌产生的一种激素,在调节免疫应答、造血和机体防御机制中起着重要作用[84]。肌源性IL－6大量释放促进骨骼肌摄取葡萄糖的增加是与它促进蛋白释放和葡萄糖转运体4(GLUT4)的基因表达与转位有关,也可能是通过激活AMPK(AMP激活蛋白激酶)来调控GLUT4基因的转录与转位[85]。它对于调节运动中及运动后的糖代谢具有重要作用,如刺激骨骼肌对血液葡萄糖的摄取增加等。张安民研究认为运动后c－fos原癌基因表达适度增加,可以使得神经元的活性增强,起到调控因子的作用。

张缨和李良刚在运动诱导骨骼肌细胞GLUT4基因的调控机制方面进行了研究。研究认为运动通过提高肌细胞增强因子(MEF2)/GLUT4 DNA结合活性而提高GLUT4表达;腺苷酸活化蛋白激酶转基因(AMPKa2)参与调解了运动诱导的MEF2/GLUT4 DNA结合活性及GLUT4基因表达量的升高;虽然AMPKa2参与调节了运动诱导的MEF2/GLUT4结合活性的提高,但机体还可以募集其他的信号通路代偿AMPKA2对GLUT4表达的调节作用[86]。钙/钙调素依赖性蛋白激酶(CaMK)和AMPK在调节肌细胞GLUT4基因中是彼此密切联系共同作用。

王瑞元和张缨在低氧训练对于骨骼肌代谢影响机理方面进行了研究。研究认为低氧和低氧训练作为一种强烈的缺氧刺激,可以改善局部的血液供应,使有氧氧化酶的活性增强,引起骨骼肌微细结构的改变。通过低氧训练使快型肌球蛋白重链表达增加,基因和蛋白表达均有所提高。低氧训练中AMPKa2对骨骼肌中某些基因的表达起到重要作用。

张勇、张雪琳和丁树哲等人在运动对于线粒体变化及其对能量代谢影响方面进行了研究。研究认为线粒体是细胞中能量代谢的重要场所，也是活性氧产生的中心。运动诱导线粒体的合成，不仅可以提高耐力运动，并且对于衰老引起的肌肉退行性改变具有重要作用。长期的有氧运动训练使得骨骼肌线粒体融合与分裂功能增强，促进线粒体呼吸功能，提高能量代谢[87]。耐力训练和一次急性运动可以增加骨骼肌线粒体的蛋白含量以及遗传物质的数量，从而诱导骨骼肌线粒体合成[88]。骨骼肌细胞胞浆内存在解偶联蛋白3（UCP3）蛋白库，它可以调控能量代谢，可以在运动应激条件下快速动员装载入线粒体，发挥运动抗氧化的快速应答效应。同时有氧运动可以加速脂肪酸的代谢过程。

刘坤在运动对抗坏血酸变化影响方面进行了研究。研究认为抗坏血酸对骨代谢的影响，可能通过中枢及外周的双重作用实现。卜淑敏在运动对去卵巢骨质疏松方面进行了研究，研究认为适量运动可以预防并且改善骨质疏松，对内分泌调控与脂代谢具有积极作用。

林枫对运动改善多囊卵巢综合征骨骼肌糖代谢方面进行了研究，研究认为适度运动有利于改善胰岛素抵抗，降低高血酮血症作用，是治疗多囊卵巢综合征安全、经济、有效的辅助手段之一。

田振军对有氧运动促进心肌细胞增殖方面进行了研究，研究认为有氧运动可以促进心肌细胞增殖相关因子的表达，诱导心肌细胞增殖。

在特殊环境对运动训练影响方面，范明、朱俐在低氧对铁蛋白表达、转运与调控方面进行了研究。研究认为低氧预适应是使机体预先经受一定程度短暂的低氧之后，再恢复常氧状态。如此反复多次的刺激使低氧产生适应性的过程，它可以提高机体对进一步低氧或缺氧的耐受能力[89]。低氧可以使得二价金属转运体dmt1表达增加，在细胞内的分布发生变化，并且可以通过调控dmt1的表达来影响细胞的铁摄入，使得机体对低氧环境产生适应性的变化。

范明、冯连世和李国建在低氧训练对于人体某方面和大鼠某些信号系统适应方面进行了研究。研究认为低氧训练可以促进心肌细胞和神经干细胞的增生，使神经干细胞代谢发生变化，葡萄糖利用增加。同时3%的低氧神经干细胞向神经元方向，特别向多巴胺能神经元方向分化，为神经干细胞治疗帕金森病提供可能[90]。三种低氧训练方式都有助于大鼠骨骼肌毛细血管舒张，但作用机制不同。高住低练主要通过一氧化氮合酶系统来使血管舒张，而低住高练却通过催化血红素生成系统来达到血管舒张的目的,高住高练组两种方式都有。因此,其血管舒张的效果也是3种方式中最好的。低氧训练使低氧诱导因子表达增强,骨骼肌毛细血管密度提高,线粒体数目增加,使机体更好地适应低氧环境。

胡扬、何子红、张勇等人在有氧耐力与基因多态性的关联方面进行了研究。胡扬研究认为,通过探讨膜铁转运蛋白的基因多态性与有氧耐力训练后左心室功能训练效果的关联性,为预测耐力训练效果,制订个性化有氧耐力训练方案提供分子标记;何子红研究认为,过氧化物酶增生激活受体-辅助激活物1s(PGC-1s)与适应性产热、骨骼肌纤维转变、糖/脂肪酸代谢以及心脏发展紧密联系,在这些生物反应过程中,它的基因多态性影响基因转录,调节线粒体生物合成从而促进有氧代谢;张勇研究认为运动训练可以减少衰老机体线粒体DNA(mtDNA)的突变,提高机体的抗氧化能力,从而增进线粒体功能[91]。同时mtDNA的基因多态性表达可以有效提高机体的耐力。

常芸研究认为,mtDNA单核苷酸多态性(SNPs)作为对运动训练有高敏感性的遗传标记,决定了人类的有氧耐力和个体对耐力训练的高敏感性,这对于一个运动员运动能力的预测、评定、选材及培养具有十分重要的意义,为人类有氧代谢能力的个体与群体差异的分子遗传学机制探讨提供依据[92]。各位学者对于运动训练基因多态性的其他方面进行了研究。

曲绵域研究认为,关节软骨损伤是运动创伤中最常见的疾病之一,而软骨细胞分化与反分化现象是软骨损伤病理和修复过程中的重要体现。骨形态发生蛋白不可以促进关节软骨细胞合成DNA和胶原,并显著抑制其蛋白多糖合成,但对反分化关节软骨却有促进作用。因此,骨形态发生蛋白诱导下的关节软骨细胞不会发生反分化,反而会向肥大软骨细胞样细胞或成骨细胞样细胞方向分化,并使反分化的软骨细胞重新表达。

乔德才研究认为,运动性胃肠综合征是指由运动引起的胃肠系统功能紊乱的一种病症。大量研究表明,它的发病范围广、频率高,已成为影响运动员正常训练和比赛的一个较为突出的问题。它与胃肠道血流量的改变、胃肠道流动力的改变、胃肠道机械性震动、神经-内分泌-免疫系统功能的变化等因素有关。

葛贝贝研究认为冬季灰霾细颗粒物对运动员肺功能的短期影响,于2015年1月19日至2月3日发生灰霾期间测定运动员运动前后的11项肺功能指标,同时测定当日的灰霾浓度。结果表明冬季灰霾对运动员运动前后的大小气道功能存在短期负效应及滞后性,尤其是以运动后的负效应较大。这说明运动员在运动过程中对于细颗粒物的不良影响可能更为敏感,提示在灰霾天气时应合理安排运动员户外训练时间和训练强度。

近年来随着现代科技发展,超微、电镜观察、微电生理、换能、遥感等多项技术的运用[93],对有氧运动、不同训练方法生理机制、动态肌力发展、骨骼肌蛋白AMPK2和线粒体代谢与调控、机能评定与监控、骨骼肌mTOR和Wnt信号通路研究逐渐成为热点。运动对于铁代谢的调控与机制方面和生物体在低氧适应及其机制方面的研究与训练成绩的提高息息相关,因而使得研究者更倾注于这两方面的研究。如线粒体生物合成在提高耐力运动能力及改善线粒体疾病、促进机体健康具有重要意义;改善身体机能评定与监控机制和能量代谢方面研究,对提高运动成绩具有重要作用。今后应加强对运动引起机体不适应的研究,减少训练对运动员身体损害。应研究更多健康合理的训练与监控手段,使其对训练、健身、心理和社会适应都起到积极作用。应加强综合院校、医科院校在此领域的关注,使研究向纵深发展。

基因多态性与运动能力关联方面也是研究的热点。单核苷酸多态性(SNPs)作为新兴的遗传标记,越来越引起人们的关注。同时mtDNA扩增产物直接测序分析是一种简便快捷的mtDNA序列多态性和单核苷酸多态性研究方法。它的多态性可以造成人类有氧代谢能力的个体差异,成为有氧能力和训练敏感性的分子机制,为运动能力遗传标记的筛选与研究提供有效方法,具有较好的应用前景。随着人类基因组研究的进展,mtDNASNP研究作为人类基因组计划走向应用的重要步骤和强有力的工具,不仅用于高危人群的发现、疾病相关基因的鉴定、药物的设计和筛选,也将广泛用于人类体质和运动能力相关基因诊断。

随着科学技术和科研能力的提高,国家自然科学基金体育科学在运动训练监控与评价方面的研究涉及范围会更宽泛,研究程度会更深入。线粒体生物合成在提高耐力运动能力及改善线粒体疾病中具有重要的生理学意义,这一领域的研究将会成为新热点。因为它的应用研究不仅可以提高运动成绩,还可以促进机体健康。运动在改善身体某方面的机制及改善能量代谢方面,也将成为研究的热点,要通过多种积极、健康有效的手段来提高运动成绩。因此还需要提高科研能力和培养高科技人才,争取早日使这些技术应用于临床,提高机体健康。另外在特殊环境对于运动训练影响方面,机体对于低氧环境的适应方面是当今研究的热点。

低氧训练不仅可以提高运动成绩,还可以使机体对环境的适应能力增强,从而促进机体健康。低氧不光被体育训练所重视,而且会越来越受到运动医学方面的关注。我们应加强对于运动引起机体不适应方面的研究,使今后训练更加科学合理,对运动员身体损害降低到最小限度,从而来间接提高运动成绩。我们还要加强运动促进机体健康方面的研究,引起人们对于合理进行体育运动的重视,使更多的人参加到体育运动这个大环境中。我们要研究出更多积极健康合理的训练与监控手段,使得体育锻炼不但可以增强运动技术、提高运动成绩,而且对于身体、心理和社会适应等方面起到积极的促进作用。

(二)"运动损伤防治"研究进展

随着现代竞技运动水平的不断提高,人体承受的运动强度和运动量越来越大,使运动员受伤的概率也增加,因此运动员伤病已成为制约运动训练,特别是高水平运动员创造运动成绩的重要因素,该领域的受重视程度也得到了不断地提高。近年国家自然科学基金运动损伤防治方面主要围绕运动损伤治疗与修复、运动系统结构发育异常、神经系统损伤修复与再生等开展了研究。

北京奥运会后,运动医学及相关领域的研究工作有了较大的发展,近年具体技术或药物对机体损伤后的修复作用、特异性 siRNA 技术、关节镜外科技术、运动与健康促进、前交叉韧带损伤是研究热点。siRNA 具有高特异性,其信号扩散和效应的可持续性、高速度、高效率和高稳定性,与细胞因子基因治疗等传统方法相比,具有无可比拟的优越性。因此特异性 siRNA 技术在治疗机体方面有着广阔的研究前景。关节镜外科技术、运动与健康促进两个领域的理论与实践的发展尤其吸引人们注目。关节镜技术不仅是一种辅助诊断方法,更是一种微创治疗技术,在运动损伤的治疗过程中发挥了巨大的作用。但就整体而言,我国关节镜外科技术同国际先进水平相比,从理论到实践还有一定的差距。近些年来,我们加强了与世界关节镜技术发达国家之间的合作与交流,邀请专家来华讲课、培训和手术演示。同时也创造机会,选派优秀年轻医师出国进修学习,将国际上先进的理论与技术带回国,并运用于运动医学研究与临床实践。

曲绵域研究认为,胶原分型或定位对于治疗结缔组织疾病或运动创伤的某些退行性疾病(如软骨病)具有重要意义。同时胶原单克隆抗体对于治疗骨关节炎,判断和监测肝病病程与进展都发挥巨大作用。

敖英芳研究认为,膝关节前交叉韧带损伤是临床上较为常见的运动创伤。前交叉韧带是膝关节内重要的稳定结构,其损伤会直接影响到膝关节稳定性和运动功能,并可导致关节内结构,如关节软骨、半月板乃至其他韧带的继发损伤。成骨细胞特异性转录因子以脂肪来源基质细胞作为载体,对于重建前和重建后的前交叉韧带的损伤具有止点愈合作用。同时复合纳米材料对于构建干细胞生长微环境具有促进作用,从而加速前交叉韧带损伤的愈合。

朱文辉研究认为,前交叉韧带损伤后不仅会影响上行传入通路,还会引起中枢神经系统的功能重塑,继而影响中枢神经系统对外周的调控。因此前交叉韧带损伤后的康复治疗有必要考虑中枢神经系统的功能重塑。

于长隆研究认为,转录因子核因子－KB(NF－KB)是介导免疫和炎症反应的中心物质,它主要是通过调节一系列参与免疫、炎症反应的基因转录来发挥作用。NF－KBp65 特异性 siRNA 可以有效干扰 NF－KBp65 的表达,降低 NF－KB 活性,从而减轻骨关节炎[94]。异位骨化是指正常情况下在不具骨化性质组织中的骨形成,会引起肿胀、疼痛、关节活动障碍等。许多因子,如 runx2 参与异位骨化的形成。通过阻断异位骨化过程中的重要信号通路,如 runx2 通路的特异性 siRNA 可以抑制成骨细胞分化,明显切断跟腱诱导的异位骨化的发生发展,从而预防和治疗骨位异化[95]。

曹雪滨研究表明,益气温阳活血化瘀药方不仅可以上调压力超负荷心衰大鼠心肌线粒体 ND4mRNA 表达,提高心肌细胞 ND4 含量,改善心肌能量生成障碍,还能明显改善慢性压力超负荷大鼠心肌能量代谢和心脏功能,对心肌线粒体起保护作用[96]。

李国平、王琳对肌肉损伤研究认为,肌肉损伤和再生的病理周期为 3～4 周,这种周期特点与肌肉本身性质有关。应注意合理调整训练量和周期,防止肌肉损伤加重,促进肌肉再生。

张缨(2005)等通过不同氧浓度的 HiHiLo 观察足球运动员红细胞等血象指标的变化。结果表明,氧浓度为 14.2% 的 HiHiLo 与 15.4% 相比,能更快更有效地提高红细胞和血红蛋白的生成。

徐向阳、孟庆华研究认为,“踝关节外侧副韧带损伤者竖直方向的地面反力变化平缓;在支撑时相中前期,损伤者前后方向的力要比健康者大;在步态周期的60% 之前,损伤者左右方向的力明显大于健康者。恢复受损本体感受器功能可为关节提供保护性感觉信息，预防关节不稳”。

刘耀波对脊髓损伤后运动神经环路重建的细胞分子机制研究认为，“外周坐骨神经受损侧背根神经节细胞中 Ephrin B1 的表达明显减弱，但 RYK 受体的表达则明显加强，它很有可能参与了损伤后的功能活动”[97]。

罗骁研究认为性别差异研究对了解半月板损伤与性别的流行病学特点具有一定的临床意义。通过大宗病例统计认为男性半月板损伤风险高于女性，在特殊的运动项目，以及特定损伤类型和部位，尤其是内侧半月板后根部撕裂女性的风险高于男性。目前我国在半月板损伤性别差异方面，还缺乏更多的大样本量的流行病学研究。

沈秋明研究近年来有关骨质疏松症和体育锻炼的文献，对体育锻炼在骨质疏松症三级预防中的效果进行了梳理研究，认为体育锻炼在骨质疏松症的三级预防中有重要的作用。

随着我国科研和医学水平的提高，该领域正朝着预防与治疗并重，损伤机理研究不断加深，治疗方式多样化，恢复更完全的方向发展。今后应注重提前预防各种创伤引起并发症治疗步行与健康、加速度计在体力活动监测中的应用的研究。在运动医务监督方面，某种技术或者药物对于机体损伤后的修复作用是研究的热点，因为它与机体健康密切相关，而机体健康是一切活动的根本，因此这方面的研究必然成为热点。随着生活便捷性的提高，越来越多的民众趋向于久坐不动型生活方式，步行、家务劳动等体力活动时间下降，这成为威胁健康的重要因素，健康促进是运动医学工作者的一项重要使命。

（三）“体育康复医学”研究进展

该领域研究运动对身体肌肉、神经、关节等部位康复的作用和方法，运动康复训练方法是热点。曲绵域、刘卉、孟庆华等人对于运动伤病防治方面进行了研究。刘卉研究认为，膝关节前交叉韧带是对膝关节功能有重要影响的 4 个主要韧带之一，它的主要功能是限制胫骨的前移，并在膝关节前伸的状态下防止膝内外翻。前交叉韧带断裂是最常见的膝关节运动损伤之一。较大的地面反作用力引发较大的股四头肌力和胫骨近端向前的拉力，从而增加前交叉韧带负荷。较小的膝关节角合并较大的髌韧带与胫骨夹角和前交叉韧带倾斜角会增大韧带负荷，从而产生损伤[98]。前交叉韧带损伤会严重影响膝关节功能和人体运动能力，使患者生活质量明显下降。因此要对此损伤积极进行防治。曲绵域研究认为,胶原分类型和定位对于结缔组织疾病与运动创伤的某些退行性疾病(如软骨病)机制有着重要意义。只有找出一系列单克隆抗体,应用那些具有特异性亲和力强的抗体,才能克服胶原免疫性弱的问题,从而预防运动损伤。孟庆华研究认为,踝关节是人体负重最大的屈戌关节,踝关节内踝较外踝要短,外侧韧带较三角韧带要薄弱。快速行走以及进行其他活动时,如果足部来不及协调位置,非常容易造成内翻,故形成外侧韧带损伤。因此,要对症下药,积极预防这些损伤的发生。

陈世益、王琳、李国平等人对于运动伤病康复方面进行了研究。王琳研究认为,肌腱微损伤是常见的运动损伤和职业损伤,它主要是由于微细损伤积累或者反复发生超负荷训练所致,这对于运动训练和生活会带来明显的影响,损伤后低强度的循环载荷训练会使愈合加速。李国平研究认为,运动性肌肉损伤多见于周期性运动的耐力项目,它是因为反复运动所致的肌纤维损伤,要注意合理的休息与调理来加速其修复。陈世益[99]研究认为,骨骼肌损伤后通常不能完全恢复,损伤严重的部位容易形成瘢痕,降低肌肉的收缩功能,使得再损伤概率增加。丹参有活血化瘀的作用,黄芪具有生肌和清凉解毒的功效,两种药物联合应用可缓解炎症反应、趋化生长因子,促进损伤骨骼肌的再生修复。黄芪丹参治疗的损伤骨骼肌,其最大颤搐张力、断裂强度、拉伸形变均较自然愈合组有明显提高。生长因子转基因治疗骨骼肌损伤的方法不但可以高效表达促进肌肉愈合的生长因子,而且还移植了修复细胞,增加了修复安全性[100]。

李玲对康复训练对创伤性脑损伤大鼠海马神经再生及信号传导研究认为,"综合康复训练不仅可促进创伤性脑损伤大鼠运动及学习记忆功能的恢复,还可以缩短神经功能恢复的时间窗,应给予患者运动及行为综合训练促进神经系统恢复"[101]。

田闪认为,早期进行适宜强度的运动训练治疗能改善颅脑外伤大鼠认知功能和上调海马 BDNF 的表达。胡永善认为,"至少 2 周的预运动训练对随后发生的脑缺血及再灌注期间,纹状体尾状核脑区内兴奋性氨基酸递质 Glu 和 Asp 的过度释放有一定程度的抑制作用,这对早期缺血脑损伤具有一定的保护作用"[102]。

汤清平采用任务导向性训练及反复刺激治疗严重上肢瘫痪患者认为,"重复易化任务导向性训练配合反复刺激能显著改善脑卒中患者的上肢运动功能,特别是手、腕的协调性和速度"[103]。

综上所述,今后还要加强对于运动伤病防治研究,使人们在增强体质同时减少运动损伤。我们在训练中应该合理安排训练强度和训练周期,既要逐步提高运动员肌肉对运动的适应能力,又要防止损伤的积累,以免对训练和比赛产生不利影响。对于骨骼肌的损伤、愈合,今后的重点将趋向于研究生长因子使用剂量与愈合质量的关系、多种因子之间的协同作用、抑制肌肉的纤维化、调节生长因子作用的微环境及生长素基因结合干细胞治疗、运动训练对脑卒中后功能恢复研究。相信在不久的将来,会有更多的人受益于这些治疗方法,进一步提高治疗后的生活质量。此外,还要加强体育类院校、师范性院校和各级体育局对于这方面的研究。

(四)"体育与计算机科学"研究进展

21 世纪是信息时代,特征是社会信息化、设备数字化、通信网络化,这使得计算机科学与技术在体育领域中应用的广度和深度都得以快速发展与加强。该领域主要研究运动数据采集、计算机建模与仿真、视频采集、模式识别等,理工院校立项较多。近年在运动现场计算机实时图像高速采集系统,运动视频图像处理系统、建立运动技术分析资料库框架和专项运动技术快速诊断的神经网络模型方面取得了一定的进展。

毋立芳、宫玉研究一种基于语义的细缝裁剪和非均匀映射相结合的图像自适应方法,认为该方法结合体育视频中间层语义分析结果,针对图像提取用户对语义区域重要性主观评价的统计特征,并用来对基于底层特征的能量函数进行加权,得到语义加权的能量函数;利用前向能量的细缝裁减方法去除图像中的不重要信息,同时用重要语义边缘的变化度量重要信息变形,当变形超过设定指标时终止细缝裁减方法,采用非均匀映射方法得到目标大小的图像。方法框架如摘要附图所示。研究将目前比较好的两种方法——细缝裁减方法和非均匀映射方法有机结合,充分发挥各自的优点,实现综合最优的图像视频自适应结果;并且引入了语义加权的能量函数计算,实现基于语义内容的图像大小自适应。

夏时洪、潘志庚对虚拟人体运动合成新方法研究认为,"人体运动仿真是生物力学、机器人学和计算机科学交叉的研究领域,对于肌力和训练起到了至关重要作用"[104]。

沈乐君、唐权华和邹北骥对视频流体模型、运动提取和比赛数据获取方面研究认为,“分析视频图像,获得运动员的技、战术数据,具有客观、无干扰的特点。采用直方图降维和分级策略提出新的快速实现方法,提高了算法处理速度,能有效解决时间复杂度高的问题”[105]。

殷跃红对骨骼肌新型生物力学模型与变频调控原理研究,建立了肌膜动作电位活动与由动作电位引发的肌小节内 Ca^{2+} 浓度变化的生物电化学模型,提出了从控制信号触发到肌纤维开始收缩的最小滞后时间,建立了肌电时间常数的概念[106]。

孙广范研究回顾了语料库分类及可比语料库中翻译等价对抽取方法的历史。根据从可比语料库中提取翻译等价对所依据的基本假设,一个语言中一个词在对应到另外一种语言时其与周围词之间的共现搭配关系仍然被保持,采用双向等价对获取计算然后求交集、词加权因数 TF(iw) IDF(i)值计算、上下文词的词性信息利用的方法来提高翻译等价对提取正确率。描述了翻译等价对抽取实验步骤,并对实验结果进行了简要分析。实验结果表明上述方法可以有效提高翻译等价对计算结果的正确率,最后提出了需要进一步研究的问题。

阮涛涛的研究认为,基于视觉的人体运动分析越来越受到体育和计算机视觉领域研究者的广泛关注,它成为图像分析、心理学、人工智能等领域的研究热点,在智能视频监控、虚拟现实、用户接口、运动分析等方面有着广泛的应用,并从运动目标检测、运动目标分类、人体运动跟踪、人体行为识别与描述四个环节综述了人体运动分析的研究现状。

卿来云在注意选择引导的人体运动分析和识别中将现有的人体运动方法分为基于特征和基于模型的方法的基础上,分别对这两类方法做了一个较为全面的回顾和分析比较。

赵旭对运动人体视觉分析中的动态隐结构模型研究认为,“通过稀疏编码构建人体运动识别高区分度的码本和特征表达,提出基于稀疏编码和局部时空特征的人体动作识别方法”。

罗志增对基于脑电、眼电的特定运动想象多模式识别研究认为,“利用伴随大脑思维过程自然眼部运动所引发的眼电信号,进而增强运动想象脑电信号特征,获得便于识别的眼动辅助运动想象脑电信号”[107]。

李建萍研究认为针对体育比赛期间运动员的检测识别并显示对应统计信息问题,提出了基于卡尔曼滤波器的运动员人脸检测识别方法,主要分 4 个步骤:一是利用一阶卡尔曼滤波器跟踪被检测目标；二是使用 AdaBoost 和 Haarlike 特征检测进行特征选择和分类；三是利用推进方法进行人脸检测；四是利用 LDA 初始化的 AdaBoost 算法识别人脸，结果表明该方法在大部分情况下都能获得最高的球员检测精度和人脸识别精度。

王智文研究认为，基于尺度自适应局部时空特征的足球比赛视频识别方法，首先将足球比赛视频序列中的多运动员行为看作是时空兴趣点的集合，然后采用直方图量化技术将时空兴趣点集合量化为维数固定的直方图和即时空单词，最后采用 K－means 聚类算法生成时空码本。提出了在聚类生成码本之前，对每个时空兴趣点都进行了归一化，以保证其缩放和平移不变性。实验结果表明该方法能够大大减少足球比赛视频中的多运动员行为识别算法的计算量，显著提高运动员行为识别的准确率。

随着技术的发展，运动模拟与数据采集、体育视频分析、训练和比赛系统开发、运动技战术模拟、体育信息管理、人体运动仿真将有着广阔的应用前景。利用计算机对体育视频处理和分析，通过视频流体模型、运动提取来获取数据，将使数据更加准确与全面，为科研提供方便。虚拟人体合成研究涵盖了人体建模、人体运动控制、群体仿真、行为交互等多方面，对训练和科研有着重要作用；人体运动模型的建立在医学、生活娱乐、体育运动等领域有广泛的应用价值。

（五）“运动疲劳恢复与调节”研究进展

运动性疲劳是指机体生理过程不能持续其机能在特定水平上或不能维持预定的运动强度。自从莫索 19 世纪开始研究疲劳至今已有一百多年的历史，世界各国的专家学者对运动性疲劳进行了大量研究。特别是近年来随着整个科学水平的迅猛发展，各种先进实验仪器、手段不断问世，使运动性疲劳的研究有了长足进展，提出了许多新的研究成果。近年学者们对运动性疲劳调节与恢复、运动疲劳检测、运动疲劳与身体机能变化机理进行了深入的研究，并从生理和心理角度进行了探讨，在如何降低运动性疲劳和快速恢复方法方面取得了长足进展，这将有助于运动员快速恢复，提高训练效果。

虞定海研究认为，运动成绩的提高是大负荷运动训练反复刺激的结果，但运动性疲劳是影响大负荷运动训练不断推进的主要原因。

杨翼、蓝肇熙等人在运动或某种因素对于改善机体衰老的调控方面进行了研究。杨翼[108]研究认为,穴位电刺激预处理是针灸预处理和现代电刺激治疗技术结合后衍生出的一种无创无痛的预处理方法,比较适合在运动训练中应用。运动训练中心脏肯定存在缺血、缺氧的现象,但在其自我保护机制的作用下不会增加心肌细胞的凋亡。而一旦运动负荷超出了机体防御的能力与心脏的耐受性,会使心肌细胞过度凋亡,造成心脏损伤蛋白激酶 C(PKC)。PKC 参与细胞生长、分化、周期调节、细胞凋亡、T 细胞的免疫过程及学习记忆等过程,是心肌保护效应过程中起关键作用的蛋白。穴位电刺激预处理可抑制超负荷训练后大鼠心肌 PKC 中诱导细胞凋亡的蛋白过度表达,还维持 PKC 中对心肌产生保护作用的蛋白高表达,从而产生心肌保护效应,延缓衰老。

蓝肇熙研究认为,损伤血瘀证是由外伤引起的,其结果是损伤部位发生针刺刀割样疼痛,并产生皮下瘀肿或瘀斑。补气药黄芪不仅可以改善损伤后导致的免疫紊乱,还可以阻止细胞凋亡加剧。因此将黄芪药物加入损伤早期应用,不但可以阻止局部骨骼。

谢敏豪、张安民研究认为,Leydig 细胞内胆固醇代谢障碍不是导致运动性血睾酮降低的起始原因,而细胞内 HMG－CoA 还原酶、LDL－R、SR－BI、StAR 基因表达量降低会加速运动引起的血睾酮降低。冯连世研究认为,大强度和大量训练负荷周的血清 CK 和 BU 平均值可作为该批运动员训练负荷的参照,为即将开始的一周训练负荷安排提供依据。王茹对运动低氧对慢性疲劳综合征的免疫调节研究认为,“通过束缚和游泳方式可建立以空间学习记忆能力下降为特征的慢性疲劳综合征小鼠模型,在氧浓度为 15% 环境中 1 小时/天,暴露 7 天,明显改善慢性疲劳综合征小鼠学习记忆能力”[109]。

潘珊珊研究认为,过度训练状态下心肌和骨骼肌缺血、缺氧改变的形态学特点, 以探讨运动性疲劳的发生机制。由于连续疲劳运动导致的过度训练大鼠心肌和骨骼肌均发生明显的缺血、缺氧改变, 认为过度训练对心肌造成较严重的缺血、缺氧改变, 在运动训练中应加强对心脏的医务监督, 积极预防由于过度训练造成的心肌损伤。

乔德才、刘晓莉对基底神经对运动疲劳调控作用机制研究认为,运动性疲劳会引起多巴胺代谢变化,而多巴胺 2 型受体表达显著增强,可以与多巴胺结合,通过间接通路参与基底核神经回路,减轻运动性疲劳。

尚西亮对碳酸酐酶基因沉默和过表达对骨骼肌疲劳的影响及其抗疲劳作用

研究认为,“碳酸酐酶是一种广泛存在的含锌的金属蛋白酶,能可逆性地高效水合反应,参与调节离子运输和生物合成反应等多种生理过程,还可能参与了肌肉疲劳的发生”[110]。肌细胞的凋亡,还可以阻止全身免疫机能的紊乱,达到治愈损伤的目的。

周志宏[111]研究认为,碳水化合物反应元件结合蛋白(chrebp)是一种能与碳水化合物反应元件结合的蛋白质,它能调节葡萄糖敏感性,进而调节机体内糖和脂肪的代谢,它是糖酵解关键酶基因的重要转录因子。运动训练过程中机体的物质代谢和能量代谢均明显增加,糖酵解酶的活性增强,无氧糖酵解供能明显增加。

石丽君研究认为,长期规律有氧运动,可以诱导大鼠胸主动脉平滑肌细胞电导钙激活钾通道活性增加,且在运动强度和持续时间一致的情况下,它会表现出频次依赖的特性。

虞定海研究认为,太极拳作为一种中小强度的有氧运动,能对机体免疫系统产生积极的影响,能够延缓衰老,强身健体。

冯连世、王茹、乔德才、刘晓莉、方剑乔和曹雪滨等人在某因素对于运动性疲劳的调控方面进行了研究。冯连世研究认为 NO 可以保护内脏器官组织结构和功能,从而使机体运动后的恢复能力得到提高[112];王茹研究认为健脾益气中药可通过增强免疫力、增强合成代谢、降低分解代谢以及提高血红蛋白含量等途径增强机体抗运动性疲劳的能力;曹雪滨研究认为新康复口服液可以增加心梗后心衰大鼠心肌组织中 ATP 含量,有效改善心梗后心衰大鼠心肌能量代谢,从而消除运动性疲劳;乔德才、刘晓莉研究认为运动性疲劳会引起多巴胺代谢变化,而多巴胺 2 型受体表达显著增强,可以与多巴胺结合,通过间接通路参与基底核神经回路,减轻运动性疲劳[113]。纹状体在不同程度上也会对中枢疲劳进行调控,它是大脑基底神经节接受传入信息的主要核团,不仅可以调节运动方向、顺序、速度和幅度,而且在运动可塑性,如习惯形成和条件行为等方面也发挥着特殊作用;方剑乔研究认为经皮穴位电刺激是一种无创伤、易操作,经皮电神经刺激与针灸穴位疗法结合的新型针灸治疗法,能够延长运动时间,促进乳酸清除、减少乳酸堆积,从而消除运动性疲劳[114]。

陈佩杰、许豪文在运动性疲劳对于身体损害方面进行了研究。研究认为,过度运动显著降低大鼠腹膜细胞活性氧生成量,产生的内源自由基使大鼠心肌线粒体膜脂质过氧化水平增加,使大鼠心肌线粒体膜流动性下降,造成大鼠心肌组织和心肌线粒体钙反常[115]。因此,只有适度运动才能提高免疫力,预防运动性疲劳。

吴宏江选取自愿参加试验的职业男性篮球运动员 14 名,随机分为支链氨基酸和精氨酸运动补剂组,每天进行 2 组相同的 20 个 2 分钟运动,组间休息 10 分钟,每组最后设置 1 个 20 米全力冲刺测试。实验结果显示支链氨基酸组队员运动后主观感觉疲劳等级(RPE)值显著低于精氨酸组,第 2 天 20 米冲刺,链氨基酸组队员成绩明显优于精氨酸 PB 组。可见复合制剂在模拟篮球比赛中可以提高运动员的短距离冲刺能力,并且可以缓解连续运动引起的中枢疲劳。

通过运动改善胰岛素抵抗与敏感性来延缓衰老是研究的热点。胰岛素保护心血管系统的机制吸引了众多人的注意。在研究过程中人们不断地发现胰岛素可以调节物质代谢之外的生理功能,如胰岛素的心肌保护作用是通过 Akt 进一步激活内源性 NO 系统完成的。这些研究结论,部分已经开始在临床应用。同时 mTOR 信号通路对于机体延缓衰老的研究越来越受到重视,它在调控过程中起着核心作用。它的抑制可以有效延缓衰老,促进健康。要加强延缓衰老其他方面的研究,使更多的技术手段或者锻炼方法在提高运动成绩的同时,增进机体健康。在运动性疲劳与机能恢复方面,对于如何降低运动性疲劳是当今研究的热点。今后应加强对运动性疲劳机制和过度训练性危害研究,要让人们充分认识到运动性疲劳对于身体生理和心理方面产生的负面影响,引起教练员与运动员的高度重视,尽可能在不产生运动性疲劳的前提下进行大负荷的科学训练,从而来提高运动成绩。

(六)"运动神经、认知与心理科学"研究进展

运动神经、认知与心理科学领域主要研究心理现象及其发生规律,包括多个学科的研究和实践领域,研究也逐渐由某一单学科的单一向度研究趋向于多学科综合研究,在借鉴国外经验的同时形成了本土化特色。如人体生理检测与心理评定、运动神经康复、运动员知觉预判和运动锻炼促进认知加工及其脑机制、运动学习能力和运动竞赛心理是主要研究领域。有关运动员重大比赛发挥的研究也受到学者们的关注,体育和师范院校立项较多。近年来运动心理学研究者通过脑生物电的研究,了解运动员的心理特征,揭示运动活动中技能掌握和技能发挥的心理机制,从而解释心理现象的产生原因,并为运动训练服务。

对训练(运动)竞赛心理方面的研究,主要是针对训练促进运动员认知、知觉、能力、记忆、表象和想象等方面的研究。娄淑杰[116]研究认为,学习是神经系统接受外界环境信息的刺激而获得新行为、新习惯的过程,记忆则是指获得的信息或经验在脑内储存、加工和提取的过程。运动对于幼年期和成年期大鼠的空间学习和记忆能力都有一定的促进作用,但由于不同生命时期大鼠在神经系统的发育程度上存在差异,会使其脑功能的改善受到制约。相比较而言,运动对大鼠的空间学习和记忆能力的促进作用在幼龄期表现更为明显。神经发生过程包括细胞增殖、迁移、分化和存活等几个重要环节,每个环节都可能会影响到新生细胞和新生神经元的最终数目。运动对大鼠海马神经发生的促进作用依赖于适度的运动频率,隔日小强度运动效果比较明显。同时隔周递增运动强度可以克服机体对同一运动强度产生的适应,从而维持运动对机体的有效刺激作用。研究与确定了优秀运动员专项知觉水平、专项智力水平、专项自我效能、专项心理认知唤醒水平、专项情绪唤醒水平、心理应激恢复等诊断监测指标和标准。在此基础上建立了优秀运动员专项心理训练水平的诊断与监测系统在该领域取得了重要进展。

周成林[117]研究认为,知觉预测是运动员在运动情境中利用部分外界信息或先行信息预测未来事件的信息加工过程,它是准确、快速动作反应的重要依据。长期的训练比赛必然使运动员形成专业领域中较强的信息加工能力。专家级击剑运动员对不同空间位置刺激进行选择反应所需要的时间明显要迅速,对左上、右下视野刺激进行空间知觉选择反应的准确率明显要高。他们的空间知觉过程既经济又有效,其空间知觉速度快且心理能量呈现"节省化"特征。

张忠秋研究认为,比赛时运动员的自我期望较高,想赢怕输,对与完成比赛无关的事关注较多,占用了大量认知资源,而人的认知资源是有限的。因此比赛所需要的认知资源就会相应减少,从而出现失误,影响比赛。

邱明国研究认为,运动想象是指运动活动在内心反复地模拟、排练,而不会伴有明显的身体运动。具体操作是在暗示语的指导下,在头脑中反复想象某种运动动作或情境,从而提高运动技能和情绪控制能力,是教练员、运动员和运动心理学工作者通常采用的一种心理技能训练方法[118]。在常规康复训练中结合应用运动想象可以促进脑卒中慢性期偏瘫患者恢复平衡能力,提高与下肢运动功能相关的日常生活活动能力,还可以提高手功能的恢复和降低手致残率。

刘慧莉[119]研究认为,阿尔茨海默病(AD)是一种原发性神经退行性疾病,主要的临床表现为渐进性学习和记忆能力减退。运动是中枢神经系统有效的刺激形式,对大脑的功能重组和代偿起着重要作用。运动不仅能提高普通人群的认知能力,还能减缓 AD 的发病和进展,从而提高学习和记忆能力。

刘丽萍[120]研究认为,动物摄取了具有某种风味特征的食物后,能够缓解饥饿或其他原因引起的内脏不适,就会增加对该种风味刺激物的摄取,称为"风味嗜好学习"。内啡肽是内源性阿片肽系统的重要组成之一,其功能活动受到食物美味或嗜好性风味刺激的影响,对运动员进行膳食、睡眠及生活环境等方面建立风味嗜好。它与风味嗜好学习的功能活动密切相关。升高内啡肽表达水平是舒缓紧张、焦虑情绪、消除疲劳、促进恢复,避免或缓解运动性失眠发生的有效手段;刘深泉研究认为,随意运动是意识上为达到某个目的而向一定目标的运动,感觉传入可诱导并指导随意运动,任何随意运动至少包括意念、目标、计划、驱动和执行5 个复杂的神经过程。

袁琼嘉、娄淑杰研究认为,"运动对幼年期和成年期大鼠的空间学习和记忆能力都有促进作用,运动对大鼠海马神经发生的促进作用依赖于适度的运动频率,隔日小强度的运动效果比较明显。衰老过程中的有氧运动干预可以提高大鼠脑 SOD、GSH - PX 的活性,抑制 MDA 的生成并改善大鼠的空间学习记忆能力"[121]。刘慧莉研究认为"小强度跑台运动对阿尔茨海默病所致的海马齿状回神经元数目的减少具有保护作用;抑制神经元凋亡是小强度跑台运动减少海马结构齿状回神经元丢失的可能原因"[122]。

张剑选用乒乓球和羽毛球项目中常用主动肌第 1 骨间背侧肌和桡侧腕伸肌,通过采用单脉冲经颅磁刺激刺激大脑初级运动皮层,产生运动诱发电位(MEP),以此评价大脑运动皮质兴奋性水平。结果发现乒乓球运动员第 1 骨间背侧肌的 MEP 振幅和斜率显著高于对照组,羽毛球运动员桡侧腕伸肌的 MEP 振幅和斜率显著高于乒乓球组和对照组。认为长期、系统的运动训练"有选择性"地增加主动肌肉对应区域的运动皮层兴奋性,能提高皮质内神经募集水平,帮助运动员更好地完成动作输出。因此长期系统化的运动训练会导致大脑运动皮层可塑性改变。在大脑层面上研究和分析项目间的特性,不仅能帮助运动员和教练更精确地了解专项技术特点,更能为训练效果的评价提供客观生理指标。

刘尚礼选取 50 名跆拳道运动员,通过情绪诱发程序,以真实比赛场景中具有威胁性的视频和图片为刺激材料,对不同状态焦虑水平跆拳道运动员的视觉搜索反应时的差异和反应准确率进行了分析。研究认为跆拳道运动员对静态威胁刺激的视觉搜索效率要优于对动态威胁刺激的搜索，威胁刺激类型对跆拳道运动员的视觉搜索效率具有显著的影响。低状态焦虑被试组的反应时显著短于高状态焦虑被试组；被试在无威胁刺激条件下的反应时更长，而反应准确率更高；高状态焦虑被试在无威胁刺激条件下的反应正确率更高；被试在动态威胁刺激条件下的反应时显著长于静态威胁刺激；被试在静态无威胁刺激条件下的反应时要长于静态有威胁。

周龙峰对51名优秀击剑运动员进行测试，所有运动员接受了身体成分信息的采集，身体运动功能筛查FMS，反应时测定和注意力测试。结果发现身体运动功能与认知功能中的简单反应时和注意力有显著负相关性；简单反应时与FMS测试中的肩关节灵活性、直线弓步和直腿上举呈负相关；注意力与FMS测试中的躯干稳定性和直线弓步呈负相关。可见我国优秀击剑运动员身体运动功能中的灵活性、稳定性、柔韧性与其认知功能的简单反应时和注意力具有相关性，应进一步深入研究运动与认知功能相互促进的关系。

刘晓燕通过对439名SALSA舞爱好者研究发现，社交舞学习动机问卷有展现自我魅力、改善社交能力、提升自我修养和快速入门学习4个因素。4个因素与跳舞频率、跳舞热情、舞龄和情绪呈现了不同相关。研究认为通过横向研究发现，无论舞龄长短，跳舞组都比做其他体育运动组报告了更高的正性情绪。通过纵向研究发现长期3.5周和短期1.5小时学习社交舞均显著提高了正性情绪和降低负性情绪，但工作压力只在长期跳舞后才有显著降低。

综上所述，运动促进运动员认知、记忆和学习能力在训练(运动)竞赛心理方面是研究的热点。这些方面对于训练还是比赛都起到至关重要的作用。运动不仅对于脑缺血动物的学习记忆能力起到促进作用，而且为脑血管意外患者在进行治疗及康复过程中，以适度运动作为康复手段提供了依据。适度的跑步运动可能是维持脑健康或促进脑功能康复的好手段。同时要加强关于运动员在赛前产生心理障碍方面的研究，通过有效的手段和方法降低运动员在比赛前容易出现的不良情绪状态，从而使他们顺利进行比赛，取得理想成绩。近年有关运动员重大比赛发挥的研究也受到了行内外学者关注，今后应加强对运动员训练、比赛中心理状态研究，探索适合我国运动员的心理训练规律和原则。随着科学技术的进步应借助相关电位技术、功能磁共振技术和经颅磁刺激技术，研究感知和运动系统行为特征与脑功能网络的关系;还要加强运动对学习记忆能力作用研究,促进运动技能的掌握。

(七)“运动心血管循环系统”研究进展

该领域主要是运动与心血管及循环系统的功能、作用和影响机制研究。贾杰、潘珊珊、曹师承等人在运动预适应、预处理下对于机体某方面的影响进行了研究。贾杰研究认为,运动训练可使随后发生的因脑缺血而引起的脑梗死体积减小,还可保持微血管的完整性。谷氨酸(Glu)是脑内主要的兴奋性神经递质,在脑缺血神经功能损害的修复中起关键作用,运动训练对随后发生的脑梗死纹状体内Glu的过度释放有一定程度的抑制作用,这种抑制效应对早期缺血脑损伤具有一定的保护作用[123];潘珊珊对运动预适应对大鼠急性心肌缺血损伤早期保护作用研究认为,“运动预适应是一种强大的内源性心肌保护措施,具有强大的心肌保护效应;EP 诱导机体产生了缺血预适应的保护效应,能够减轻 ISO 导致的急性心肌缺血损伤的程度,对急性心肌缺血损伤具有一定的保护作用”[124]。曹师承研究认为运动可以提高骨骼肌对胰岛素的敏感性,使 2 型糖尿病患者吸收和利用葡萄糖,维持血糖平衡,增进机体健康。

张坤茹研究认为,有氧运动可以改善胰岛素敏感性,使多种信号通路得到激活,从而减轻缺血/再灌注损伤,改善心肌功能。

陈吉棣研究认为,有氧运动对动脉粥样硬化斑块进展的抑制作用与组织高密度脂蛋白受体基因表达上调有关,有氧运动对高密度脂蛋白受体基因表达的影响涉及的是一个负反馈调节机制。

席翼研究认为,过氧化物酶增殖受体(ppars)是糖、脂代谢的重要调控因子,而骨骼肌是廓清糖原和脂肪酸的主要器官,有氧运动能力和骨骼肌的糖与脂肪的有氧氧化代谢密切相关。因此,通过调节 ppars 可以提高有氧耐力作用。

张全江、石丽君等人在有氧运动改善心肌胰岛素抵抗与敏感性,进而延缓衰老方面进行了研究。张全江研究认为,有氧运动可增强心肌胰岛素敏感性胰岛素可明显减少急性心肌缺血/再灌注导致的冠状动脉损伤,增加冠脉血流量,有效促进心脏功能恢复,保护缺血心脏。同时,Akt 即蛋白激酶 B,能磷酸化一系列蛋白成分,通过多种途径抑制细胞凋亡。胰岛素通过 PI3K - Akt 信号转导途径不仅影响细胞糖代谢,还可抑制氧化应激和缺血/再灌注诱导的心肌细胞凋亡,进而发挥心脏保护作用,延缓衰老[125]。

牛燕媚、傅力研究认为,有氧运动明显增加了机体组织对胰岛素的敏感性。当细胞外营养物质过剩时,可通过激活雷帕霉素靶蛋白(mTOR)信号传导通路,mTOR 属于磷脂酰肌醇相关蛋白激酶,具有感受细胞外营养成分含量、能源物质水平变化以及生长因子等信号能力,调节机体代谢,从而活化后的核糖体 S6 激酶 1(S6K1)可通过磷酸化胰岛素受体而抑制胰岛素的信号传导,引起胰岛素抵抗(IR)的发生[126]。IR 即机体周围组织(肝脏、骨骼肌和脂肪组织)对胰岛素的反应性和敏感性降低,长期进行有氧运动可有效促进糖、脂代谢,改善外周组织特别是骨骼肌对葡萄糖的摄取和利用,增强组织对胰岛素的敏感性,进而有效改善 IR 症状。同时有氧运动可能通过抑制 mTOR/S6K1 信号通路,进一步改善 IR 症状,从而延缓衰老的发生。

张勇研究认为,长期有氧运动训练使正常和 IR 小鼠骨骼肌线粒体融合和分裂均增强,促进线粒体呼吸功能和 ATP 合成能力,有利于预防和改善 IR。

杨翼研究认为,"穴位电刺激预处理可抑制超负荷训练后大鼠心肌 PKC 过度表达,同时维持 PKC 高表达;穴位电刺激预处理可以通过减轻心肌细胞凋亡程度、抑制其过度自噬实现保护心脏结构的目的"[127]。

张全江、高峰认为,有氧运动可改善心肌胰岛素抵抗与敏感性,可明显减少急性心肌缺血和再灌注导致的冠状动脉损伤,增加冠脉血流量,有效促进心脏功能恢复,保护缺血心脏。

黄庆愿认为"AMPK 在真核细胞生物中广泛存在,属丝氨酸/苏氨酸蛋白激酶。AMPK 能感知细胞能量代谢状态的改变,并通过影响细胞物质代谢的多个环节维持细胞能量供求平衡。低氧可以上调 HepG2 细胞能量代谢相关基因表达,HIF-1 的转录调节作用可能是其重要环节"[128]。

随着心血管病的高发,今后应加强对运动方式与心血管系统保护和调节的机理研究。

(八)"体育设施与装备工程"研究进展

体育设施与装备工程学是一门崭新的学科,最近十几年得以飞速发展,其研究领域越来越广泛。国家体育总局体育科学研究所也专门成立了体育仪器器材研究中心。目前已经基本形成了比较完整的研究体系和人才培养体系。国内体育工程学的发展十分注重学科的整合,注重理工科和体育院校联合开展学术研究和人才培养。研究形成了体育设施建设、环境改善、规划、评价;体育器材、设施制备与研发;体育新材料的性能与应用;传感和嵌入式编程;运动数据的获取和分析等多个方向。

(1)体育设施工程是研究热点,主要包括体育建筑、场馆的设计及利用,并从场馆的选址、环境设计、功能设计、技术材料等方面和总体规划方面,体现体育与环境、能源的和谐统一并为赛后利用创造各种便利条件[133]。

孙一民研究认为,公共体育场馆建设面临多重复杂的问题,快速发展的局面、广泛的歧异性理解及现行有限而单一的体育场馆标准正在影响体育建筑的科学发展。通过对布局特点的分析和同类大跨公共建筑性能的比较,肯定了体育场馆具有潜在的应急避难优势。进行了体育场馆灾难转化能力开发的应用性研究,对室外开敞空间提出前期引入防灾单元设计理念、强化应急设施的预备、兼顾环境要素的应灾设计对策,对主体建筑提出采光通风自然化、提高场地空间利用率、增强辅助用房通用性的应灾设计对策。

张通、杜泽超、姚德利研究认为,在公私合作模式下的大型体育场馆项目建设、运营中,为解决市场失灵问题和保障项目的社会公益性,政府必须对之实施合理监管。政府监管框架是政府发挥积极监管作用的基础。我国现阶段公私合作模式下的大型体育场馆项目建设、运营,可依据自身特点,借鉴英国、美国和新加坡的经验,设置政府监管框架的流程,除包括立法问题、监管范围及监管方式与手段,还应建立后评价程序。

同济大学钱锋、汤朔宁研究认为,“体育设施的复合化设计是当前现代体育场馆发展的重要趋势,它集多种竞技体育设施为一体,形成能满足比赛及其以外的多种功能,达到经济、社会、环境效益的最大化”[129]。

李阳夫、汤朔宁研究认为,我国掀起了体育建筑建设的热潮,而在赛事之后,大量的体育场馆空置,没有得到充分的利用和有效的市场化运营,脱离了城市发展所应适应的功能需求,浪费了资源能源。这些凸显的问题对体育中心前期的方案设计提出了新的挑战,因此可以借用城市商业综合体开发中的“混合功能”的概念,在体育中心的策划和设计中提出“混合功能”的整合策略,结合实际案例分析从时间、空间的角度立体化思考对其进行探索。

唐家俊、罗鹏研究认为,基于场馆的项目定位,主体建筑包括体育馆、游泳馆和训练馆三部分主要功能空间,设计以体育赛事功能为主,同时兼顾群众休闲健身、展览、文艺演出等功能,充分利用体育场馆大空间所特有的灵活性,结合多功能使用要求进行整合。

胡立君研究认为,随着虚拟经营逐步进入到各个行业,体育场馆的经营也有着虚拟经营的必要性和可行性。体育场馆的虚拟经营,有利于进一步发挥自身优势,提高体育场馆的经济效益和服务质量,真正做到"有限场馆,无限空间"的经营目标。

程晓多、刘家胜通过文献回顾,提出公共体育场馆最优供给的 3 个属性,即场馆人均面积、等级结构以及区位分布,并对这 3 个属性的影响因素,即自变量进行了分析。最终给出 3 个因变量需要与各自的自变量分别建立模型,并由这 3 个模型构成公共体育场馆最优供给模型的结论。

李艾阳、孟志航研究认为,公共场所室内空气中有害微生物引起的健康风险越来越受到人们的关注。研究针对典型高校公共场所室内空气,考察了不同类型场所空气中总异养菌的浓度水平及其与颗粒物浓度、活动人数、温度、湿度等影响因素的相关性。结果表明,某高校体育场馆空气中总异养菌浓度显著高于教室、宿舍等场所。

吉惠研究认为,从管理与警力、监控与设计、通道与边界三大类,拟定 20 个不同的主要指标,构建体育场馆的安全评定体系及方法,通过进行实证,进行大型场馆安全设计的量化研究。

李玲玲对基于全民健身需求的中小城市体育设施设计研究认为"随着人本关怀日渐受到重视,结合我国人口特点,行动不便者也应享有与正常人一样自由进出任何场所的权利。体育场馆属大型公共建筑,对体育场馆的无障碍设施进行研究意义重大。区别于传统的对于建筑无障碍研究就事论事的立足点,研究通用设计理念来系统化的全面审视体育场馆的无障建设。通过体育场馆的通常使用流程作为切入点,从进入场馆到观看比赛再到赛后离场,全方面地系统分析行动不便人群在使用过程中可能出现的各种问题,站在通用设计的角度提出相应的解决方案,以期指导今后的设计。体育场馆体系建设,应基于本地区生产力、城市发展开发、市场规模、全民健身需求对运营模式、功能定位、赛后经营多方面综合考量,探索适应地域条件、兼顾长期成效的发展之路"[130]。同时以丹东浪头体育中心三馆设计为例,探讨中小城市体育建筑发展的潜在动因,指出中小城市体育建筑要获得持续发展,必须走健康化发展之路,并在体育场馆选址、功能设计、形象塑造、结构材料选择 4 个方面阐述了中小城市体育建筑的发展策略。

郑志强、陶长琪研究认为,大型体育设施供给不足制约了我国群众体育事业的发展,如何改善大型公共体育设施建设和运营模式是解决该问题的关键。借助信息经济学的委托代理理论,从政府与社会投资者两个利益主体行为入手,构建了一个非对称信息下委托代理模型对我国大型体育设施的委托代理运营模式进行研究。研究表明政府围绕最优体育基础设施供给量设计激励机制可降低场馆的委托代理风险;政府与社会投资者博弈的结果使二者在提高努力水平和降低成本方面目标较为一致,在风险规避程度上有所不同,政府应注意维护自身信誉以寻求长期利益;提高社会投资者努力水平系数、降低成本系数和绝对风险规避程度是理顺体育场馆委托代理关系进而增加体育设施有效供给的关键因素。结合这些结论,提出了包括建立投资者绩效评价机制、加强政府监管、鼓励企业创新性经营和约束政府行为在内的一系列对策。

王兆红、詹伟研究认为,针对目前奥运场馆尚未建立绩效评估指标体系这一问题,通过实地调研,归纳出目前场馆管理人员重视的绩效评估指标,并将指标纳入平衡计分卡的 4 个维度。建立了基于平衡计分卡的场馆绩效评估指标体系,并用 AHP 法对该指标体系进行分析,最后给出了赋权的体育场馆绩效评估指标体系。

马勇对体育场馆热环境研究,运用 CFD 技术进行数值模拟分析,得到体育馆内空气的速度、温度、湿度等物理量的详细分布情况。

付强、谢启源研究认为,采用 NFPA92B 所提供的烟气控制计算公式对某奥运体育场馆的排烟量进行计算,并利用 CFD 数值模拟软件对排烟系统及补风系统进行优化设计,研究在该体育场馆内机械排烟,机械补风,自然补风三者之间的内在联系以及机械补风量对某馆排烟系统的影响。对该奥运体育场馆排烟系统以及补风系统的优化设计提供了理论依据。

周正、李野研究提出了气体传感器在监测室内体育场馆空气污染中的应用价值,介绍了气体传感器的主要分类、功能、特性与工作原理,为解决室内体育场馆的空气污染提供参考。

钱锋从结构用材与体系选型、结构形态肌理优化、杆件节点优化和力的集中释放 4 个方面展现了上海市崇明体育训练基地游泳馆工程在设计过程中建筑与结构性能化互动以及钢木混合张弦壳体结构的建构过程。

钱峰通过理论分析、计算机模拟，对芜湖县第二中学体育馆风环境模拟研究认为，可持续的绿色建筑设计越来越受到人们关注，因此在设计体育馆建筑时，应该让当地气候条件和各建筑设计要素最大限度地相互适应，这就要求进行节能设计时重视体育馆的体型设计，应较好地控制其体形系数。但体育馆的体型受到建筑的使用功能的限制，设计时应综合考虑各种因素的影响，使体育馆体形系数尽可能等于或接近标准要求的限制。另外体育馆在使用时会接受外界太阳辐射热。接受太阳辐射热的多少与建筑物的朝向及建筑物的建设地点等因素有相当紧密的关系。合理确定体育馆的朝向对节能是十分有利的。

刘洋对体育建筑非空调区照明与间歇运行对分层空调负荷影响的分析，认为传统分层空调负荷计算方法的辐射热转移负荷仅考虑非空调区高温壁面对空调区低温壁面辐射引起的负荷，并未考虑非空调区照明设备与空调区之间的辐射热转移负荷，而将非空调区照明得热形成的负荷全数作为非空调区空气得热。通过分析体育建筑运行及其空调负荷构成特点，提出了针对体育馆间歇运行特征的分层空调负荷计算方法。研究认为间歇运行工况计算得出间歇运行负荷是连续运行的 92. 3%；间歇运行时重型建筑分层空调负荷是轻型建筑的 93. 3%。

宗轩基于建筑审美取向演变的体育建筑总体设计特点研究，认为体育建筑作为展现国家经济实力与社会文化的典型代表，集中印证了近 60 年我国国民经济、人文审美的发展，剖析不同时期我国体育建筑总体设计的特点，研究社会审美与使用需求变化对体育建筑总体设计的影响，总结其在规划空间布局、交通流线组织、建成空间环境及建筑功能内涵等方面的演变规律具有重要意义。

侯叶通过探索近代中国体育建筑在四个方面的演变，即从外来到本土的设计主体、从“西方古典式”到“中国固有式”的形式、从娱乐到竞技的功能、从海外舶来到内化吸收的技术，由此构建其内化发展的整体框架，从而丰富中国近代建筑史的研究层次，完善有关中国体育建筑发展历程的整体研究，并对当代中国体育建筑建设实践提供借鉴。

（2）体育新材料和运动器械的工程研究也是热点，可以为运动员提供更好的装备，从而提高运动成绩。

张立、刘畅的项目“北京科技奥运中的数字体育”研究认为，为提高我国 CBA 联赛信息技术服务水平，在中国篮协的支持下，国家体育总局体育信息中心项目组在深入调查研究的基础上,成功组织监制开发了新型篮球计时记分系统设备,该设备已被应用于2004年CBA联赛、NBA中国赛北京站等多项重大赛事之中,取得了较好效果。该设备还弥补了我国体育场馆专用计时记分系统设备的技术不足,具有较大的扩展功能和较广的应用领域。

刘荣桂、王进研究认为加强专项施工方案管理的重要意义,分析了基于BIM的工程专项施工方案管理的优势,强调BIM在专项施工方案信息整合提取、信息传递以及过程管理的实施要点。结合在南京举办的世界青奥会体育场馆工程实践案例,具体论证了BIM在工程专项施工方案管理中的作用。

马勇对多帆运动帆船帆翼空气动力性能研究,对接近奥运会实际比赛情况的帆船帆翼性能数值进行模拟,得到了不同攻角下的帆翼在黏性流下的模拟数值,采用混合方法进行网格划分,得到了节省计算时间、精度较高的模拟结果[131]。

刘冲[132]针对基于多类任务的运动想象脑电信号的特点,使用共享空间模式特征提取方法,提取了想象左右手、双足及舌头运动想象脑电信号的特征,设计了基于多类任务模式的最近邻分类器,并通过判断距离的方法改进了分类器。

何本祥利用辐照交联、热处理、加入抗氧剂等方法提高超高分子量聚乙烯人工关节植入体综合性能,并通过调控流动场诱导从而形成自增强结构,来改善人工关节植入体力学性能。

蔺世杰研究认为帆船船体及附体的水动力性能对运动成绩具有重要影响,而舵是470级帆船运动时调整航向和平衡帆船的重要附体。帆船比赛中如果要进行较大角度转向,应控制好舵角,当帆船比赛中接受绕圈判罚时,可以提高帆船速度,同时采用升力系数较大的舵角进行回转,这样可以有效地节约处罚所耗费的时间。结合帆船运动规则和帆船航行路线,基于数值模拟结果探索了舵在帆船转向、绕标和挣脱判罚时的应用规律。

李文箐对人体工程学在人体骨骼系统研究中的应用,认为其是近年来发展迅速的一门新兴交叉学科,应用领域十分广阔。它将“人、机器、环境”三者作为一个整体系统进行研究,实现人、机器和环境之间的最佳匹配,使该系统具有更好的性能和更高的效率。

张宁对不同温度下体育器械用TC11钛合金进行了高温压缩,并运用空冷与水冷两种冷却方式冷却,使用固溶时效与双重退火两种方式分别进行处理。研究了TC11钛合金的组织演变以及力学性能的变化,认为高温压缩和双重退火处理的TC11钛合金材料延展率最高,强度较好,综合力学性能最佳。

(九)"中医学与体育结合"研究进展

随着现代科学技术的迅猛发展,科研人员高度重视中药手段在训练中的作用,并广泛应用于运动训练,深受教练员、运动员的欢迎并取得了显著的成绩。

周丽丽、王启荣、伊木清等在2005年观察了耐力训练及补充多糖提取物(黄芪多糖、牛膝多糖)对大鼠白细胞介素2及受体水平的影响,发现6周递增负荷游泳训练后,大鼠血清IL2、T细胞mIL2R下降和sIL2R升高,而同时补充黄芪多糖和牛膝多糖提取物能防止其下降和升高。

游世晶研究认为,经皮穴位电刺激对大运动量体能训练大学生运动员血清乳酸(LA)、肌酸激酶(CK)的影响。方法将45个大学生男性运动员随机分为对照组、治疗1组、治疗组2,每组15人。各组进行2周的大运动量训练,分别于训练前和训练后对各组主观体力感觉进行评估并检测运动员血清LA、CK值。结果对照组运动员训练前后血清LA、CK值相比有非常显著性差异。过度的运动训练可引起机体疲劳,使血清LA和CK含量增加,TEAS能改善运动员疲劳状态,增强运动能力,减少血清LA和CK的含量,起到防治运动性疲劳的作用。

沈仲元对传统养生锻炼随意性呼吸调节与自主神经平衡调节的相关性研究认为,"太极拳过程中均匀呼吸的调息频率改变不仅影响HRV的高频段,而且还会影响HRV的低频段,均匀呼吸调节引起的HRV变化可能不一定完全反映心血管自主神经平衡调节的变化,大部分中老年人习练太极拳更易达到有氧运动水平"[134]。

陈世益、张俐对丹参对骨骼肌损伤血管修复与重建的作用研究认为,"丹参及丹参酮Ⅱ钠可以降低脊髓缺血再灌注损伤中脊髓的IL-1活性及ICAM-1的表达,减少中性粒细胞的浸润,减轻炎症反应,丹参酮Ⅱ钠的作用优于丹参"[135]。

可见近年来科研人员对我国传统中医理论、疗法、传统养生手段和中医药补剂在体育运动中作用的研究重视程度不断提高并将成果应用于健身和训练,是对我国民族传统技术的发扬和对西方训练体系的完善,有着广阔的发展空间。

(十)"运动生物力学"研究进展

运动生物力学是运用力学原理与方法研究生物体的外在机械运动规律,借助复杂的数学模型进行数值计算，以解释基本的运动现象。立项项目主要集中于运动员的技术分析、患者运动康复、运动生物力学测量一起的研制、专业训练、测试软件开发等方面，体育院校研究处于领先地位，代表人物有范毅方、郝卫亚、刘宇等。

郝卫亚和刘宇对特定技术动作的建模与仿真方面进行了研究。郝卫亚对人体运动生物力学建模与仿真研究认为，“它涉及人体骨骼、关节、肌肉和神经等组织的生理、解剖和力学特征的数学建模，可应用于阐明不同运动的生理机理、探讨运动损伤机制、提高运动员运动成绩和降低损伤等诸多领域”[136]。人体运动的生物力学建模与仿真，广泛应用于阐明不同运动的生理机理、探讨运动损伤机制、提高运动员运动成绩和降低损伤等诸多研究领域。它涉及人体骨骼、关节、肌肉和神经等组织的生理、解剖和力学特征的数学建模[137]。利用数学模型，可以采用相关算法求解运动过程中不同肌肉的收缩力，同时还可通过计算机软件进行仿真实验并将仿真结果可视化。刘宇对短跑时互动力矩对肢体动力学与神经肌肉控制研究认为“支撑前期与摆动末期均有可能造成腿后肌肉损伤，并且触地初期股后肌承受极大负荷，是股后肌损伤发生的高危险期，这些因素都可以限制短跑成绩提高。负重超等长训练可作为改善神经肌肉系统功能，从而发展最大力量的同时又发展爆发力，提高运动成绩。短跑途中支撑期下肢关节触地初期股后肌承受极大的负荷，是股后肌损伤发生的高危险期”[138]。

任占兵、郑伟涛和洪友廉等人对某种技术的力学探讨进行了研究。任占兵研究表明，跑步经济性通过跑步速度与能量消耗之间的关系来表征运动员有氧代谢能力。提高运动员在拉长－缩短周期的做功能力可以有效改善运动员跑步经济性。从运动生物力学角度探索跑步经济性与跑步动作之间的关系，对于构建最优化的跑步动作技术，深入了解跑步动作与能量代谢之间的关系，进一步提高耐力运动员体能的节省化程度，具有现实意义[139]。

郑伟涛[140]研究表明，用力技巧是赛艇技术的核心。赛艇运动是一个多体的、相互运动的、复杂的动力系统，各部分运动都会造成艇的加速或减速。桨叶产生作用力的核心是桨叶相对于水存在着相对运动，相对速度越大，作用力也就越大。艇的加速度是运动员拉桨力量和身体各部分相对运动的合力表现形式，它是评价赛艇运动技术的重要指标；洪友廉研究认为太极拳练习中下肢肌肉的离心、向心和等长收缩方式，结合不同的肌肉收缩负荷和持续时间有助于提高肌肉协调性、肌肉力量和肌肉控制能力。

唐日新研究表明,自由拦截时手的拦截区域相对固定,在物体快速运动情景下启动晚,而在慢速下启动早,可能综合利用了接触时间和距离信息,存在速度伴随效应。手的拦截启动策略为启动提供相对稳定的角度和加速度,并不随物体运动速度和物体大小的改变而改变[141]。

陈世益研究认为,髌骨是人体最大的籽骨,在伸膝机制中起着重要作用。髌骨内侧支持带由髌骨内侧韧带、髌胫内侧韧带和髌骨半月板韧带三部分组成,其中以髌骨内侧韧带最厚,并在对抗髌骨向外侧移位中起主要作用。

夏时洪、潘志庚和郭巧对虚拟人体运动系统方面进行了研究。研究表明,虚拟人是人在计算机生成空间(虚拟环境)中的几何特性与行为特性的表示,即人的计算机模型。虚拟环境是一种逼真的视、听、触觉一体化的计算机生成环境,用户可以借助必要的装备以自然方式与虚拟环境中的物体进行交互作用、相互影响,从而获得亲临等同真实环境的感受和体验。作为虚拟环境中的一个特殊对象,虚拟人可以增强虚拟环境的沉浸感和逼真性[142]。同时人体运动系统是一个非线性的复杂系统,不仅有内力和外力的相互作用,而且骨骼、肌肉等各子系统间相互影响和相互作用。一个简单的关节运动会涉及多个肌肉的参加,但由于人体结构的复杂性、人体自身的生物局限性以及测量仪器的局限性等使得直接在活体真人身上测量肌力存在很大的难度。因此,虚拟人的研究对于肌力和训练起到了至关重要的作用。

范毅方对踝关节韧带损伤步态动力学评定生物力学研究,用重建软件 Mimics 分别对足部骨、皮肤等建模,利用 Mimics 的逆向工程模块,根据运动中足的动力学规律,从而实现了足表面和骨的动力学和应力、应变计算机仿真,为运动损伤和运动鞋评价等提供了依据[143]。

王新运用运动生物力学原理和数学模型探讨外在环境和运动员自我调控模式对滑雪空中技巧项目人体出台速度的影响,提出了调整助滑距离和姿势变化快慢程度来解决问题的策略。

洪友廉通过对国际运动生物力学研究的发展趋势进行分析认为,国际对人体的研究已经发展到对不同环节和结构进行分析的层次;运动生物力学研究重点探讨运动时的神经肌肉控制以及运动系统和感觉系统的整合,必将在未来人类生活中占据日益重要的地位。

鲍春雨结合网球运动项目特征,对其运动中的复合动作模式的生物力学特征进行分析认为,跑动急停向前起动跑、跑动急停侧向起动跑、跑动急停转身3种动作模式中,最容易造成踝关节损伤的动作是跑动急停侧向起动跑,对于网球运动员来说,在加强踝关节肌肉力量训练的同时还应该加强踝关节肌肉群的伸展性、灵活性、稳定性的训练。

李博研究认为,国内对网球运动的研究热度较高,然而研究多集中于社会学领域,较少采用实验法,对网球生物学特征认识非常有限。网球运动员的形态特征与生理学特征都高于普通人;网球属于间歇性运动项目,高强度运动与间歇性休息是网球比赛的基本特征;网球比赛的平均强度不高,但在击球与多回合长时间对打过程中的生理学强度较高;网球运动的技术特征与运动损伤是网球生物力学研究的热点。未来对网球项目的研究应多从运动生物学角度出发,加强对网球训练和比赛的运动学特征与生理学特征的研究,以进一步促进对网球项目特征的认识,提高网球项目的科学化水平。

随着计算机技术的迅猛发展,近年来在人体运动计算机仿真与肌肉力学模拟、人体运动建模与仿真、动作技术分析、技术控制、技术最佳化、骨骼、关节、肌肉、韧带损伤生物力学分析方面取得了较大的进展。人体运动模型的建立,在医学、生活娱乐、体育运动等领域有着广泛的应用价值,在揭示人体运动规律和人类疾病的发生机理等方面发挥了重要作用。同时,虚拟人合成的研究内容越来越丰富,涵盖了人体建模、人体运动控制、群体仿真、行为交互等多方面,对于训练和科研起到重要作用。随着计算机解析、医学诊断技术、加速器、光电系统、测力台、肌电仪等设备在影响测量点识别、采集自动化和标准化、技术动作改进、损伤防治和运动装备设计等多方面研究中的应用。对于技术动作的力学分析是近年的研究热点,它对于改进技术动作,使技术合理化,从而提高运动成绩起到关键作用。人体运动生物力学模型、计算机仿真研究和虚拟人的研究将随着科技进步更加深入和完善,将在生物医学、体育科学、康复工程学等诸多领域发挥更大、更重要的作用。还要加强通过录像分析来获取数据的能力,使得数据来源更加准确与全面,为科研来提供方便。今后应加强运动康复、技术训练与测试、医学诊断、运动装备、测量技术、人体运动生物力学、建模与仿真研究和虚拟人的研究。借助多学科方法,进行综合和交叉研究,建立运动损伤的危险因素定量指标;对复杂人体运动进行模拟和预测;诊断与优化运动技术,使之在生物医学、体育、康复工程等诸多领域发挥更大的作用。此外,要加强理工院校、综合性院校和各级体育局对于这方面的研究。

(十一)"运动代谢与营养支持"研究进展

近年来运动营养学研究发展迅速,在基础研究领域,与新技术、新理论结合紧密,不断深入探讨营养物质的作用机制;在应用研究方面,与运动实践结合更加紧密,在解决实际问题的同时,也注重了基础数据的积累、并开始进行标准的研究。运动营养品市场异常活跃,产品更新加快,种类繁多,厂家更注重结合新的理念研发产品。现代竞技体育中高强度、大运动量训练对运动员的体能、技术和恢复提出了更高要求,合理的膳食与营养不仅可以保证运动员在大强度训练条件下的身体健康,而且可以加速运动员的身体机能恢复,保证训练效果。我国运动营养研究工作者根据运动员的实际需要和运动营养的功效,将运动营养品分为营养素补充品和特定功效营养品两大类。后者又分为保护关节及软骨的运动营养品、改善肌肉质量的运动营养品、调节内分泌的运动营养品、减控体重的运动营养品、消除疲劳和促进恢复的运动营养品、预防运动性贫血的运动营养品、增加能量储备和利用的运动营养品、增强抗氧化能力的运动营养品、增强免疫机能的运动营养品、其他特殊功效的运动营养品等。

(1)运动性骨骼肌损伤与营养干预的机制研究。在对运动引起的肌肉延迟性酸痛和骨骼肌疲劳的机制研究中人们观察到,骨骼肌在形态上会出现 Z 带异常、局灶性肌丝紊乱、线粒体、肌浆网的结构和功能异常等微损伤变化;肌球蛋白、肌动蛋白、热休克蛋白、肌纤维 dystrophin、desmin、vimentin、结蛋白等蛋白代谢会出现异常;骨骼肌 CK、SDH、MDA、LDH、ATPase 及 SOD 等酶活性会出现变化,自由基增加,细胞钙离子稳态、钙离子转运出现变化。

针对这些变化,李世成等采用补充大豆分离蛋白观察到,补充活性肽可减轻大鼠一次离心运动后骨骼肌微细损伤的形态学改变和超微结构变化,补充大豆分离蛋白可减轻大鼠离心运动后骨骼肌细胞骨架 desmin 免疫染色的丢失,增强 vimentin 免疫染色。

魏源等观察到,补肽比补蛋白对运动引起的骨骼肌微细结构和超微结构的异常变化具有更好的抑制作用且对其恢复具有更好的促进作用。主要表现在:减轻抗结蛋白抗体染色脱染和增加抗波形蛋白抗体对波形蛋白的免疫反应,抑制运动后 CK 活性的升高,抑制运动后 MDA 的升高,对运动引起的尿 3 – MH 含量升高具有抑制作用等。

崔玉鹏等观察到,补充复方 1,6 – 二磷酸果糖(FDP)与谷氨酰胺可降低运动引起的比目鱼肌 Z 线异常变化。另外,大豆黄酮、中药黄芪、丹参注射液、参归补血精等中药或天然产物对运动引起的骨骼肌损伤具有保护作用,对清除自由基具有促进作用。

马建等采用中药内服、外用等方法对延迟性肌肉酸痛(DOMS)受试者进行治疗和处理消除均有一定的作用,尤其是外用药对本实验指标的改善更明显一些。

(2)运动后肌糖原恢复与营养干预的机制研究。运动前肌糖原水平影响机体运动能力,如何促进运动后肌糖原回复,增加肌糖原储备是大家关注的问题。周亮等提出,运动过程骨骼肌摄取葡萄糖的速率主要受到 3 个因素的影响,即葡萄糖运送到肌细胞的速率、肌细胞膜对葡萄糖的转运速率及肌细胞内对葡萄糖的磷酸化,细胞膜对葡萄糖的转运相对于葡萄糖的运输和磷酸化显得更为重要。其研究提示运动时会出现肌细胞膜上 GLUT4 的转位并增加对葡萄糖的转运,可能与 CaMK、PKC、NO、AMPK、PKB 和 aPKC 等细胞内分子信号传递有关。

唐晖等研究认为,大强度运动可诱导肌源性 IL – 6 释放,且肌源性 IL – 6 参与与肌糖原水平有关并参与肌糖原的代谢。

李良鸣等研究表明,运动时骨骼肌前糖原和大糖原都参与供能;运动后糖原恢复先快后慢,前糖原恢复在前,大糖原恢复在后,总糖原含量最终取决于大糖原的恢复程度。肌糖原含量影响其自身葡萄糖转运速率和糖原合成酶活性,葡萄糖转运速率受总糖原影响,糖原合成酶活性比主要受大糖原影响。

丁树哲研究认为,肿瘤抑制因子(p53)是平衡有氧呼吸和糖酵解的一种极其重要的物质。p53 的失去导致氧消耗增加和有氧呼吸减少及促进转向糖酵解,保持 p53 基因的稳态效应,在肿瘤和衰老之间延续平衡状态。同时,p53 是一种线粒体的防御蛋白,它诱导的活性氧的改变作为一种主要的信号分子来激活线粒体的防御反应,从而调节线粒体内的氧化稳态;郭长江研究认为适量补充维生素,能够促进有氧代谢,从而提高机体的低氧耐力。

(3)运动性免疫功能变化与营养干预的机制研究。随着研究手段的改进,人们对运动引起机体免疫功能的变化有了更为深入的研究。研究表明淋巴细胞亚群、白细胞中某些细胞因子的表达能较早地反映出机体免疫功能的变化。

周丽丽等研究证明,黄芪多糖、牛膝多糖有预防耐力训练大鼠外周血 CD4 细胞数量 CD4/CD8 比值和活化 T 淋巴细胞数量下降的作用,对耐力训练大鼠 Th1 和 Th2 型细胞平衡有一定的调节作用。还有一些实验证明,一些植物的多糖提取物、补气类中药对运动引起的免疫功能降低具有积极的调节作用。

姚晓丹研究认为代谢组学是一个全面的代谢物评估方法,包括测量生物样本的整体代谢标志物。用代谢组学方法研究运动训练的生物化学变化可以及时、准确地了解训练对运动员身体机能的影响,系统全面地揭示不同项目运动中的物质代谢过程及特征,探寻运动训练引起运动员整体代谢的反应规律。结合代谢组学方法从代谢物层面反映运动训练后整体代谢特征模式,并根据代谢模式制定科学、合理、个性、安全的训练计划和膳食营养方案,对达到最大化运动训练效果、提高运动成绩、促进运动员健康具有重要意义。

(4)运动性血红蛋白变化与营养干预的机制研究。近年来对运动员营养状况的调查表明,运动员贫血发生率明显降低,但运动引起血红蛋白下降并不罕见。研究表明运动可影响机体铁代谢,使之相对不足,影响红细胞生成;运动可产生大量自由基,使红细胞破坏增加,引起血红蛋白下降。然而值得一提的是,由于运动训练造成造血功能出现抑制甚至障碍的研究鲜有报道。对预防运动性贫血发生采取的营养干预研究主要涉及补铁、使用抗氧化剂、1,6－二磷酸果糖、番茄红素等,均显示有一定的效果。另外,还有人采用补益类的中药防治运动性贫血的发生,也有一定的效果。

(5)运动性雄激素下降与营养干预的机制研究。严翊等以大鼠为对象,研究了运动性血睾酮下降与机体重要脏器形态学变化的关系,观察到间歇性无氧游泳训练 1 周能导致大鼠血睾酮降低,但心、肝、肾、睾丸组织的形态学不会发生改变;训练 5 周引起血睾酮持续降低并伴有心、肝、肾重要脏器的病理性变化,此时睾丸组织未发生病理性变化;训练 5 周后停训 1 周、血睾酮恢复过程中,重要脏器病理变化亦有所缓解;对运动性低血睾酮大鼠强化训练,重要脏器病理变化加剧,睾丸的组织形态也发生了病理性变化。伴随有重要脏器的病理性变化的运动性血睾酮降低,应属病理性的变化。

(6)运动营养与肥胖、脂代谢和恢复监控的研究。杨则宜教授的课题组提出了"运动营养生化恢复监控系统",包括营养生化监控、营养干预和机能状态调整三部分。在营养生化监控部分中,从运动员体能状态和运动能力评定、血液学、反映肌肉状态及蛋白质代谢的关系、内分泌、免疫学,以及自由基生成后抗氧化能力等方面,第一次较系统地提出了用以评价运动员身体代谢状态的常用指标及其理想参考范围,为合理开展营养干预和机能状态调整提供了参考依据。

冯连世、罗荧荃、陆一帆等人在运动与肥胖、脂代谢方面进行了研究。冯连世对低氧训练对高脂饮食大鼠脂代谢时序性影响及机制研究认为,低氧环境下,摄食量明显减少,脂肪代谢有所增强,脂质代谢良好,有利于减轻体重。陆一帆对运动与脂肪基因表达的关系研究认为,运动对于脂肪基因表达的影响与运动项目、运动持续时间和运动强度有关,根据不同项目、持续时间和强度合理运动,才能有效达到减轻体重的目的。冯连世研究认为,低氧环境下摄食量明显减少,脂肪代谢有所增强,脂质代谢良好,有利于减轻体重;罗荧荃研究认为慢性间歇低氧可导致脂代谢异常,而脂代谢紊乱会导致多种心血管疾病。

陶芳标研究认为,肥胖很容易引起青少年的不良情绪,要通过有效的手段使其控制体重才能减少不良情绪的发生。运动时间长、强度低的有氧运动可以有效促进脂肪分解,调节血脂代谢,更好的控制体重,从而促进肥胖青少年的身心健康。

艾华研究认为,运动锻炼可以增强骨骼肌中 AMPK(AMP 激活蛋白激酶)的磷酸化,增加肌细胞对葡萄糖和长链脂肪酸的摄取和氧化,不仅有利于 ATP 的生成,为肌肉收缩提供能量,还可减少机体能量物质储备,促使肥胖者体重减轻[144]。同时,ghrelin 是生长激素促分泌素受体的内源性配体,能够促进饮食,它在肥胖时含量降低,体重减轻后又升高,通过促进摄食来增加 AMPK 活性,从而促进脂肪的合成,影响减肥效果。但是与 ghrelin 相反作用的 obestatin 作用于胃肠道,延缓胃排空,它是一种多肽分子,它还可以作用于下丘脑摄食中枢,抑制食欲,从而减轻体重。

综上所述,近年来运动营养领域不论在基础研究还是结合运动实践的应用都取得了许多进展。在运动与营养、健康促进方面,运动对于肥胖、脂代谢积极调控以及运动预适应对于机体的健康促进方面是研究的热点[145]。随着生活水平的提高,肥胖人群变多,随之带来的疾病也越来越多。为了挽回健康,人们采用各种各样的方式来控制体重,当然体育手段是不可缺少的,这方面的研究必然会成为热点。同时,高原训练减轻体重也逐渐受到关注。诸多研究得出高原训练对减控体重的效果优于低氧训练和常氧训练,而且高原训练减重减脂的同时,身体机能和运动能力也有良好的改善。进行合理的运动训练,采用积极有效的手段来达到健康的目的。然而值得关注的是,涉及运动员膳食、食品安全、运动饮料等方面的标准化研究相对薄弱,如不及时开展这方面的基础性研究,可能会制约运动营养的实践。运动健康促进、运动与肥胖、脂代谢调控、运动预适应研究和肌酸、谷氨酰胺、二磷酸果糖等运动营养品的研发也将逐渐成为热点,具有广阔的空间,应加强这方面的交叉研究。此外,还要加强体育类院校、师范性院校和各级体育局对于这方面的研究。

(十二)"体育管理科学"研究进展

体育管理科学是一门综合运用社会科学、自然科学和技术科学的原理和方法,系统地研究体育管理活动及其基本规律的科学,是我国哲学社会科学领域中的一门新兴学科。随着我国体育产业和消费的快速发展,体育管理科学获得了前所未有的机遇,也被越来越多的人所认识、重视和应用,在哲学社会科学体系中的作用日益突出。

近年国家自然科学基金体育管理科学项目在体育产业、全民健身、体育团队、体育赛事、体育场馆运营方面进行了研究。董传升对体育团队的冲突与干预研究认为,"任务冲突对于团队绩效的提升是具有建设性的,关系冲突往往不利于团队绩效的提升"[146]。

林显鹏对北京奥运会场馆赛后开发与利用研究认为,首先要加强各个奥运场馆的管理,保证其正常的秩序;其次要建立奥运会场馆战略联盟,从而提高其经济效益;另外,要高度重视奥运会场馆无形资产资源的开发利用,建立基金会筹集场馆的运营资金及要采取多元化的运营模式,为职业体育赛事的发展提供平台。"可采用场馆赛后由政府和企业合作建设与运营,承办职业体育赛事,充分利用场馆的无形资产,采取多元化运营模式等手段加强奥运会赛后场馆的利用和开发"[147]。

唐晓华对中国体育产业化发展战略及其对策研究认为,"我国体育产业观念和管理体制落后、市场化程度低、缺乏有效的微观主体、所有权结构单一、资金配套体制不健全,要加强法规体系建设、推进体育事业体制改革、建立现代职业体育俱乐部、完善体育市场体系"[148]。

程晓多研究认为,低碳是指较低或更低的温室气体(CO_2 为主)排放。体育场馆的建设和作用必然会对周边自然环境产生较大的影响,消耗大量能源,因此在设计之初、体育建筑中和运营后都要关注环境、提倡低碳[149]。

孙一民研究认为,我国的体育建筑在近十年显著增多,这为我国经济、社会发展及与其他国家的交流、合作产生了积极的作用。但是它产生的消极作用也不容忽视,如能耗问题突出、盲目追求"标志性"等。因此,我们在面对建设与需求的矛盾时,体育建筑要突出科学发展,努力改变形象工程的建设模式。可持续的科学发展是我国体育建筑的必由之路。

董传升、鲍明晓和唐晓华对于我国体育产业的发展和管理等方面进行了研究。董传升认为,科技奥运是推动我国科技产业化的前提,正确引导科技产业投入,充分利用和发挥奥运会对我国科技经济发展的持续推动作用。采用引进国外先进技术来提升我国的产业结构和以自主创新为主创生出新兴产业相结合的发展模式,来提高我国的科技产业发展。

鲍明晓[150]研究认为,我国体育产业具有良好的历史机遇、丰富的体育资源、有利的宏观经济环境、迅速增长的体育需求和劳动力的成本价格低等优势,使得我国的体育产业迅猛发展。但是存在的劣势也很多,如现行体育管理体制与运行机制的不适应、体育商务人才匮乏、有实力的明星企业缺乏等。面对这些劣势,我们要坚持改革与发展相统一、改革体育管理体制和运行机制、实施消费推进和品牌战略、增加有效供给来调动和激发有效需求及实施人才培养战略来发展体育产业。

唐晓华[151]针对体育产业化认识上的落后观念、体育管理体制的落后、管理手段不适应体育市场发展需求及体育市场化程度低等问题,提出不平衡发展战略、选择培育和发展体育市场、确立民营资本的主导地位等有效手段。同时,提出了建立健全体育法规体系、改革现有的体育管理体制和建立规范的体育市场中介机构等对策来发展体育产业。

王玉柱研究认为,体育创意产业是指从个人的创造力、技能和天分中获取发展动力的企业,以及那些通过对知识产权的开发创造潜在财富和就业机会,以体育特色为外在表现形式的活动,它从属于体育产业。我国在这方面的研究起步比较晚,需要大幅度的提高。我们要采取积极措施,如重视体育创意产业内部结构的升级,创造投资发展的合理产业布局等,从而使体育创意产业更好、更快地发展[152]。

池建对体育赛事市场开发方面进行了研究，认为大型体育赛事对我国的体育、政治、经济、文化均产生了深远的影响，促进了我国体育事业的持续发展，彰显了我国综合国力，提升了我国的国际地位，推动了我国经济的发展。同时国家和政府要采取合理的政策对其市场进行开发，保障其合理的运行。

江明华对体育赞助使得品牌资产提高方面进行了研究，认为相对传统广告来说，体育赞助具有更高的效益。还可以提升企业形象、扩大品牌知名度，带来丰厚的物质回报。

黄谦[153]对中国运动员社会网络结构进行了研究，认为社会网络是指运动员与社会互动的关系。以往我国在培养专业运动员时，主要是采用政府主导型的培养模式，让运动员在相对独立的环境中进行训练、学习与生活。因此，运动员在人际关系与社会交往方面有很大的欠缺，就使得运动员在退役步入社会时格格不入。应加强对于他们的社会支持，使他们应付压力的能力提高，不至于身心倦怠。我们还要改进目前的形势，使运动员在科学训练的基础上为国争光，令他们的身心健康成长。

耿锁奎研究认为，人力资本风险投资是以人力资本作为投资物的风险投资活动。它由资金提供者、投资机构、投资对象组成。在投资过程中，具有资金、专业经验的机构或个人通过对潜在的投资对象进行充分测评，寻找具有投资价值的人员，双方依据一定的合同对投资对象进行投资，并对投资对象加以指导，增加投资对象创造财富的能力与机会。最终投资机构从被投资对象所创造的超额个人财富中，取得一部分作为回报。它具有一定的风险。运动员也是一种人力资本，在运动员成长阶段，运动员人力资本价值具有上升性与波动性。其人力资本管理活动具有明显的多阶段性，传统投资评价方法往往忽略了运动员人力资本投资项目的灵活性价值，低估运动员人力资本价值。通过实物期权方法评估运动员人力资本价值，才能够体现人力资本管理中的序列投资特点，从而反映运动员人力资本的真实价值，并最终为运动员人力资本投资提供决策，从而进行人才的培养。

王晓军基于体育赛事的事前、事中和事后三大阶段，提出一套包含 27 个指标的大型体育赛事突发事件应急能力评估指标体系，在此基础上构建了多级综合模糊评价模型，结合专家评分方法，以秦皇岛市奥体中心举办的大型体育赛事突发事件应急能力调查数据为例，对模型进行验算，得出了对整个体育赛事的应急能力评估影响最大的指标为事中比赛应对控制；事前赛况监测预防与事后赛场恢复处理的应急均处于临界状态的概率最大;事中比赛应对控制的应急水平处在较强状态的概率最大等重要的结论,说明了其应急能力的状况,并为其应急能力的提升提供了科学的理论依据。

孟佩对中国新型城镇化水平与体育产业发展关系的实证分析,建立新型城镇化和体育产业发展水平评价指标体系,运用熵值法测算2006—2014年全国新型城镇化和体育产业发展水平综合指数。研究认为我国城镇化水平与体育产业发展之间存在着长期稳定的均衡关系;两者之间仅存在单向因果关系,城镇化水平的提高是体育产业发展的格兰杰原因;从短期来看,城镇化对体育产业的发展具有明显的促进作用,体育产业对城镇化则有一定的积极效应,但作用强度不大。

吴黎利用数理统计和GIS分析方法对中国区域竞技体育的竞争格局及影响因素进行分析,认为自20世纪80年代以来,中国竞技体育水平逐年稳步提升,其竞技体育获奖项目的覆盖率不断扩大,优势项目不断集中,形成了以单人项目为主,双人和团体项目为辅的发展格局。中国区域竞技体育发展的梯度格局较为突出,马太效应较为显著不同类型的优势项群主要分布在大中型城市,空间集聚型较强。通过多元线性回归分析发现,地区经济发展水平和人力资源水平是区域竞技体育竞争格局差异的主要影响因素,其他因素的影响不显著。

朱志强基于929份福州居民健身休闲制约因素与休闲参与的调查问卷,采用主成分分析和结构方程模型,实证探讨福州市居民体育健身休闲制约因素与休闲参与的影响关系。研究结果表明个人制约、服务管理、人际制约、环境状况和休闲机会是影响城市居民体育健身休闲参与的五大重要因素。个人制约因素对休闲参与的直接影响程度最大,其次是服务管理和人际制约因素,环境状况因素直接影响程度最小,而休闲机会因素则间接影响居民体育健身休闲参与。城市居民体育健身休闲参与还受到五大制约因素之间不同程度的交互影响,从而表现出复杂性效应的特征。

白鹤松认为冰雪产业是一类新兴的产业,是基于对冰雪资源的开发而形成的一类特殊的资源型产业。北京申办2022年冬季奥运会获得成功,必将推动中国冰雪产业的大发展。我国应从冰雪旅游产业、冰雪文化产业和冰雪体育产业3个方面学习国外先进经验,确定我国未来的发展重点。

何玲玲研究认为随着经济的发展、人们生活质量的提高,学龄儿童超重、肥胖检出率持续上升。同时我国学龄儿童的生活方式逐渐向静态转变,体力活动减少,超重、肥胖问题与体力活动不足有着密切关系,因此全面了解影响体力活动的因素十分必要。基于社会生态学模型从个体因素、社会因素、建成环境因素等三方面具体阐述各因素与我国儿童青少年体力活动之间的相关性,有助于学校、家庭、政府等各界提供有效干预措施,提高学龄儿童的体力活动水平,预防超重肥胖的发生。

近年来,随着我国社会经济的高速发展、人们生活水平的不断提高,特别是2014年《国务院办公厅关于加快发展体育产业促进体育消费指导意见》的发布和2020年北京冬奥运会的成功申办,为我国体育产业的跨越式发展提供了极其有利的条件。今后要加强对体育产业方面的研究,使得体育产业的发展新颖、全面。对体育赛事和体育赞助开展对策方面的研究要更加深入和缜密,这对于促进我国经济、政治等方面的影响不容忽视。还要加强体育、师范院校和各级体育局对于这方面的重视,大力体育管理科学研究人才培养,增加申报数量,要加强对体育体制、公共体育服务、体育创新创业研究,使群众体育、竞技体育、体育产业更好的发展。加强对冬奥会经济社会效应、体育资源开发、群众体育需求、体育赛事和体育赞助开展对策的深入研究,从而活跃体育市场,服务于我国经济、政治等各方面社会事业。

四、结论

十五年来国家自然科学基金项目为体育科学研究提供了较好的条件,立项数量和金额稳步增长,共获得760项,经费30805.85万元。立项类别已达到9个,以面上和青年项目为主,分别获444项和210项。立项涵盖了基金委的8大学部,学科分布不均匀,以医学和生命科学部为主,分别占48.8%和29.9%。立项单位中综合、医科、体育院校位于前列,分别立项210项、174项和139项。形成了以运动生理学、运动损伤防治、康复医学、体育与计算机科学、神经、认知与心理学、运动疲劳与恢复、运动心血管循环系统研究为主;运动生物力学、建筑环境与材料工程、中医学与体育结合研究不断升温,体育数理科学、特殊环境生理学、工程科学、化学等体育相关科学立项较少的局面。在充分发挥各类院校的作用,紧紧抓住生命和医学科学部体育重点领域项目申报,努力拓展信息、工程和数理科学部细分体育领域项目。进一步拓宽体育科学研究领域和视野,吸引更多的人员和单位关注体育及其交叉学科,加强国内外交流合作,举办学术活动,支持偏远和经济不发达地区的体育类研究、加强联合申报和国际合作,不断拓展项目获得资助的类别。围绕国际体育科学的最新进展、体育科技创新、冬奥会科技支撑、全民健身、运动保障、竞技体育、体育医学、健康、营养、损伤防治、体育工程等内容进行研究。促进体育学科建设、人才培养和科研平台发展,不断扩大体育科学的影响力。

五、建议

近年来体育科学国家自然科学基金研究以运动生理学、运动损伤防治、康复医学、体育与计算机科学、运动疲劳与恢复、运动神经、认知与心理学、运动心血管循环系统为主;体育设施与装备工程、中医学与体育结合、运动生物力学、运动代谢与营养支持、体育管理科学研究不断加强。研究产出了近万篇科技论文,有的还发表在国外重要刊物;部分成果得到国家重视,被采纳、推广或应用,如北京体育大学与上海体育学院分别获 2010 年和 2012 年国家科学技术进步二等奖;谢敏豪、陈佩杰的成果获北京和上海市科技进步奖,陈佩杰、周成林、石丽君的研究获中国体育科学学会科技成果二等奖。今后应充分发挥体育及其他各类院校的作用,大力培养青年科研人才,紧紧抓住生命和医学科学部体育重点领域项目申报,努力拓展信息、工程和数理科学部细分体育领域项目,吸引更多的单位关注体育及其交叉学科研究。加强国内外交流合作,举办学术活动,支持偏远和经济不发达地区的体育学科研究、加强联合申报和国际合作,不断拓展项目获得资助的类别。不断拓宽领域和视野,提高研究水平,围绕国际体育学科的最新进展、我国体育科技创新、冬奥会科技支撑、全民健身、运动保障、竞技体育、体育医学、健康、营养、损伤防治、体育工程等进行研究,促进体育学科发展、人才培养和科研平台建设,扩大体育学科的影响力。

第九章　国家自然科学基金体育科学研究趋势展望

一、加强对体育科学基础研究的重视程度

基础研究是整个科技创新活动的基础和源泉，对于一个国家的长远发展至关重要。作为我国支持基础研究的主要渠道，国家自然科学基金面向全国所有基础研究队伍，鼓励和支持科学家自由探索，是促进科技发展、进步的助推器[154]。推进体育基础科学研究工作的发展，将为解决体育科学领域的重大理论问题，攀登世界体育科技高峰，促进国家经济建设、社会发展、体育事业发展都具有重要意义。我们要尊重体育学者、尊重具有自主性的体育科学团体和管理机制，运用平等竞争、激励创新的运行机制，培养优秀体育人才和团队，使得体育学科均衡、迅速、全面发展，从而使体育科学研究力量和水平不断提高，逐步缩小与其他学科的差距。

二、不断推动体育科技创新

创新是推动科学技术与社会进步的法宝，是科教兴国、国家民族振兴的灵魂[155]。推动科技创新是国家自然科学基金的最终目标和任务，体育科学国家自然科学基金在资助课题时要强调科技创新，在设计课题时一定要把创新性放在首位来考虑，促使我们对于创新性有更深层次的研究。在创新知识的同时，要创新先进的科学方法和理论。基础研究发表文章固然重要，但是一定要注重提高质量和内容[156]。基础研究的真正意义和作用，最根本的是研究在科学、学科发展史上有没有影响力或新的认知，对人类的文明、经济、政治、文化和可持续发展有没有

影响力[157]。因此，我们的体育科学评价体系、方法、观念都要进行调整，以促进体育科学科技创新，使得体育科学高水平研究均衡、可持续发展。

三、促进立项的均衡发展

体育科学国家自然科学基金项目申报要具有广泛的覆盖面，不要仅仅局限于某一个或几个热点研究，在研究领域要尽可能少的出现研究跟风的现象，建立稳定而持久的研究领域和方向。我们要针对体育科学的特点，及时发现和支持处于科学前沿的探索性研究，加强全面布局，促进体育科学均衡、协调、可持续发展，这是提高体育科学整体水平的必要基础，是鼓励和支持科学家自由探索和自主创新的重要保障，从而使得体育科学的研究能力得到进一步提升。随着各地区体育科研能力的提升以及政治、经济、文化等方面的逐步发展，体育科学国家自然科学基金立项项目地区分布应逐渐达到均衡发展趋势。随着政治、经济、人才等各项改进措施的完善，希望今后有更多的院校和省、市级也申请到项目，令立项单位和立项系统分布更加均衡和合理。

四、体育社会科学与自然科学需要协调发展

体育学科是一门特殊学科，也是为数不多能同时获得国家社会科学基金和自然科学基金的学科。在德国、美国等发达国家体育已发展成具有深度交叉和应用性的科学。目前我国体育社会与自然科学发展不平衡，自然科学基金研究力量较弱，范围较窄，仅限于运动生理学等传统学科；社会科学基金研究过于追逐热点，对体育学科的基本问题探讨不足，成果的应用性和影响力不够。今后要利用体育社会和自然科学兼顾的优势，加强对体育基本理论和方法、体育政策、管理、产业、娱乐、表演等进行研究；突出体育的科学属性，加强生理、运动、健康、健身、治疗的研究。还要从学科协调的高度统筹发展，使体育社会科学与自然科学在设备条件、人才培养和研究水平等多方面更加均衡和有特色，加强专业化和针对性研究，强调成果的转化和推广，更好地为我国体育事业和人民群众健康服务。

五、合理定位和布局体育自然学科建设

随着更多的高校和机构关注体育科学研究，充实了体育科研队伍，提高了研

究水平。目前我国有较高水平研究能力的综合院校达到60多所、医科院校40多所、师范院校30多所、理工科院校30多所、体育院校10多所、研究机构10余个，其中有6所体育院校和近20所其他院校开始培养体育学博士研究生。然而体育学科设置之初定位较为单一，重在培养体育教师、教练员等应用型人才，专业主要布局在体育和师范院校，目前仅有400余所院校开设有体育本科专业，以体育教育、运动训练等教育学、人文社会科学类专业为主；开设自然科学类专业的院校仅有40余所，如14所体育本科院校中开设理学的有11个且以运动人体科学为主；开设工学的仅有武汉体育学院和山东体育学院；开设医学的仅有成都体育学院，致使学科完整性和发展空间受到严重制约。造成了目前体育、师范院校自然科学研究水平仍然整体不高，研究平台较少；体育学科在综合、理工、医科院校处于边缘地带；社会权威机构对体育研究和学科建设的关注度不高的现状，这无论对于体育院校综合化还是体育学科发展都是不利的。而艺术学科有广泛的布局和多个分支学科支撑，形成了自身特色并与社会广泛融合，在2011年成了独立学科门类。今后应从学科广度、完整性和更有利于科学研究的角度思考，重新高起点定位体育学科发展不断扩大覆盖面和影响力。

六、加强体育科学研究人才培养

在经济、社会可持续发展中，知识对经济与社会的发展至关重要，而人才又是其中最重要与最活跃的因素。因此人才的竞争成为知识竞争的焦点。近些年国家通过深化收入分配制度改革，制定技术、管理等生产要素参与分配的政策，以充分体现科技人才的创造性劳动价值。完善专利制度、依法加强知识产权保护、改进科技奖励和评价制度，这些对于发挥广大体育科技人员的积极性起到重要作用。随着社会、经济、科技等的发展，对于体育人才的数量、结构与素质提出了更高的要求。为此通过国家自然科学基金等高水平项目来培养体育科研人才是重要的渠道。围绕体育科学发展特点，培育人才队伍，增加人才储量。通过多种形式围绕体育科学发展进行知识创新活动，稳定、发展知识创新研究队伍，调动科研人员积极性，还可以吸引在国内外有一定影响的高层次研究人才，重点资助一批研究水平属于国际前沿的体育学术尖子，使他们成为体育学术带头人。从而形成年龄结构、专业结构较合理、创新能力强的体育人才队伍，进一步提高科研能力。

七、重视体育学科交叉和合作研究

跨学科研究是当今科学方法讨论的热点，具有强大的动力和发展潜力。一些突出成就的产生源于跨学科的交叉。不同学科之间的交叉、渗透、融合的趋势日益增强，这基于科学发展的内在规律。跨学科研究可以解决许多复杂的问题，是当代科学继续向前发展和创新的动力。目前有发展前景的新兴学科都具有跨学科的性质，同样对于体育学科来说也不例外。从指标统计项目来看，体育学科主要是与运动医学方面进行的跨学科研究比较多，其次是与心理学方面，但交叉研究的范围和水平都有待提高。今后体育学科应在不同学术领域与各个学科在方法、理论、问题、文化等方面进行交融与渗透。我们要通过跨学科研究，产生新的学术思想和科学成果，进行知识创新。通过组织大项目和引进其他学科人才真正做到跨学科、跨领域的交叉[158]。

八、完善体育科学研究体制和制度建设

只有体制和制度合理，学术氛围活跃，体育科学研究可持续发展的能力才能不断上升。今后应从以下几个方面促进体育科技创新和产业化，推动体育科技体制改革。首先，加强针对体育基础研究特点的制度和政策体系研究，在管理上大胆创新与实践，不断提升省市、高校体育科研机构的数量和水平；其次，改进体育基础研究评价范围和工作方式，使评价活动朝着有利于创新、营造宽松环境的健康方向进行；最后，减少和简化评估，给体育科研人员更多的时间，鼓励他们长期、深入地开展工作。体育科研管理部门应相互配合，加强服务意识，实现评估资源共享，营造良好的科研环境，使得体育科研人员将主要精力用于科学研究。还要不断创新管理方式和方法，注重全程质量管理，加强体育科学道德建设，使各类体育科研资源等到公平和合理利用，营造健康的体育学术环境和氛围，促使体育学科健康成长。

九、强化国内外科技交流合作

随着我国科研实力水平的提高，国家自然科学基金在国际合作规模方面不断扩大，合作领域更加广泛，合作层次不断深化。就国内大学来讲，学术交流做得好

的单位研究水平也高，国际上许多重大科学研究成果的取得，往往是跨国合作研究的结果。目前国家自然科学基金委越来越强调支持国际合作，国际合作已经不是原来意义上的出国参加学术会议，更多的是重大领域内有组织、有计划的实施项目合作。中外学者间的平等合作、优势互补、互惠互利、成果共享的实质性国际合作研究是大势所趋。而体育科学的国际化水平和国际交流能力还较低，国家自然科学基金获得者仅有 31.7% 的人员有国外学习或工作经历，15 年来国际合作项目仅获 20 项。今后要通过国际交流与合作，可以使体育学者们增加知识、开阔眼界、改变传统观念、取长补短，从而使体育科学更好地发展。

第十章　国家自然科学基金体育科学立项名单（2001—2015）

序号、批准号、申请代码、项目名称、负责人、单位、金额、起止年月、项目类别

2001 年

1. 30170448　H0608　低氧训练对骨骼肌收缩蛋白影响机理的研究
王瑞元　北京体育大学　16 万元　2002 - 01 至 2003 - 12　面上项目

2. G0124005　奥运会组织管理与商业运作研讨会
钟秉枢　北京体育大学　2 万元　2001 - 01 至 2001 - 12　国际合作项目

3. 30150010　H0921　运动员临场心理障碍的焦虑与知觉成因及其预防研究
张钟秋　国家体育总局体育科学研究所　14 万元　2002 - 01 至 2004 - 12　专项项目

4. 30171203　H0610　运动性肌肉损伤后再生机制的研究
李国平　国家体育总局运动医学研究所　14 万元　2002 - 01 至 2004 - 12　面上项目

5. 30171204　H0608　NO 对运动员疲劳及回复期大鼠 NOS 表达的影响
冯连世　国家体育总局体育科学研究所　13 万元　2002 - 01 至 2003 - 12　面上项目

6. 30150009　H0710　合成类固醇类激素运动性副作用及其危害
方子龙　国家体育总局运动医学研究所　16 万元　2002 - 01 至 2004 - 12　专项项目

7. 7173039　G0304　中国体育产业发展与管理问题的研究
鲍明晓　国家体育总局体育科学研究所　12 万元　2002 - 01 至 2004 - 12

面上项目

8. 30171206 H1701 肌肉损伤的修复研究

王生 北京大学 14 万元 2002－01 至 2004－12 面上项目

9. 30100049 C0902 新发现脑红蛋白在脑缺氧损伤及其防治中的作用机理研究

邓美玉 中国人民解放军事医学科学院 18 万元 2002－01 至 2004－12 青年项目

10. 30170447 H0610 局部肌肉疲劳的表面肌电信号复杂度变化

王健 浙江大学 16 万元 2002－01 至 2004－12 面上项目

11. 30140007 C0901 生存运动神经元蛋白与转录因子 IIF 的 RAP30

魏文祥 复旦大学 6 万元 2002－01 至 2002－12 专项项目

12. 60173035 F020507 基于运动捕获数据的人体运动合成

马利庄 上海交通大学 18 万元 2002－01 至 2004－12 面上项目

13. 30170242 C1001 人体运动平衡机理及在智能下肢假肢控制中应用研究

金德闻 清华大学 18 万元 2002－01 至 2005－12 面上项目

14. 60105002 F030403 人运动的视觉分析与理解

胡卫明 中国科学院自动化研究所 19 万元 2002－01 至 2004－12 青年项目

15. 60171018 F010807 虚拟人体运动系统研究

郭巧 北京理工大学 22 万元 2002－01 至 2004－12 面上项目

16. 30140011 C1102 世居高原运动员间歇性低氧训练的生理及分子适应机制的研究

格日力 青海大学 10 万元 2002－01 至 2002－12 专项项目

17. 20175002 B050303 运动员滥用重组促红细胞生成素免疫电泳检测方法研究

常文保 北京大学 40 万元 2002－01 至 2004－12 面上项目

2002 年

18. 30270638 H0608 运动诱导的线粒体氧生成及其对能量转换的调节

张勇 天津体育学院 19 万元 2003－01 至 2005－12 面上项目

19. 70271054　G0112　北京奥运会中的数字体育

张立　国家体育总局体育信息中心　12 万元　2003－01 至 2005－12　面上项目

20. 30270641　H0730　男子运动性低血睾酮的发生机制研究

谢敏豪　北京体育大学　7 万元　2003－01 至 2003－12　面上项目

21. 30270642　H0803 运动性低血色素的机理和防治研究

田野　北京体育大学　19 万元　2003－01 至 2005－12　面上项目

22. 30270640　H0613　mtDNA 单核苷酸多态性与我国运动员耐力素质的关联研究

常芸　国家体育总局体育科学研究所　7 万元　2003－01 至 2003－12　面上项目

23. 30270637　H0608　动态等速肌力自然发展的年龄、性别规律研究

张安民　山西财经大学　8 万元　2003－01 至 2004－12　青年项目

24. 70241028　G03　中国体育产业化发展战略及其对策研究

唐晓华　辽宁大学　5 万元　2002－10 至 2003－12　专项项目

25. 30271308　H0606　胚胎神经细胞移植修复失神经骨骼肌运动功能的实验研究

徐建光　复旦大学　19 万元　2003－01 至 2005－12　面上项目

26. 30270377　C1004　运动员心力和心率同时遥测的生物医学和工程基础的研究

肖守中　重庆大学　17 万元　2003－01 至 2005－12　面上项目

27. 30270639　H0724　运动对铁代谢的影响及其机制

肖德生　江苏大学　19 万元　2003－01 至 2006－12　面上项目

28. 90208008　C090206　视觉运动分析的中枢神经回路及其调控作用

王书荣　中国科学院生物物理研究　140 万元　2003－01 至 2007－12　重大项目

29. 30270459　C0906　上丘在运动视觉感知中的作用研究

李兵　中国科学院生物物理研究所　20 万元　2003－01 至 2005－12　面上项目

30. 30200130　H0203　缺氧复合运动心肌线粒体能量代谢的适应性改变及

机制

黄庆愿 中国人民解放军第三军医大学 19 万元 2003－01 至 2005－12 青年项目

31. 30271503 H3102 Ca^{2+}运动与高血压导致的脑血管重构关系的研究

关永源 中山大学 20 万元 2003－01 至 2005－12 面上项目

32. 30270402 H1809 脑功能成像评价脑皮层运动功能重建的研究

冯晓源 复旦大学 18 万元 2003－01 至 2005－12 面上项目

33. 30270643 H0201 对运动员无创性心肌灌注及灌注储备功能的方法学研究

方平 中国人民解放军第二军医大学 19 万元 2003－01 至 2005－12 面上项目

34. 30270636 H0712 运动锻炼对两种葡糖转运蛋白囊体表达和转位的作用

艾华 北京大学 21 万元 2003－01 至 2006－12 面上项目

2003 年

35. 30370689 H1016 高住低调过程中红细胞免疫功能的变化及其分子机理的研究

张缨 北京体育大学 20 万元 2004－01 至 2006－12 面上项目

36. 30370688 H0720 运动对脂肪组织基因表达谱的影响

陆一帆 北京体育大学 7 万元 2004－01 至 2004－12 面上项目

37. 30370684 H1701 人体运动功能康复评定方法的研究

郝智秀 清华大学 15 万元 2004－01 至 2006－12 面上项目

38. 30300363 H0904 联合刺激对运动区损伤后移植神经干细胞功能重塑的影响

贺民 四川大学 19 万元 2004－01 至 2006－12 青年项目

39. 30370473 C0904 帕金森患者的丘脑和基底节区运动与感觉躯体拓扑分布研究

庄平 首都医科大学 21 万元 2004－01 至 2006－12 面上项目

40. 30371550 H1402 GM1 结合 NGF 对运动神经元再生作用机理的研究

张引成 西安交通大学 7 万元 2004－01 至 2004－12 面上项目

41. 60375026 F0306 基于电刺激的动物运动行为控制方法研究

原魁 中国科学院自动化研究所 23 万元 2004－01 至 2006－12 面上项目

42. 30370685 H0713 运动促进 2 型糖尿病大鼠骨骼肌细胞摄取葡糖细胞内机制研究

吴毅 复旦大学 20 万元 2004－01 至 2006－12 面上项目

43. 30370686 H0323 运动员胃肠功能紊乱诊断与调适的分子生态学研究

乔德才 山西大学 7 万元 2004－01 至 2004－12 面上项目

44. 30370461 C0904 深部脑刺激对感觉－运动信息处理过程的调节作用

罗非 北京大学 19 万元 2004－01 至 2006－12 面上项目

45. 30370687 H0201 运动和缺血促进心肌侧支循环生成的作用和机理

励建安 南京医科大学 19 万元 2004－01 至 2006－12 面上项目

46. 60343006 F030502 基于力信息的数字运动员仿真及运动指导系统研究

戈瑜 中国科学院合肥物质科学研究院 17 万元 2004－01 至 2006－12 面上项目

2004 年

47. 30470837 H0608 活性氧在运动诱导骨骼肌线粒体生物合成中的信号作用及其调控作用

张勇 天津体育学院 17 万元 2005－01 至 2007－12 面上项目

48. 30470814 H0608 运动员间歇性低氧训练个体适应能力预测指标的研究

胡扬 北京体育大学 20 万元 2005－01 至 2007－12 面上项目

49. 30470835 H0608 线粒体高麦区 H 多态性与运动能力的关联研究

常芸 国家体育总局体育科学研究所 20 万元 2005－01 至 2007－12 面上项目

50. 60473120 F020513 基于运动神经控制机理的人机手写技能的复制和再生研究

王国利 中山大学 24 万元 2005－01 至 2007－12 面上项目

51. 30470836 H0203 缺氧复合运动调节大鼠心肌线粒体腺苷酸转运及其

机制的研

宋玲 中国人民解放军第三军医大学 21 万元 2005 -01 至 2007 -12 面上项目

52. 30470832 H0323 运动性胃肠功能紊乱诊断与调适的分子生态学研究

乔德才 北京师范大学 15 万元 2005 -01 至 2007 -12 面上项目

53. 30471742 H0606 脊髓神经干细胞移植重建臂丛神经运动功能的实验研究

路来金 吉林大学 21 万元 2005 -001 至 2007 -12 面上项目

54. 60473002 F02 基于运动库检索和视频分析的三维人体运动重构

李锦涛 中国科学院计算技术研究所 23 万元 2005 -01 至 2007 -12 面上项目

55. 60471003 F010807 运动感知的视觉信息处理脑机制建模研究

黄教民 中国人民解放军国防科学技术大学 24 万元 2005 -01 至 2007 -12 面上项目

56. 30471923 H0212 长期有氧运动改善心肌胰岛素敏感性的机制及增龄改变

高峰 中国人民解放军第四军医大学 20 万元 2005 -01 至 2007 -12 面上项目

57. 30440082 C0902 锻炼和丰富的生存环境延缓脑衰老的机制研究

唐勇 重庆医科大学 8 万元 2005 -01 至 2005 -12 专项项目

59. 60475010 F030403 基于事件的体育视频分析

卢汉清 中国科学院自动化研究所 24 万元 2005 -01 至 2007 -12 面上项目

60. 30410103223 运动锻炼对两种葡萄糖转运蛋白囊体表达和转位的作用

艾华 北京大学 0.8 万元 2004 -11 至 2005 -04 国际合作项目

2005 年

61. 30570897 H0608 运动诱导肌源性白介素 -6 分泌及其调控能量代谢的机制与应用

谢敏豪 天津体育学院 25 万元 2006 -01 至 2008 -12 面上项目

62. 30570898 H0608 过氧化物酶增殖物受体 PPARs 对提高骨骼肌有氧耐

力作用机理的实验研究

席翼　天津体育学院　23万元　2006－01至2008－12　面上项目

63. 10572097　A020503　振动力量训练促进肌肉力量增加的机制研究

危小焰　上海体育学院　36万元　2006－01至2008－12　面上项目

64. 30570896　H0608　低氧和低氧运训对骨骼肌骨架蛋白代谢影响机理的研究

王瑞元　北京体育大学　28万元　2006－01至2008－12　面上项目

65. 30570899　H0904　运动促进幼龄大鼠神经再生和空间学习能力的机制研究

娄淑杰　上海体育学院　25万元　2006－01至2008－12　面上项目

66. E0524619　E06　风能基础研究现状调研

金季春　北京体育大学　10万元　2006－01至2006－12　专项项目

67. 30570892 H0608 不同模式低氧耐力训练大鼠HO/CONOS/NO信号系统适应性机理的研究

冯世连　国家体育总局体育科学研究所　23万元　2006－01至2008－12　面上项目

68. J0521017　H0608　全国体育学研究生讲习班

池建　北京体育大学　23万元　2005－01至2005－12　专项项目

69. 70573015　G0304　国际影响的几大体育赛事市场开发支持体系与实施策略研究

池建　北京体育大学　13万元　2006－01至2008－12　面上项目

70. 60573079　F020508　基于视频的运动员跳水动作建模与识别关键技术研究

邹北骥　中南大学　6万元　2006－01至2006－12　面上项目

71. 30510203026　C0915　运动障碍病学会第九届帕金森病和运动障碍病国际会议

庄平　首都医科大学　1万元　2005－03至2005－04　国际合作项目

72. 30500611　H1701 强制性运动疗法增强脑缺血后神经再生的作用及细胞分子机制

赵传胜　中国医科大学　25万元　2006－01至2008－12　青年项目

73. 50510105061 E080803 奥运会运动场结构的振动问题研究

张毅刚 北京工业大学 2 万元 2005 - 07 至 2005 - 12 国际合作项目

74. 30500577 H0201 有氧运动通过胞浆 - 线粒体对话机制改善衰老心肌胰岛素敏感性

张全江 中国人民解放军第四军医大学 25 万元 2006 - 01 至 2008 - 12 青年项目

75. 60572041 F010305 智能粒子滤波器及其在人体运动跟踪中的应用

张勤 中国传媒大学 28 万元 2006 - 01 至 2009 - 12 面上项目

76. 30570536 H1802 脑功能成像对帕金森病感觉功能损害和感觉 - 运动整合缺陷的神经机制研究

张敏鸣 浙江大学 23 万元 2006 - 01 至 2008 - 12 青年项目

77. 30570530 H1802 静息状态帕金森病中枢运动系统的功能网络连接

吴涛 首都医科大学 28 万元 2006 - 01 至 2008 - 12 面上项目

78. 30500510 H0605 周围神经损伤后脊髓前角运动神经元损伤机制的研究

孙洪斌 吉林大学 25 万元 2006 - 01 至 2008 - 12 青年项目

79. 60501005 F010807 截瘫下肢运动神经系统重建中的新型控制模式研究

明东 天津大学 24 万元 2006 - 01 至 2008 - 12 青年项目

80. 60573147 F020501 数据驱动的真实感人体建模与运动控制技术研究

马利庄 上海交通大学 26 万元 2006 - 01 至 2008 - 12 面上项目

81. 30572305 H2707 经络的运动神经元机制研究 - 标记经络的运动神经元图谱

刘克 中国医学科学院 8 万元 2006 - 01 至 2006 - 12 面上项目

82. 30570980 C1110 GABA 能运动前神经元参与口面部伤害性反射形态学及机能研究

李金莲 中国人民解放军第四军医大学 26 万元 2006 - 01 至 2008 - 12 面上项目

83. 30571020 H0904 发作性运动源性运动障碍致病基因的定位与克隆

李国良 中南大学 20 万元 2006 - 01 至 2008 - 12 面上项目

84. 50575053　E0506　功能性电刺激(FES)康复截瘫肌体运动功能的基础理论及其实现技术研究

姜洪源　哈尔滨工业大学　32 万元　2006－01 至 2008－12　面上项目

85. 50575122　E050703　偏瘫患者神经康复运动再学习系统设计与生物反馈控制研究

贾晓红　清华大学　25 万元　2006－01 至 2008－12　面上项目

86. 60520120099　F03　人体运动的视觉检测、跟踪、识别与理解

胡卫明　中国科学院自动化研究所　65 万元　2005－01 至 2007－12　国际合作项目

87. 30572412　H2718　经皮穴位电刺激抗大鼠运动性疲劳及其中枢 5－HT 机制

方剑乔　浙江中医药大学　25 万元　2006－01 至 2008－12　面上项目

88. 90508004　C07　GEFT 在心脏和肌肉细胞命运决定中的作用

吴秀山　湖南师范大学　45 万元　2006－01 至 2008－12　面上项目

89. 30500252　H0712　骨骼肌收缩与胰岛素可能共用下游信号转导通路

孙标　中国人民解放军第四军医大学　26 万元　2006－01 至 2008－12　青年项目

90. 30570912　C07　运动/肌肉收缩调节骨骼肌 GLUT4 转位和内在活性的机制研究

牛文彦　天津医科大学　24 万元　2006－01 至 2008－12　面上项目

91. 30572401 H2710 丹参对骨骼肌缺血再灌注损伤血管修复与重建功能作用及机制

张俐　福建中医药大学　25 万元　2006－01 至 2008－12　面上项目

92. 30572086　H2101　间歇性低氧适应对发育心脏的保护作用及其机制的研究

张翼　河北医科大学　25 万元　2006－01 至 2008－12　面上项目

93. 30500579　H2101　高压氧暴露对低氧诱导因子 mRNA 及生物活性的影响

孙学军　中国人民解放军第二军医大学　25 万元　2006－01 至 2008－12　青年项目

94. 30570676　C1107　NDRG2 在细胞低氧应激反应中的作用及机制研究

季少平　中国人民解放军第四军医大学　25 万元　2006 - 01 至 2008 - 12　面上项目

95. 60572132　F010406　中英可比语料库与体育术语自动抽取的探索性研究

孙广范　中国电子信息产业发展研究院　22 万元　2006 - 01 至 2008 - 12　面上项目

96. 30571882　H0610　基因治疗预防肌腱损伤后的粘连形成

汤锦波　南通大学　26 万元　2006 - 01 至 2008 - 12　面上项目

97. 30571888　H0601　特发性脊柱生物力学模型构建及支具数字仿真

李明　中国人民解放军第二军医大学　25 万元　2006 - 01 至 2008 - 12　面上项目

98. 30570894　H0608　运动性低铁状态组织细胞铁稳态重调定及调节机制的研究

肖德生　28 万元　江苏大学　面上项目

99. 30570895　H0608　运动减缓应激性海马损伤效应与 5 - 羟色胺系统的关系

马强　中国人民解放军军事医学科学院　28 万元　2006 - 01 至 2008 - 12　面上项目

100. 30570893　H0608　等长收缩和缺血训练对血管储备的作用及机理

励建安　南京医科大学　26 万元　2006 - 01 至 2008 - 12　面上项目

2006 年

101. 30610103049　C07　肌肉收缩调节 GLUT4 转位的机制研究

牛文彦　天津医科大学　2 万元　2006 - 07 至 2006 - 11　国际合作项目

102. 30671013　H0608　低氧运动对骨骼肌 mTOR 信号的调控及控制

曾凡星　北京体育大学　27 万元　2007 - 01 至 2009 - 12　面上项目

103. 2063509　B05　兴奋剂 rhEPO 和 rhGH 检查方法的研究

吴侔天　国家体育总局运动医学研究所　180 万元　2006 - 01 至 2007 - 12　重点项目

104. 10672015　A020503　制约短跑动作能力的神经力学探讨

刘宇 上海体育学院 8万元 2007-01至2009-12 面上项目

105. 30671014 H0608 大鼠风味嗜好学习与运动性疲劳睡眠剥夺内在机制的研究

刘丽萍 河北体育学院 8万元 2007-01至2007-12 面上项目

106. 60672186 F01 优秀民航空乘人员心理特征模型的研究

林岭 北京体育大学 14万元 2007-01至2007-12 联合项目

107. 70672085 G0210 人力资本风险投资与人才培养模式创新研究

耿锁奎 上海体育学院 14万元 2007-01至2009-12 面上项目

108. 70679001 G03 奥运对科技产业发展的影响研究

董传升 沈阳体育学院 20万元 2006-01至2010-12 面上项目

109. J0621012 体育学研究生暑期学校

池建 北京体育大学 15万元 2006-01至2006-12 专项项目

110. 30671012 H1002 运动性淋巴细胞亚群失衡的发生机制研究

陈佩杰 上海体育学院 28万元 2007-01至2009-12 面上项目

111. 60673093 F020508 基于视频的人体腾空翻滚运动跟踪与分析方法

邹北骥 中南大学 25万元 2007-01至2009-12 面上项目

112. 30672119 H0605 nNOS在臂丛根性撕脱伤运动神经元凋亡进程中的功能作用及其信号转导机制

周丽华 中山大学 29万元 2007-01至2009-12 面上项目

113. 30670681 C2117 有高度足部运动技巧的双上肢缺失残疾人的脑可塑性研究

章士正 浙江大学 25万元 2007-01至2009-12 面上项目

114. 30672139 H0605 促进躯体运动神经异化支配内脏副交感神经的实验研究

张世民 同济大学 28万元 2007-01至2009-12 面上项目

115. 30671019 H0914 运动诱导c-fos原癌基因在大鼠脑内的表达及靶基因研究

张安民 山西财经大学 8万元 2007-01至2007-12 面上项目

116. 60674105 F030205 基于Spiking神经网络的脑运动神经系统的建模与控制研究

王永骥　华中科技大学　27 万元　2007-01 至 2009-12　面上项目

117. 30671018　H0605　运动促进脊髓损伤大鼠神经再生的环境"允许"作用机制研究

王彤　南京医科大学　8 万元　2007-01 至 2007-12　面上项目

118. 30672114　H0605　脊髓源神经干细胞与运动神经元差异蛋白组的研究

王春芳　山西医科大学　30 万元　2007-01 至 2009-12　面上项目

119. 60672090　F010402　移动拍摄下基于 MCMC 粒子滤波器的人体运动跟踪算法研究

唐降龙　哈尔滨工业大学　25 万元　2007-01 至 2009-12　面上项目

120. 30672272　H0902　生命早期精细运动技能剥夺对大鼠认知发育的影响

沈晓明　上海交通大学　28 万元　2007-01 至 2009-12　面上项目

121. U0672001　L02　运动创伤中韧带肌腱修复的关键科学问题研究

欧阳宏伟　浙江大学　50 万元　2007-01 至 2009-12　联合项目

122. 60675017　F030403　变形连接体模型人体运动分析

刘允才　上海交通大学　26 万元　2007-01 至 2009-12　面上项目

123. 30672213　H1701　运动诱导热休克蛋白表达与心肌缺血再灌注损伤保护的关系及机理研究

刘遂心　中南大学　28 万元　2007-01 至 2009-12　面上项目

124. 30671154　H0904　发作性运动诱发的运动障碍致病基因的定位和鉴定

李洵桦　中山大学　28 万元　2007-01 至 2009-12　面上项目

125. 30600302　H0610　运动员膝关节在体稳定性评价及运动损伤防治的研究

李鉴轶　南方医科大学　21 万元　2007-01 至 2009-12　青年项目

126. 30670543　C1004　运动皮层网络可塑性的神经动力学研究

郝冬梅　北京工业大学　26 万元　2007-01 至 2009-12　青年项目

127. 60674060　F030203　运动员人体力学行为的建模分析和仿真研究

葛运建　中国科学院合肥物质科学研究院　28 万元　2007-01 至 2009-12　面上项目

128. 60605001　F0304　基于图像与三维激光扫描数据的多人运动跟踪方法研究

崔锦实　北京大学　26 万元　2007 - 01 至 2009 - 12　青年项目

129. 30630038　C0702　线粒体融合素 Mitofusin 调控线粒体融合和运动的分子机制

陈佺　中国科学院动物研究所　145 万元　2007 - 01 至 2010 - 12　重点项目

130. 30600699　H1302　休眠面运动神经元在面神经损伤修复中的作用探讨

陈沛　华中科技大学　22 万元　2007 - 01 至 2009 - 12　青年项目

131. 30600188　H0904　脊髓运动神经元发育相关 microRNA 的筛选及鉴定

陈红　华中科技大学　19 万元　2007 - 01 至 2009 - 12　青年项目

132. 30671011　H0220 EPCs 选择性归巢在低氧训练心肌组织血管新生中的作用及机制探讨

郑澜　湖南师范大学　27 万元　2007 - 01 至 2009 - 12　面上项目

133. 50678069　E080101　可持续的体育建筑设计策略研究

孙一民　华南理工大学　28 万元　2007 - 01 至 2009 - 12　面上项目

2007 年

134. 30771048　H0613　线粒体融合与分裂的动态变化在运动能量代谢适应中的作用

张勇　天津体育学院　8 万元　2008 - 01 至 2008 - 12　面上项目

135. 30771047　H0613　基于运动与限食模型对增龄过程中 mtDNA 突变与缺失累积的分子机理研究

文立　天津体育学院　25 万元　2008 - 01 至 2010 - 12　面上项目

136. 30740083　H0201　运动预适应对心肌早期和延迟保护作用机制的研究

潘珊珊　上海体育学院　10 万元　2008 - 01 至 2010 - 12　专项项目

137. 70773011　G031301　2008 年北京奥运会场馆赛后开发与利用研究

林显鹏　北京体育大学　20 万元　2008 - 01 至 2010 - 12　面上项目

138. 10772053　A020503　力量训练与育牛人骨显适应性的生物力学研究

范毅方　广州体育学院　30 万元　2008 - 01 至 2010 - 12　面上项目

139. 30771046　H0609　运动对去卵巢继发骨质疏松大鼠基质金属蛋白酶的影响

卜淑敏　首都体育学院　30 万元　2008 - 01 至 2010 - 12　面上项目

140. 30770746 H0912 与帕金森病运动障碍相关的基底节和丘脑电生理改变

庄平 首都医科大学 30 万元 2008-01 至 2010-12 面上项目

141. 60772157 F010406 基于连续运动信息的自适应可伸缩视频编解码技术研究

赵志杰 哈尔滨商业大学 26 万元 2008-01 至 2010-12 面上项目

142. 30772304 H1701 功能性电刺激改善急性脑梗死大鼠运动功能的分子机制研究

燕铁斌 中山大学 29 万元 2008-01 至 2010-12 面上项目

143. 30700221 C0910 三磷腺苷(ATP)在脊髓背角 C 纤维诱发电位长时程增(LTP)及运动神经元损伤引起病理性疼痛中的作用及机制

信文君 中山大学 17 万元 2008-01 至 2010-12 青年项目

144. 60771033 F010805 动态独立分量分析及其在运动意识脑电分析中的应用

吴小培 安徽大学 30 万元 2008-01 至 2010-12 面上项目

145. 30700389 H0920 去甲肾上腺素系统在体力运动对抗应激性海马损伤效应中作用

王静 军事医学科学院 17 万元 2008-01 至 2010-12 青年项目

146. 30700388 H0203 PKC 在穴位电刺激预处理抑制超负荷训练后心肌细胞过度凋亡中的作用

杨翼 武汉体育学院 16 万元 2008-01 至 2010-12 青年项目

147. 30770554 C1004 近红外光谱技术在耐力运动中对肌氧监测的实现及应用

徐国栋 武汉体育学院 26 万元 2008-01 至 2010-12 面上项目

148. 30772195 H0601 膝关节高屈曲过程中髌股关节的运动轨迹与生物力学行为

周一新 北京积水潭医院 30 万元 2008-01 至 2010-12 面上项目

149. 30771050 H0904 纹状体对运动性中枢疲劳的调控作用及其机制研究

乔德才 北京师范大学 30 万元 2008-01 至 2010-12 面上项目

150. 30700390 H0608 一氧化氮对运动大鼠骨骼肌铁代谢调控机制的研究

刘玉倩　河北师范大学　17 万元　2008 - 01 至 2010 - 12　青年项目

151. 30770888　H0201　感觉 - 运动神经对心肌调控的机理研究

李振中　山东大学　30 万元　2008 - 01 至 2010 - 12　面上项目

152. 60710400017　F030203　运动员人体力学行为的运动学分析与动力学建模

葛运建　中国科学院合肥物质科学研究院　3.5 万元　2007 - 12 至 2009 - 12　国际合作项目

153. 30771185　H0801　应用转基因斑马鱼研究肿瘤抑制基因 alpha - catenin 在造血干细胞中的功能

邓敏　上海交通大学　34 万元　2008 - 01 至 2010 - 12　青年项目

154. 30772089　H0903　运动神经元在神经病理性疼痛发生中作用机制研究 MAPKs - BDNF 途径的角色

陈会生　中国人民解放军沈阳军区总医院　29 万元　2008 - 01 至 2010 - 12　面上项目

155. 30770617　H1802　基于功能磁共振成像和脑磁图的缺血性脑卒中运动功能康复的纵向研究

艾林　北京市神经外科研究所　36 万元　2008 - 01 至 2010 - 12　面上项目

156. 30772211　H0605　microRNA - 1 和 microRNA - 133 对骨骼肌卫星细胞增殖分化的调控及机制研究

邓忠良　重庆医科大学　27 万元　2008 - 01 至 2010 - 12　面上项目

157. 30771044　H0610　中药黄芪丹参有效成分促进骨骼肌损伤愈合及其机理的研究

陈世益　复旦大学　30 万元　2008 - 01 至 2010 - 12　面上项目

158. 30771035　H0712　骨骼肌线粒体异常在成年期追赶生长胰岛素抵抗形成中作用

陈璐璐　华中科技大学　29 万元　2008 - 01 至 2010 - 12　面上项目

159. 30770805　C1107　Calpain 可能介导萎缩骨骼肌恢复期的肌节损伤及其防护方案

余志斌　中国人民解放军第四军医大学　30 万元　2008 - 01 至 2010 - 12　面上项目

160. 30701135　H2902　从骨骼肌预防角度探讨坎离颗粒干预慢性心衰作用机制研究

姚成增　上海中医药大学　18 万元　2008 - 01 至 2010 - 12　青年项目

161. 30760256　H0610　运动对兔跟腱断裂术后差异蛋白表达的影响

加莎热特·杰力勒　新疆医科大学　15 万元　2008 - 01　至 2010 - 12　地区项目

162. 30770730　C2108　羽毛球运动员球路预期的脑机制研究

金花　华南师范大学　28 万元　2008 - 01 至 2010 - 12　面上项目

163. 30771043　H0203　缺氧运动心肌 AMPK 调控 HIF - 1 活性及机制的研究

黄庆愿　中国人民解放军第三军医大学　30 万元　2008 - 01 至 2010 - 12　面上项目

164. 30772300　H1701　运动在血管生成素抗内皮细胞凋亡信号转导通路中作用研究

胡永善　复旦大学　29 万元　2008 - 01 至 2010 - 12　面上项目

165. 30740091　C0906　皮层下行反馈投射对运动视觉信息处理的影响

李兵　中国科学院生物物理研究所　15 万元　2008 - 01 至 2008 - 12　专项项目

2008 年

166. 30871216　C1106ChREBP　对低氧训练大鼠骨骼肌酵解的激活机制探讨

周志宏　湖南省体育科学研究所　26 万元　2009 - 01 至 2011 - 12　面上项目

167. 30871214　C1106　骨骼肌线粒体分子生理的整合机制在胰岛素抵抗发生中的作用和运动调控机理

张勇　天津体育学院　30 万元　2009 - 01 至 2011 - 12　面上项目

168. 30810303088　H0608　第 5 届亚洲线粒体研究与医学学会年会暨中国线粒体 2008 国际学术会议

张勇　天津体育学院　6 万元　2008 - 01 至 2009 - 12　国际项目

169. 30840046　H1615 太极拳运动对非小细胞肺癌患者免疫调节作用及机制

研究

虞定海 上海体育学院 9万元 2009-01至2009-12 青年项目

170. 30800541 C1106 运动与营养干预对男子肥胖儿童性激素代谢失衡的影响及其机制研究

严翊 北京体育大学 20万元 2009-01至2011-12 青年项目

171. 30871209 H0610 循环载荷对动物肌腱微损伤与修复影响的研究

王琳 北京体育大学 30万元 2009-01至2011-12 面上项目

172. 30800542 C1106 运动对骨骼肌生长及P13K/AKt/mTOR上游信号通路的研究

史仍飞 上海体育学院 19万元 2009-01至2011-12 青年项目

173. 30870349 C040601 大鼠海马神经发生对低氧适应及其机制研究动物模型建立

娄淑杰 上海体育学院 34万元 2009-01至2011-12 面上项目

174. 30871210 H0610 肌肉损伤机制的神经肌肉骨骼系统建模与仿真研究

刘宇 上海体育学院 33万元 2009-01至2011-12 面上项目

175. 30870600 C100101 前交叉韧带损伤机制及危险因素的生物力学研究

刘卉 北京体育学院 23万元 2009-01至2011-12 面上项目

176. 30871213 C1106 mTOR/S6k信号传导通路与运动改善胰岛素抵抗关系的研究

傅力 天津体育学院 28万元 2009-01至2011-12 面上项目

177. 30872408 H0904 跨大脑半球运动功能重组的神经网络连接性研究

刘含秋 复旦大学 31万元 2009-01至2011-12 面上项目

178. 30800397 H0203 高脂饮食直接诱发心肌胰岛素抵抗机制及运动对其改善作用

李秋霞 陕西师范大学 20万元 2009-01至2011-12 青年项目

179. 30870768 C2102 胚胎期铅暴露对感觉运动门控的影响及其分子机制

何淑嫦 北京大学 34万元 2009-01至2011-12 面上项目

180. 30872718 H0203 eNOS-线粒体转位障碍诱发老龄心肌胰岛素抵抗及运动对其的改善作用

高峰 中国人民解放军第四军医大学 35万元 2009-01至2011-12 面

上项目

181. 30872626　H0605　周围神经损伤后丙戊酸对脊髓前角运动神经元保护机制研究

崔树森　吉林大学　30 万元　2009 - 01 至 2011 - 12　面上项目

182. 30801157　H0605　脊神经前根吻合重建脊髓损伤肢体运动功能的基础研究

钟贵彬　上海交通大学　19 万元　2009 - 01 至 2011 - 12　青年项目

183. 30872736　H1701　强制性运动疗法促进脑缺血后海马新生神经细胞存活的 DNA 甲基化调控机制

赵传胜　中国医科大学　30 万元　2009 - 01 至 2011 - 12　面上项目

184. 30872658　H0904　RIP2/caspase - 1 路径在 ALS 模型小鼠脊髓运动神经元细胞凋亡中的重要作用

张文华　山东大学　37 万元　2009 - 01 至 2011 - 12　面上项目

185. 60872069　F010402　基于 3D 视频的运动分割与 3D 运动估计

于慧敏　浙江大学　30 万元　2009 - 01 至 2011 - 12　面上项目

186. 30800356　H0904　内源性逆转录病毒糖蛋白(syncytin) 在运动神经元病的表达及其介导的运动神经元损伤

姚源蓉　天津医科大学　20 万元　2009 - 01 至 2011 - 12　青年项目

187. 30840086　H1701　急性脊髓损伤 MR - DWI 信息的运动表象及其病理学基础研究

王绍武　大连医科大学　9 万元　2009 - 01 至 2009 - 12　专项项目

188. 30800361　H0919　新生期阻断谷氨酸 NMDA 受体对大鼠感觉运动门控和 NRG1 - ErbB 信号系统的影响

苏允爱　北京大学　18 万元　2009 - 01 至 2011 - 12　青年项目

189. 60801053　F010401　AVR 虚拟人几何与运动重建的研究

刘渭滨　北京交通大学　18 万元　2009 - 01 至 2011 - 12　青年项目

190. 60805016　F030410　基于视频序列的三维人体结构及运动重建技术研究

刘侍刚　西安交通大学　20 万元　2009 - 01 至 2011 - 12　青年项目

191. 30872097 H2603 维生素 B1、B2、PP 提高机体耐低氧能力的作用及其代

谢机制的研究

郭长江 中国人民解放军军事医学科学院 32万元 2009-01至2011-12 面上项目

192. 30871215 C1106 早期游泳锻炼对大鼠成年后代谢综合征影响的神经-内分泌机制研究

何玉秀 河北师范大学 30万元 2009-01至2011-12 面上项目

193. 30860075 C0508 肌球蛋白动力冲程及肌肉收缩的研究

郭维生 内蒙古大学 25万元 2009-01至2011-12 地区项目

194. 30800543 H0610 干扰素抑制损伤骨骼肌纤维化作用的信号通路研究

陈疾忤 复旦大学 21万元 2009-01至2011-12 青年项目

195. 30871340 C060201 人类心脏和肌肉特异表达基因Smyd1在心肌肥大中作用研究

王跃群 湖南师范大学 35万元 2009-01至2011-12 面上项目

196. 10801133 A0111 "合金标准"下测量误差校正模型及其在体育运动数据中的应用

张三国 中国科学院大学 17万元 2009-01至2011-12 青年项目

197. 40881320442 D05 2008年北京奥运会及类似重大体育事件的临近天气预报和水文气象问题研讨会

俞小鼎 中国气象局气象干部培训学院 6万元 2009-01至2009-12 国际合作项目

198. 70873054 G0304 "后奥运期"我国体育创意产业发展的路径和模式研究

王玉珠 聊城大学 24万元 2009-01至2011-12 面上项目

199. 30872628 H0608 颈7神经根切断后靶肌肉蛋白组学运动终板和电生理变化研究

徐雷 复旦大学 28万元 2009-01至2011-12 面上项目

200. 30801163 H0610 人体足内侧纵弓力学重建的解剖学和生物力学研究

杨云峰 同济大学 22万元 2009-01至2011-12 青年项目

201. 30872620 H0610 循环牵伸载荷所致肌腱病的机械-生物化学信号转导途径及其作用机制研究

唐康来 中国人民解放军第三军医大学 35 万元 2009 - 01 至 2011 - 12 万元 面上项目

202. 30871211 H0610 延迟性肌肉酸痛 3T31P - MRS/MR - DTI 影像特征与相关分子改变的相关性研究

潘诗农 中国医科大学 29 万元 2009 - 01 至 2011 - 12 面上项目

203. 30871212 C1106 p53 信号稳态与线粒体氧化应激的运动适应研究

丁树哲 华东师范大学 30 万元 2009 - 01 至 2011 - 12 面上项目

204. 30700890 H0215 慢性间歇低氧对脂质代谢影响的机制研究

罗荧荃 中南大学 17 万元 2008 - 01 至 2010 - 12 青年项目

205. 30770769 H0902 认知训练对成功老龄化影响机制的研究

李春波 同济大学 29 万元 2008 - 01 至 2010 - 12 面上项目

2009 年

206. 30940024 C2111 击剑专家级选手运动决策的认知优势及神经机制

周成林 上海体育学院 10 万元 2010 - 01 至 2010 - 12 专项项目

207. 30971412 C1106 运动激活骨骼肌 AMPKa2 - MEF2 通路及其在 GLUT4 转录中的调节作用

张缨 北京体育大学 30 万元 2010 - 01 至 2012 - 12 面上项目

208. 30970896 C2102 复杂运动条件下认知能力和运动技能学习能力的神经心理机制

张剑 上海体育学院 29 万元 2010 - 01 至 2012 - 12 面上项目

209. 30971417 C1106 CaMK 通过 HDACS 5 转录运动诱导性骨骼肌细胞 GLUT4 的调控机制研究

李良刚 成都体育学院 28 万元 2010 - 01 至 2012 - 12 面上项目

210. 30971419 C1106 抗阻训练对红细胞参数的影响及其机制

胡敏 广州体育学院 30 万元 2010 - 01 至 2012 - 12 面上项目

211. 10972062 A020503 运动专项空中技术动作控制的建模与仿真研究

郝卫亚 国家体育总局体育科学研究所 34 万元 2010 - 01 至 2012 - 12 面上项目

212. 30971415 C1106 低氧训练对高脂饮食大鼠脂代谢时序性影响

冯连世 国家体育总局体育科学研究所 31 万元 2010 - 01 至 2012 - 12

面上项目

213. 10972061 A020503 踝关节韧带损伤步态动力学评定的生物力学研究

范毅方 广州体育学院 34 万元 2010 - 01 至 2012 - 12 面上项目

214. 30971422 H1015 过度运动引起的吞噬细胞得过氧化损伤及其防护研究

陈佩杰 上海体育学院 31 万元 2010 - 01 至 2012 - 12 面上项目

215. 70973080 C0306 我国经济发达地区体育公共服务体系与供给模式研究 - 以上海、杭州为例

曹可强 上海体育学院 28 万元 2010 - 01 至 2012 - 12 面上项目

216. 30971418 C1106 PSA/NCAM 信号通路介导力端运动对学习记忆能力影响的作用机制研究

袁琼嘉 成都体育学院 31 万元 2010 - 01 至 2012 - 12 面上项目

217. 30971411 C1106 运动激活骨骼肌蛋白质降解途径的信号转导研究

王瑞元 北京体育大学 31 万元 2010 - 01 至 2012 - 12 面上项目

218. 30900709 C1106 运动对大鼠脑缺血早期海马脑区抗坏血酸变化影响的活体动态研究

刘坤 首都体育学院 20 万元 2010 - 01 至 2012 - 12 青年项目

219. 30973056 H0606 CSM4B 骨骼肌前体细胞移植治疗失神经骨骼肌萎缩

徐建光 复旦大学 29 万元 2010 - 01 至 2012 - 12 面上项目

220. 30971471 C0704 衰老过程中骨骼肌萎缩的机制研究

王晓南 首都医科大学 31 万元 2010 - 01 至 2012 - 12 面上项目

221. 30973051 H0601 感觉神经元与骨骼肌细胞之间的信息传递探讨

李振中 山东大学 32 万元 2010 - 01 至 2012 - 12 面上项目

222. 30973112 H0906 皮层电刺激联合康复锻炼对大鼠脑缺血模型运动区突触可塑性的作用及机制

曹勇 首都医科大学 31 万元 2010 - 01 至 2012 - 12 面上项目

223. 30973155 H0907 跑步训练对大脑白质神经纤维老年改变作用的研究

唐勇 重庆医科大学 34 万元 2010 - 01 至 2012 - 12 面上项目

224. 30940077 H1701 心肌梗死前后联合运动训练对大鼠生存率、左室重构和心脏功能的影响

洪华山　福建医科大学　10 万元　2010－01 至 2010－12　专项项目

225. 30973164　H1701　脑机交互康复训练新技术治疗脑损伤后运动功能障碍研究

毕胜　中国人民解放军总医院　31 万元　2010－01 至 2012－12　面上项目

226. 30973805　H2719　慢性疲劳综合征中医推拿干预骨骼肌－脑调节机制研究

房敏　上海市中医药研究院　31 万元　2010－01 至 2012－12　面上项目

227. 30973067　H0605　肌肉收缩应力对骨腱接点愈合处纤维软骨生成的影响

陈鸿辉　暨南大学　23 万元　2010－01 至 2012－12　面上项目

228. 30901517　H0608　人体膝关节体内运动学的性别差异研究

岳冰　上海交通大学　23 万元　2010－01 至 2012－12　青年项目

229. 30901521　H0608　三维活体腕骨运动学研究及病理腕骨运动学变化

徐静　南通大学　20 万元　2010－01 至 2012－12　青年项目

230. 30973034　H0608　胸腰椎损伤运动功能重建的生物力学研究

程黎明　同济大学　31 万元　2010－01 至 2012－12　面上项目

231. 30900710　C1106　抗阻力运动干预 MSTN 表达在改善胰岛素抵抗中的作用及分子机制

唐量　陕西师范大学　21 万元　2010－01 至 2012－12　青年项目

232. 30971413　C1106　肌源性 IL－6 在胰岛素抵抗发生中的作用与机制研究

唐晖　湖南科技大学　30 万元　2010－01 至 2012－12　面上项目

233. 30971416　C1106　丘脑底核神经元对运动疲劳的调控作用及其机制研究

刘晓莉　北京师范大学　32 万元　2010－01 至 2012－12　面上项目

234. 30971414　C1106　运动干预改善 2 型糖尿病大鼠骨骼肌信号通路机制的研究

曹师承　中国医科大学　31 万元　2010－01 至 2012－12　面上项目

235. 30910303010　C1107　Calpain 可能介导萎缩骨骼肌恢复期肌节损伤防护方案

余志斌　中国人民解放军第四军医大学　4 万元　2009 - 07 至 2009 - 12　国际合作项目

236. 30900394　C2101　初级感觉皮层和运动皮层在语义记忆中的作用机制

周爱红　首都医科大学　19 万元　2010 - 01 至 2012 - 12　青年项目

237. 30900436　C0904　运动神经损伤引起 DRG 神经元电压门控钠通道上调及其机制

臧颖　中山大学　21 万元　2010 - 01 至 2012 - 12　青年项目

238. 60903134　F020503　基于张量分析及流形学习的三维人体运动参数化编辑与合成

肖俊　浙江大学　17 万元　2010 - 01 至 2012 - 12　青年项目

239. 60932001　F010909　微型传感器人体运动信息融合的理论和方法

吴健康　中国科学院大学　180 万元　2010 - 01 至 2013 - 12　重点项目

240. 60975024　F030408　人的运动视觉跟踪与姿态分析稳健算法研究

王向阳　上海大学　32 万元　2010 - 01 至 2012 - 12　面上项目

241. 30971421　H0203　S100A4 蛋白对运动氧化应激心血管内皮细胞凋亡的调控

王天辉　中国人民解放军军事医学科学院　30 万元　2010 - 01 至 2012 - 12　面上项目

242. 30972813　H1701　急性脊髓挫裂伤 MR - DWI 的运动表象及其病理学基础研究

王绍武　大连医科大学　32 万元　2010 - 01 至 2012 - 12　面上项目

243. 30972494　H2606　有氧运动对肥胖青少年心理健康促进作用及相关脑机制研究

陶芳标　安徽医科大学　32 万元　2010 - 01 至 2012 - 12　面上项目

244. 30973167　H1701　意向性运动疗法干预后 PICK1 对局灶性脑缺血突触可塑性影响机制的实验研究

汤清平　湖南中医药大学　30 万元　2010 - 01 至 2012 - 12　面上项目

245. 30900406　C2105　刺激相关和意图相关运动年老化及其认知训练的脑机制研究

牛亚南　中国科学院心理研究所　19 万元　2010 - 01 至 2012 - 12　青年

项目

246. 30970965　C0907　听觉反馈调控发声运动的神经机制研究

刘汉军　中山大学　30 万元　2010 - 01 至 2012 - 12　面上项目

247. 60905024　F030411　基于 BOLD - fMRI 的脑卒中运动神经可塑性与运动功能评价的建模研究

李炜　华中科技大学　19 万元　2010 - 01 至 2012 - 12　青年项目

248. 30971427　H2101　swiprosin - 1 在运动病发病中的作用研究

李玲　中国人民解放军第二军医大学　31 万元　2010 - 01 至 2012 - 12　面上项目

249. 50975009　E050102　应用触觉交互的人手运动功能虚拟康复系统关键问题研究

李继婷　北京航空航天大学　31 万元　2010 - 01 至 2012 - 12　面上项目

250. 30973165　H1701　虚拟环境同步减重步态训练干预脑梗死患者后动态三维运动学矢量力学动态肌电与相关脑区 fMRI 的关系

黄东锋　中山大学　31 万元　2010 - 01 至 2013 - 12　面上项目

251. 30900326　H1809　运动想象脑结构和功能网络定量分析方法研究

高晴　电子科技大学　22 万元　2010 - 01 至 2012 - 12　青年项目

252. 30970891　C2101　视觉运动识别中信息整合的认知神经机制

丁锦红　首都师范大学　31 万元　2010 - 01 至 2012 - 12　面上项目

253. 30971002 H0911 突变 SOD1 蛋白氧化修饰导致肌萎缩侧索硬化中运动神经元死亡研究

崔丽英　中国医学科学院　32 万元　2010 - 01 至 2012 - 12　面上项目

254. 30911120496　H0904　SOD1 蛋白翻译后氧化修饰与肌萎缩侧索硬化中运动神经死亡的关系

崔丽英　中国医学科学院　45 万元　2010 - 01 至 2012 - 12　国际合作项目

255. 30960352　H1003　糖尿病动脉硬化 Toll 样受体表达及运动干预的影响

陈青云　广西医科大学　21 万元　2010 - 01 至 2012 - 12　地区项目

256. 30971424　C1107　模拟失重环境下肌肉萎缩与肌肉痛相互关系的研究

尤浩军　西安交通大学　31 万元　2010 - 01 至 2012 - 12　面上项目

257. 60903121　F020502　一种统一的具有可分级的体育视频内容理解方法

研究

钱学明　西安交通大学　18 万元　2010 - 01 至 2012 - 12　青年项目

258. 10974129　A040505　基于混沌动力学研究运动肌肉发声机理及应用技术研究

闵一建　陕西师范大学　39 万元　2010 - 01 至 2012 - 12　面上项目

2010 年

259. 81072725 H2703“损伤血瘀证”细胞凋亡免疫状态变化规律及黄芪对其干预作用研究

蓝肇熙　成都体育学院　30 万元　2011 - 01 至 2013 - 12　面上项目

260. 31000523　C1106　增龄和预运动训练在 MPTP 致小鼠帕金森发病中的作用:线粒体自噬途径的分子生理学机制

姜宁　天津体育学院　19 万元　2011 - 01 至 2013 - 12　青年项目

261. 61040029　F030203　基于复杂网络视角下的中国专业运动员社会网络结构研究

黄谦　西安体育学院　10 万元　2011 - 01 至 2011 - 12　青年项目

262. 31071032　C1106　有氧耐力相关功能型分子标记生物学活性研究

胡扬　北京体育大学　30 万元　2011 - 01 至 2013 - 12　面上项目

263. 314040044　C1106　运动对淀粉样胎所致 AD 模型学习记忆的影响及机制

赵丽　北京体育大学　10 万元　2011 - 01 至 2011 - 12　专项项目

264. 81011120047　C1106　mtDNA 多态性与纯种赛马运动耐力运动能力的关联研究

张勇　天津体育学院　9 万元　2010 - 01 至 2012 - 12　国际合作项目

265. 31071040　C1106　线粒体移动参与骨骼肌有氧能量代谢调节的分子机制

张勇　天津体育学院　33 万元　2011 - 01 至 2013 - 12　面上项目

266. 31071034　C1106　雄激素对运动骨骼肌 mTOR 信号的调控及机理

曾凡星　北京体育大学　33 万元　2011 - 01 至 2013 - 12　面上项目

267. 31000522　C1106　运动低氧对慢性疲劳综合症动物模型免疫调节作用及其机制

王茹 上海体育学院 19 万元 2011－01 至 2013－12 青年项目

268. 31071033 C1106 有氧运动诱导衰老血管功能重塑的平滑肌 K 通道机制

石丽君 北京体育大学 36 万元 2011－01 至 2013－12 面上项目

269. 61001195 F010407 基于多摄像机和球类比赛概率图模型比赛信息获取方法研究

沈乐君 成都体育学院 19 万元 2011－01 至 2013－12 青年项目

270. 11002036 A020503 跑步经济性的运动生物力学机制研究

任占兵 广州体育学院 20 万元 2011－01 至 2013－12 青年项目

271. 31071031 C1106 蛋白激酶 C 介导运动预适应心肌保护效应及分子

潘珊珊 上海体育学院 33 万元 2011－01 至 2013－12 面上项目

272. 51009113 E091002 基于数值模拟多帆运动帆船帆算空气动力性能研究及应用

马勇 武汉体育学院 20 万元 2011－01 至 2013－12 面上项目

273. 81070995 H0910 研究 microRNA 靶向 nNOS 基因调控臂丛根性撕脱伤运动神经元凋亡和再生进程的分子机

周丽华 中山大学 32 万元 2011－01 至 2013－12 面上项目

274. 81000541 H0912 自噬在肌萎缩侧索硬化小鼠模型运动神经元变性死亡中的关键作用机制研究

张晓洁 中国科学院上海生命科学研究院 20 万元 2011－01 至 2013－12 青年项目

275. 81071022 H0912 帕金森病对大脑运动皮层神经网络构建影响的活体研究

许彤辉 华中科技大学 35 万元 2011－01 至 2013－12 面上项目

276. 81071479 H0605 桡骨远端骨折严重畸形愈合和远尺桡关节不稳定的活体三维运动学研究

谢仁国 南通大学 31 万元 2011－01 至 2013－12 面上项目

277. 31070914 C2104 多次服用抗运动病药物对特因空间和特征注意加工的影响

王林杰 中国航天员科研训练中心 30 万元 2011－01 至 2013－12 面上

项目

278. 31070959　C0904　中枢组胺能神经系统对小脑和基底神经节神经元活动和运动调控功能的作用

王建军　南京大学　38 万元　2011 - 01 至 2013 - 12　面上项目

279. 81000853　H1701　运动对大鼠损伤远端脊髓内运动神经元保护作用和机制研究

王红星　南京医科大学　20 万元　2011 - 01 至 2013 - 12　青年项目

280. 81072919　H2902　芍药甘草汤调节高胆固醇血症兔 Oddi 括约肌肌细胞运动信号传导机制的研究

王长淼　大连医科大学　32 万元　2011 - 01 至 2013 - 12　面上项目

281. 81071585　H1511　国人运动性横纹肌溶解血清肌酸激酶高反应者 ACE/CK - MM 基因多态性研究

孟庆义　中国人民解放军总医院　32 万元　2011 - 01 至 2013 - 12　面上项目

282. 81060012　H0201　高原地区运动员心脏性综合征发生的前期机制及干预性研究

柳茵　青海大学附属医院　23 万元　2011 - 01 至 2013 - 12　地区项目

283. 81071599　H1701　Olig2 对成体损伤脊髓运动神经元发生的调控及功能修复作用

廖维宏　中国人民解放军第三军医大学　31 万元　2011 - 01 至 2013 - 12　面上项目

284. 81070985　H0910　多效生长因子 Pleiotrophin 在周围神经损伤后倾向性运动神经再支配中的作用及机制

李进　华中科技大学　32 万元　2011 - 01 至 2013 - 12　面上项目

285. 81072858　H2718　谷氨酸递质及其受体在电针改善帕金森病模型大鼠运动症状中的作用及机制研究

贾军　首都医科大学　33 万元　2011 - 01 至 2013 - 12　面上项目

286. 81070026　H0107　耐力运动诱导肾上腺髓质细胞转分化对运动性支气管痉挛的影响及其机制

胡成平　中南大学　32 万元　2011 - 01 至 2013 - 12　面上项目

287. 81072374　H2610　中国汉族人群运动神经元病相关基因的分子流行病学研究

邓敏　北京大学　38 万元　2011 - 01 至 2013 - 12　面上项目

288. 61040009　F020508　基于单目视频的人体三维运动姿态恢复方法研究

陈姝　湘潭大学　10 万元　2011 - 01 至 2011 - 12　专项项目

289. 81070986　H0910　miR - 93 调控脊髓运动神经元轴突生长及损伤再生新靶点研究

陈红　华中科技大学　32 万元　2011 - 01 至 2013 - 12　面上项目

290. 81060162　H2101　高原低氧运动对小鼠股四头肌血红素加氧酶 - 1 的影响及其抗疲劳作用机制研究

赵延礼　青海大学　25 万元　2011 - 01 至 2013 - 12　地区项目

291. 81001347　H2301　肌肉挫伤后组织中时间相关基因表达与损伤经历时间研究

孙俊红　山西医科大学　20 万元　2011 - 01 至 2013 - 12　青年项目

292. 81071086　H0919　神经营养因子和自由基代谢异常在迟发性运动障碍神经元变性中的作用

谭云龙　北京回龙观医院　32 万元　2011 - 01 至 2013 - 12　面上项目

293. 81071598　H1701　运动激活激肽释放酶激肽系统促进冠状动脉侧支循环生成的机制

沈梅　大连大学　30 万元　2011 - 01 至 2013 - 12　面上项目

294. 81071141　H1802　缺血性脑卒中后偏瘫患者脑运动功能重组的 fMRI 纵向研究

任燕双　中国中医科学院广安门医院　10 万元　2011 - 01 至 2011 - 12　专项项目

295. 81000684　H1824　脊髓硬膜外电刺激联合减重步行训练对脊髓损伤后神经递质及神经可塑性影响的机制研究

徐红　华中科技大学　20 万元　2011 - 01 至 2013 - 12　青年项目

296. 81070214　H0214　中枢兴奋性和抑制性传入机制在介导运动训练改善高血压中的作用研究

王伟忠　中国人民解放军第二军医大学　34 万元　2011 - 01 至 2013 - 12

面上项目

297. 31030041　C060604　Myostatin 调控的 miRNAs 在骨骼肌发育中的功能及表达调控的分子机制

朱大海　中国医学科学院基础医学研究所　210 万元　2011 - 01 至 2014 - 12　重点项目

298. 91019010　C06　Myostatin 调节的 miRNAs 基因在骨骼肌发育和肌干细胞激活中的表观遗传调控

张勇　中国医学科学院基础医学研究所　55 万元　2011 - 01 至 2013 - 12　面上项目

299. 61075101　F030605　骨骼肌生物力学原理及新一代仿生假肢研究

殷跃红　上海交通大学　38 万元　2011 - 01 至 2013 - 12　面上项目

300. 81071231　H1813　手抓握时大脑皮层与上肢肌肉间信息传输的研究

郝冬梅　北京工业大学　10 万元　2011 - 01 至 2011 - 12　面上项目

301. 81041117　H0914　感觉统合训练对 MCI 干预的脑机制研究

李秀艳　潍坊医学院　10 万元　2011 - 01 至 2011 - 12　专项项目

302. 81071595　H1701　康复训练对创伤性脑损伤大鼠海马神经再生及 WntB 信号途径影响的研究

李玲　中国人民解放军总医院　33 万元　2011 - 01 至 2013 - 12　面上项目

303. 81071607　H1701　运动训练调控脑梗死小鼠内源性神经干细胞行为及其机制

胡昔权　中山大学　33 万元　2011 - 01 至 2013 - 12　面上项目

304. 31070983　C2117　视觉训练对正常成年人大脑可塑性的影响:视知觉学习的发生和保持机制

丁玉珑　中山大学　37 万元　2011 - 01 至 2013 - 12　面上项目

305. 81071236　H1813　卒中早期上肢康复训练的疲劳感知建模及验证方法

曹力　南京航空航天大学　32 万元　2011 - 01 至 2013 - 12　面上项目

306. 51075213　E050202　主 - 被动关节康复训练中的柔顺技术基础研究

滕燕　南京理工大学　37 万元　2011 - 01 至 2013 - 12　面上项目

307. 61040052　F030403　语义引导下的细缝裁剪和非均匀映射相结合的体育视频自适应方法

毋立芳 北京工业大学 10 万元 2011 - 01 至 2011 - 12 专项项目

308. 81072853 H2717 传统养生锻炼的随意性呼吸调节与自主神经平衡调节的相关性研究

沈仲元 上海中医药大学 25 万元 2011 - 01 至 2013 - 12 面上项目

309. 31000519 C110304 激活骨骼肌 TRPV1 改善能量代谢和运动耐力的分子机制

罗志丹 中国人民解放军第三军医大学 19 万元 2011 - 01 至 2013 - 12 青年项目

310. 31071039 C1106 基于果蝇转基因沉默表达体系研究运动抗心脏衰老候选基因 Ldhal6b 的功能

郑澜 湖南师范大学 33 万元 2011 - 01 至 2013 - 12 面上项目

311. 31071035 C1106 长期有氧运动增强胰岛素对缺血再灌注心肌保护作用及机制

张昆茹 陕西师范大学 34 万元 2011 - 01 至 2013 - 12 面上项目

312. 31050009 C1106 游泳训练对大鼠脑组织 miRNA 基因表达及其靶基因调控作用机制

张安民 烟台大学 10 万元 2011 - 01 至 2011 - 12 专项项目

313. 31071038 C1106 运动对脑内铁贮存的作用及其意义

肖德生 广州医学院 33 万元 2011 - 01 至 2013 - 12 面上项目

314. 31040045 C1106 有氧运动和 G - CSF 诱导骨髓干细胞归巢促进心肌梗死大鼠心肌细胞的增殖及其机制

田振军 陕西师范大学 10 万元 2011 - 01 至 2011 - 12 专项项目

315. 31060146 C1106 K(ATP)的运动适应性变化在提高心肌缺血耐受性中的作用及其信号转导途径

彭峰林 广西师范大学 20 万元 2011 - 01 至 2013 - 12 地区项目

316. 31060145 C1106 运动性缺铁性贫血及补充铁剂对大鼠重要组织线粒体呼吸链功能的影响

李洁 西北师范大学 20 万元 2011 - 01 至 2013 - 12 地区项目

317. 31071036 C1106 腺苷及其受体在高原运动性中枢疲劳中的作用及机制

黄庆愿 中国人民解放军第三军医大学 35 万元 2011－01 至 2013－12 面上项目

318. 31071037 C1106 胎鼠前庭器官发育过程中运动干预的影响及其机理研究

管振龙 河北师范大学 8 万元 2011－01 至 2011－12 面上项目

319. 31040046 C1106 运动激活肌球蛋白重链转换过程中生肌调节因子的信号转导

苏艳红 辽宁师范大学 10 万元 2011－01 至 2011－12 专项项目

320. 81071517 H0610 慢性踝关节不稳定中踝关节本体感觉功能紊乱的发生机制

徐向阳 上海交通大学 10 万元 2011－01 至 2011－12 面上项目

321. 81071516 H0610 动静态生物力学试验及三维有限元分析研究高空跳伞环境中踝关节易伤机制

伍骥 中国人民解放军空军总医院 33 万元 2011－01 至 2013－12 面上项目

322. 81071515 H0610 Wnts 信号通道在骨质疏松性骨折骨愈合过程中表达及其机制

田庆显 首都医科大学 33 万元 2011－01 至 2013－12 面上项目

323. 81000816 H0610 纳米化修饰对 PET 韧带腱骨愈合影响的实验研究

蒋佳 复旦大学 20 万元 2011－01 至 2013－12 青年项目

2011 年

324. 811700323 H2501 运动对老年性骨质疏松小鼠 Writ 信号传导通路的影响

邹军 上海体育学院 57 万元 2012－01 至 2015－12 面上项目

325. 31171004 C2108 网球运动员知觉预测特征及神经机制

周成林 上海体育学院 64 万元 2012－01 至 2015－12 面上项目

326. 31110103919 C1106 运动干预衰老性肌萎缩:活性氧和线粒体稳态的调控

张勇 天津体育学院 270 万元 2012－01 至 2016－12 国际合作项目

327. 31171140 C1106 低氧训练诱导骨骼肌 ERRa 转录活性及 AMPKα2 影

响的研究

张缨 北京体育大学 57 万元 2012 - 01 至 2015 - 12 面上项目

328. 31100854 C1106 脂滴与线粒体相互作用在运动调节骨骼肌脂代谢中作用机制

张雪琳 首都体育学院 22 万元 2012 - 01 至 2014 - 12 青年项目

329. 31171139 C1106 骨骼肌特异性 microRNA 在运动性损伤后肌肉再生过程中的作用研究

于新凯 上海体育学院 56 万元 2012 - 01 至 2015 - 12 面上项目

330. 11102120 A020503 自由式滑雪空中技巧项目人体调控对出台速度影响的研究

王新 沈阳体育学院 28 万元 2012 - 01 至 2014 - 12 青年项目

331. 11102135 A020503 踝关节外侧韧带损伤机制研究及其危险因素的随机生物力学评定

孟庆华 天津体育学院 25 万元 2012 - 01 至 2014 - 12 青年项目

332. 81171487 H1826 太极拳运动效果脑神经机制的影像学研究

洪友廉 成都体育学院 53 万元 2012 - 01 至 2015 - 12 面上项目

333. 31100853 C1106 PGC - 1s 基因多态性与杰出有氧运动能力的关联及机制研究

何子红 国家体育总局体育科学研究所 22 万元 2012 - 01 至 2014 - 12 青年项目

334. 11172073 A020503 足弓结构与步态行为的生物力学研究

范毅方 广州体育学院 70 万元 2012 - 01 至 2015 - 12 面上项目

335. 8110308004 H0223 第五届亚洲 - 太平洋体育运动科学大会

陈佩杰 上海体育学院 4 万元 2010 - 01 至 2011 - 12 国际合作项目

336. 81173279 H2710 上颈椎失稳的运动力学分析及其动态模型建立

朱立国 中国中医科学院望京医院 57 万元 2012 - 01 至 2015 - 12 面上项目

337. 31171050 C0904 中枢组胺能神经传入对经脑干前庭核和脊髓介导运动调控作用

朱景宁 南京大学 72 万元 2012 - 01 至 2015 - 12 面上项目

338. 81171176　H0910　a－SN 与 miR－138 在脊髓横断伤大鼠大脑运动皮质可塑性中的作用及 miR－138 对 a－SN 的调控

周雪　四川大学　58 万元　2012－01 至 2015－12　面上项目

339. 31171290　C0701　脊髓细胞特异性 miRNAs 调控损伤运动神经元凋亡的分子机制

周丽华　中山大学　50 万元　2012－01 至 2015－12　面上项目

340. 31100753　C2105　运动表象的发展特点及神经机制

张琼　浙江大学　22 万元　2012－01 至 2014－12　青年项目

341. 81141002　H0113　长期间歇性缺氧抑制呼吸运动神经长时程易化的分子机制

张成　北京大学　10 万元　2012－01 至 2012－12　专项项目

342. 31140032　C0710　肌球蛋白 myosinVI 运动机理——单体和二聚体调控的研究

余聪　华中科技大学　10 万元　2012－01 至 2012－12　专项项目

343. 61100111　F020501　基于骨骼运动估计的三维表面恢复研究

于耀　南京大学　21 万元　2012－01 至 2014－12　青年项目

344. 61173055　F020501　风格化人体运动合成新方法研究

夏时洪　中国科学院计算技术研究所　56 万元　2012－01 至 2015－12　面上项目

345. 81100174　H0212　不同运动干预改善心肌梗死大鼠远端血管舒缩功能机制研究

王友华　陕西师范大学　23 万元　2012－01 至 2014－12　青年项目

346. 81100837　H0904　底丘脑核在帕金森病左旋多巴治疗相关运动障碍产生中作用

王勇　西安交通大学　22 万元　2012－01 至 2014－12　青年项目

347. 31100733　C2101　人类视觉系统对生物运动信息的加工特性及其机制

王莹　中国科学院心理研究所　24 万元　2012－01 至 2014－12　青年项目

348. 31100782　C0902　运动型胶质细胞 HNK－1 糖基蛋白对周围神经再生选择性的影响和作用机制

王文进　上海交通大学　24 万元　2012－01 至 2014－12　青年项目

349. 31171338　C0707　PIP5K1C 参与中性粒细胞极性及运动的信号传导机制研究

王平　华东师范大学　60 万元　2012 - 01 至 2015 - 12　面上项目

350. 81171706　H0605　盂肱关节体内运动学和在体解剖学的研究

王建华　上海交通大学　58 万元　2012 - 01 至 2015 - 12　面上项目

351. 61103127　F020502　基于视觉运动词典的视频事件检测研究

王峰　华东师范大学　23 万元　2012 - 01 至 2014 - 12　青年项目

352. 31170897　C100102　主/被运动对抗失重性骨质疏松的对比性研究

孙联文　北京航空航天大学　60 万元　2012 - 01 至 2015 - 12　面上项目

353. 81171866　H1701　运动想象在卒中偏瘫患者运动功能康复中的神经机制研究

邱明国　中国人民解放军第三军医大学　58 万元　2012 - 01 至 2015 - 12　面上项目

354. 81125014　H0605　运动医学

欧阳宏伟　浙江大学　200 万元　2012 - 01 至 2015 - 12　杰青项目

355. 81102644　H2718　电针结合运动疗法干预脊髓损伤大鼠轴突再生的 Rho/ROCK 信号传导机制研究

马睿杰　浙江中医药大学　24 万元　2012 - 01 至 2014 - 12　青年项目

356. 61172134　F010805　基于脑电/眼电的特定运动想象多模式识别方法研究

罗志增　杭州电子科技大学　60 万元　2012 - 01 至 2015 - 12　面上项目

357. 81100969　H0913　发作性运动诱发性肌张力障碍致病基因鉴定和机制研究

柳青　中国医学科学院北京协和医院　23 万元　2012 - 01 至 2014 - 12　青年项目

358. 11172103　A020202　随意运动的大脑皮层控制与相关神经元信号的波形特征

刘深泉　华南理工大学　58 万元　2012 - 01 至 2015 - 12　面上项目

359. 31100766　C0901　电针改善帕金森病模型大鼠运动行为的脑代谢机制研究

刘丽敏　首都医科大学　24 万元　2012 - 01 至 2014 - 12　青年项目

360. 81171855　H1701　运动预处理下调 Glu 对 IRI 保护作用的机制研究

贾杰　复旦大学　58 万元　2012 - 01 至 2015 - 12　面上项目

361. 81100939　H0912　神经损伤修复后靶皮肤血管运动调节功能重建及其机理研究

胡文　南通大学　21 万元　2012 - 01 至 2014 - 12　青年项目

362. 31100794　C0904　下丘脑 - 小脑 Orexin 能通路在运动性学习功能维持中的作用及机制

胡波　中国人民解放军第三军医大学　24 万元　2012 - 01 至 2014 - 12　青年项目

363. 81101452　H17　运动改善多囊卵巢综合征大鼠骨骼肌糖代谢的雄激素机制

林枫　南京医科大学　22 万元　2012 - 01 至 2014 - 12　青年项目

364. 11142012　A020503　人体运动系统对变周期快速动态约束的适应及优化

李树屏　湖北大学　20 万元　2012 - 01 至 2014 - 12　青年项目

365. 61102028　F0108　面向 EEG 信号构建脑功能网络的运动意识分类研究

孔万增　杭州电子科技大学　24 万元　2012 - 01 至 2014 - 12　青年项目

366. 81125013　H0602　运动系统遗传性疾病

蒋青　南京大学　200 万元　2012 - 01 至 2015 - 12　杰青项目

367. 81160460　H2720　新疆特色运动的运动性疲劳维医辩证分型特点及与乳酸代谢关系的研究

方锐　新疆医科大学　50 万元　2012 - 01 至 2016 - 12　地区项目

368. 81171187　H0912　不同 DYNC1H1 突变体在运动与感觉神经元选择性变性中作用

陈向军　复旦大学　60 万元　2012 - 01 至 2015 - 12　面上项目

369. 61100139　F020508　基于高鉴别性模型匹配的人体三维运动跟踪方法研究

陈姝　湘潭大学　21 万元　2012 - 01 至 2014 - 12　面上项目

370. 41140007　D010202　高级人才集群成长研究——以高级科技人才和杰

出体育竞技人才为例

吴殿廷 北京师范大学 20万元 2012-01至2012-12 专项项目

371. 51178126 E080803 人群荷载作用下体育场馆钢结构看台安全性和服务性研究

任珉 广州大学 60万元 2012-01至2015-12 面上项目

372. 51178313 E0801 体育建筑保护与更新研究

钱锋 同济大学 60万元 2012-01至2015-12 面上项目

373. 51178130 E080101 基于全民健身需求的中小城市体育中心设计研究

李玲玲 哈尔滨工业大学 50万元 2012-01至2015-12 面上项目

374. 71172030 G0208 体育赞助对品牌资产的提升及其作用机制研究

江明华 北京大学 44万元 2012-01至2015-12 面上项目

375. 71173067 G031201 大型高碳体育场馆低碳运营影响因素及模式研究

程晓多 黑龙江大学 40万元 2012-01至2015-12 面上项目

376. 81170740 H0712 巨噬细胞在肥胖导致骨骼肌胰岛素抵抗中的作用及肌肉因子逆转其作用的机制研究

牛文彦 天津医科大学 65万元 2012-01至2015-12 面上项目

377. 31171146 C1107 高原低氧慢性损伤/转归个体差异性分子遗传学研究——青藏铁路建设者健康状况的10年随访观察

邱长春 齐齐哈尔医学院 65万元 2012-01至2015-12 面上项目

378. 81160149 H0906 内源性 H_2S 对缺血/低氧所致神经元线粒体损伤的保护作用及机制研究

肖雁 贵州医科大学 50万元 2012-01至2015-12 面上项目

379. 31100669 C100102 肌肉肌腱力学特性改变对脑卒中步态重建的神经肌肉骨骼建模

李乐 中山大学 22万元 2012-01至2014-12 青年项目

380. 81101461 H1701 Nogo-A/NgR1 信号在运动训练调控脑梗死后轴突重塑中的作用机制

温红梅 中山大学 22万元 2012-01至2014-12 青年项目

381. 31171397 C120106 HLH 蛋白 GCIP/CCNDBP1 在肌肉生成中的作用及其机制

马文宾　中山大学　70 万元　2012－01 至 2015－12　面上项目

382. 81102292　H1016　Rictor 调控巨噬细胞趋化运动作用机制的研究

杨睿　天津医科大学　23 万元　2012－01 至 2014－12　青年项目

383. 31100832　C110201　活性氧在慢性间歇性低压低氧适应心脏保护中的作用及信号转导机制的研究

马慧娟　河北医科大学　22 万元　2012－01 至 2014－12　青年项目

384. 51108420　E080301　高温低氧环境对人体动态热湿传递影响机理及其热应力评价模型研究

李国建　浙江理工大学　24 万元　2012－01 至 2014－12　面上项目

385. 81100938　H0911　调控 Follistatin 基因促进全身骨骼肌细胞增生及改善运动功能的研究

郑卉　南方医科大学　22 万元　2012－01 至 2014－12　面上项目

386. 81171867　H1701　白介素－10 在康复训练促进大鼠脑缺血后神经重塑和功能重建中的作用和分子机制

刘楠　福建医科大学　58 万元　2012－01 至 2015－12　面上项目

387. 31160489　C1801　基于心肌、骨骼肌组织线粒体结构功能研究生长期适应性低氧耐受的机制

刘莉　青海大学　50 万元　2012－01 至 2015－12　面上项目

388. 81141054　H2501　mTOR 和 Sirt1 在老年肌肉衰减综合征发病机制中的相互作用及其对线粒体功能的影响

郝延磊　济宁医学院　10 万元　2012－01 至 2012－12　专项项目

389. 81170088　H0201　人类心脏和肌肉高水平表达基因 POP1 在心肌肥大中作用研究

邓云　湖南师范大学　52 万元　2012－01 至 2015－12　面上项目

390. 81171777　H0613　周围神经损伤后失神经肌肉萎缩调控机制的临床基础研究

陈亮　复旦大学　60 万元　2012－01 至 2015－12　面上项目

391. 81101465　H21　Nrf2/ARE 通路在间歇性低压低氧心肌预保护中的作用和机制

郭会彩　河北医科大学　22 万元　2012－01 至 2014－12　青年项目

392. 71101079　G0110　基于体力作业任务参数的肌肉疲劳模型的拓展研究

马靓　清华大学　20 万元　2012 - 01 至 2014 - 12　青年项目

393. 81170070　H0113　Ca^{2+} 信号通路在间歇低氧诱导 OSAS 认知功能障碍中作用

陈锐　苏州大学　14 万元　2012 - 01 至 2012 - 12　面上项目

394. 81160216　H0601　数字化胸椎椎弓根 - 肋骨复合体生物力学分析及应用于脊柱畸形矫形术前规划实验研究

霍洪军　内蒙古医科大学　42 万元　2012 - 01 至 2015 - 12　地区项目

395. 81160215　H0601　新疆维吾尔族小儿马蹄内翻足血管发育异常相关基因研究

艾克巴尔·阿不都热西提　新疆医科大学　34 万元　2012 - 01 至 2015 - 12　地区项目

396. 81171674　H0601　褪黑素通过孤儿核受体 RORalpha 激活 Wnt/beta - catenin 信号通路在人 BMSCs 成脂肪和成骨分化中的作用机制研究

黄东生　中山大学　55 万元　2012 - 01 至 2015 - 12　面上项目

397. 31160217　C1106　石菖蒲及其活性成分抗运动性疲劳的中枢作用机制研究

朱梅菊　井冈山大学　50 万元　2012 - 01 至 2015 - 12　地区项目

398. 31171141　C1106　间歇有氧运动协同骨髓干细胞动员促进心梗大鼠心肌细胞增殖的分子机制研究

田振军　陕西师范大学　52 万元　2012 - 01 至 2015 - 12　面上项目

399. 31100855　C1106　纳米抗氧化营养补剂新剂型对自由基介导的运动性疲劳的保护作用及机制研究

秦黎黎　同济大学　10 万元　2012 - 01 至 2012 - 12　青年项目

400. 31171138　C1106　基底神经节 - 丘脑 - 皮层通路对运动疲劳调控作用的机制研究

乔德才　北京师范大学　60 万元　2012 - 01 至 2015 - 12　面上项目

401. 31100856　C1106　有氧运动对骨骼肌细胞 HDAC 的影响及其在改善胰岛素抵抗过程中机制研究

牛燕媚　天津医科大学　22 万元　2012 - 01 至 2014 - 12　青年项目

402. 31100857　C1106　跑台运动改善不同月龄 AD 转基因小鼠学习和记忆的突触和分子机制研究

刘慧莉　中国医科大学　22 万元　2012 - 01 至 2014 - 12　青年项目

403. 31171142　C1106　线粒体蛋白输入(PIM)的运动适应与调控机制研究

丁树哲　华东师范大学　60 万元　2012 - 01 至 2015 - 12　面上项目

404. 31160218　C1106　运动和营养干预大鼠 FTO 基因表达在预防成年肥胖中的作用

何恩鹏　新疆师范大学　45 万元　2012 - 01 至 2015 - 12　地区项目

405. 31100858　C1106　振动运动干预 CFL2b 基因低表达对骨骼肌糖代谢调控的机制

刘畅　辽宁医学院　22 万元　2012 - 01 至 2014 - 12　青年项目

406. 81171670　H0601　基于步态仿真技术的踝关节动态生物力学分析及临床病理研究

马昕　复旦大学　58 万元　2012 - 01 至 2015 - 12　面上项目

2012 年

407. 31211120166　C110201　慢性低氧诱导适应的分子机制

张翼　河北医科大学　9 万元　2012 - 01 至 2013 - 12　国际合作项目

408. 3121030312　C1108　第一届国际运动认知科学研讨会

周成林　上海体育学院　5 万元　2012 - 01 至 2012 - 12　国际合作项目

409. 51243006　E031301　具整合素结合模块的细菌纤维素真皮仿生支架电化学构建

甄文娟　成都体育学院　15 万元　2013 - 01 至 2013 - 12　专项项目

410. 31271278　C1106　有氧运动调控 APP 小鼠神经元内 Rho/cofilin 信号道路的研究

赵丽　北京体育大学　80 万元　2013 - 01 至 2016 - 12　面上项目

411. 81273096　H2606　能量平衡 - 瘦素对雌性早期肥胖性腺发育不良影响及作用机制

衣雪洁　沈阳体育学院　60 万元　2013 - 01 至 2016 - 12　面上项目

412. 81273095　H2606　肥胖儿童姿势控制能力下降机制及运动减重干预效果的研究

徐冬青　天津体育学院　16 万元　2013 - 01 至 2013 - 12　面上项目

413. 31271275　C1112　线粒体更新在老龄化骨骼肌 mtDNA 突变积累中的作用及 mTORC1 信号通路的调控机制

文立　天津体育学院　80 万元　2013 - 01 至 2016 - 12　面上项目

414. 31271274　C1106　耐力运动对雌激素受体表达和活性的影响和机制以及雌激素受体对运动能力的影响

王晓慧　上海体育学院　64 万元　2013 - 01 至 2016 - 12　面上项目

415. 31271277　C1106　运动影响骨骼肌微管调控线粒体结构和功能的机制研究

王瑞元　北京体育大学　80 万元　2013 - 01 至 2016 - 12　面上项目

416. 81272010　H0605　乙醛脱氧酶 2 在骨骼肌运动性损伤中的作用及其机制

孙孟炜　上海体育科学研究所　70 万元　2013 - 01 至 2016 - 12　面上项目

417. 31270998　C100102　偏瘫步态的生物力学仿真与康复研究

钱竟光　南京体育学院　80 万元　2013 - 01 至 2016 - 12　面上项目

418. 81201409　H0605　慢病毒载体介导的 LMP - 1/HIF - 1 修饰的脂肪酸性干细胞高效定向成骨分化的实验研究

潘玮敏　西安体育学院　23 万元　2013 - 01 至 2016 - 12　青年项目

419. 51279154　E091002　多帆运动帆船操控运动船体流场数值模拟研究及应用

马勇　武汉体育学院　80 万元　2013 - 01 至 2016 - 12　面上项目

420. 11272068　A020303　振动被在振动训练中对肌肉作用效果的生物力学机理研究

刘北湘　成都体育学院　80 万元　2013 - 01 至 2016 - 12　面上项目

421. 51273028　E0315　人工关节用名向同性自增强聚乙烯共混物的制备与性能研究

何本祥　成都体育学院　80 万元　2013 - 01 至 2016 - 12　面上项目

422. 71273180　G030604　中国情境下竞争合作型体育团队的冲突与干预

董传升　沈阳体育学院　51 万元　2013 - 01 至 2016 - 12　面上项目

423. 31271273　C1106　骨骼肌损伤修复过程中巨噬细胞的作用及 IGF - 1/

MGF 干预效果与机制研究

陈佩杰 上海体育学院 80 万元 2013－01 至 2016－12 面上项目

424. 31271473 C0705 低氧对线粒体铁蛋白表达的调控及其机制研究

赵保路 河北师范大学 80 万元 2013－01 至 2016－12 面上项目

425. 31271175 C0906 自身运动认知中眼动补偿的神经机制

张弢 中国科学院心理研究所 85 万元 2013－01 至 2016－12 面上项目

426. 81201502 H1701 早期运动干预促进脑缺血再灌注损伤神经功能恢复线粒体机制

张琦 复旦大学 23 万元 2013－01 至 2015－12 青年项目

427. 61273361 F030704 大脑运动想象系统信息表征提取算法与模式识别研究

张江 电子科技大学 82 万元 2013－01 至 2016－12 面上项目

428. 81201512 H1701 运动预处理通过 mitoKATP 所介导的信号通路诱发脑缺血耐受的机制研究

张峰 河北医科大学 23 万元 2013－01 至 2015－12 青年项目

429. 81200252 H2501 经鼻施予丙酸睾丸酮对老年运动行为和运动技能的改善及相关机制

张国梁 河北医科大学 23 万元 2013－01 至 2015－12 青年项目

430. 61271362 F010403 基于图模型的人体运动捕获数据检索研究

肖秦琨 西安工业大学 65 万元 2013－01 至 2016－12 面上项目

431. 81200169 H0212 微小 RNA－222 与运动诱导的生理性心肌肥大的关系

肖俊杰 同济大学 24 万元 2013－01 至 2015－12 青年项目

432. 31271172 C0905 以果蝇为模型探讨非傅立叶运动感知神经机制

武志华 中国科学院生物物理研究所 63 万元 2013－01 至 2016－12 面上项目

433. 81271440 H0913 基于运动皮层兴奋性的青少年偏头痛脑磁图研究

王小姗 南京医科大学 70 万元 2013－01 至 2016－12 面上项目

434. 31271155 C0902 脊髓运动神经元的突触可塑性及其细胞和分子机制

汪萸芽 皖南医学院 80 万元 2013－01 至 2016－12 面上项目

435. 61262037 F020502 基于视频流体模型的人体运动特征提取与运动过程语义建模

唐权华 江西师范大学 43 万元 2013 - 01 至 2016 - 12 地区项目

436. 81200871 H0904 D1 - NMDA 受体相互调节参与帕金森运动并发症机制的研究

宋璐 上海交通大学 23 万元 2013 - 01 至 2015 - 12 青年项目

437. 81273088 H2605 基于非线性混合效应模型的脑瘫儿童运动功能发育进程及影响因素研究

史惟 复旦大学 16 万元 2013 - 01 至 2013 - 12 青年项目

438. 61201302 F010805 基于运动想象脑功能网络节点加权支持向量分类方法研究

佘青山 杭州电子科技大学 25 万元 2013 - 01 至 2015 - 12 青年项目

439. 61202298 F020503 不完整人体运动捕获数据中的姿态与行为识别技术研究

彭淑娟 华侨大学 24 万元 2013 - 01 至 2015 - 12 青年项目

440. 81271559 H1802 重复经颅磁刺激治疗脑卒中后运动功能障碍的影像学机制

母其文 川北医学院 60 万元 2013 - 01 至 2016 - 12 面上项目

441. 81241045 H0910 卒中后运动系统跨突触变性机制和重复磁刺激干预研究

刘明生 中国医学科学院北京协和医学研究所 10 万元 2013 - 01 至 2013 - 12 专项项目

442. 61203316 F030511 基于视觉和触觉感知的手势交互及其在运动康复中的应用

刘佳 南京信息工程大学 24 万元 2013 - 01 至 2015 - 12 青年项目

443. 61203074 F030116 基于对运动神经元智能探索的新型自适应学习控制研究

李靖 西安电子科技大学 26 万元 2013 - 01 至 2015 - 12 青年项目

444. 81272169 H1701 脑卒中早期运动调控 IL - 18/NF - κB/MMPs 通路的机制研究

贾杰　复旦大学　70 万元　2013 - 01 至 2016 - 12　面上项目

445. 81272166　H1701　脑卒中偏瘫患者上肢运动功能的生物力学机制研究

黄真　北京大学　70 万元　2013 - 01 至 2016 - 12　面上项目

446. 31270996　C100102　外侧腹部肌群在骨盆运动控制中的作用机制及其在“骨盆带疼痛”中的变化

胡海　上海交通大学　80 万元　2013 - 01 至 2016 - 12　面上项目

447. 61233015　F030706　基于外周神经接口的运动功能重建的基础理论与关键技术

何际平　华中科技大学　300 万元　2013 - 01 至 2017 - 12　重点项目

448. 81202749　H2718　针灸预处理防治运动性 Th1/Th2 细胞失衡的效应及作用机制

高明　上海中医药大学　23 万元　2013 - 01 至 2015 - 12　青年项目

449. 31240086　C1105　饮食与运动干预对 F0 雄性 C57BL/6 小鼠 DNA 甲基化修饰的影响及其与后代小鼠肥胖易感性关系的研究

傅力　天津医科大学　15 万元　2013 - 01 至 2013 - 12　专项项目

450. 81271581　H1805　心肌运动与心肌纤维排列方向关系的超声研究

邓又斌　华中科技大学　60 万元　2013 - 01 至 2016 - 12　面上项目

451. 61271138　F010810　小儿脑瘫运动障碍评估及神经肌肉控制策略研究

陈香　中国科学技术大学　76 万元　2013 - 01 至 2016 - 12　面上项目

452. 31271200　C0913　纹状体脑区 NR2B 亚基在运动学习记忆中的作用及机制研究

曹晓华　华东师范大学　78 万元　2013 - 01 至 2016 - 12　面上项目

453. 81271105　H1402　低氧对骨髓间充质干细胞成骨分化的影响及机制研究

魏奉才　山东大学　70 万元　2013 - 01 至 2016 - 12

454. 71273157　G0309　基于多色集合体育目标层化整合指标管理检测系统与实证应用研究

伊向仁　山东大学　52 万元　2013 - 01 至 2016 - 12　面上项目

455. 71250003　G01　体育活动对高校大学生心理健康影响的分析与评价

束景丹　中国农业大学　10 万元　2013 - 01 至 2013 - 12　专项项目

456. 51208306 E080101 基于赛后利用原则的重大体育赛事场馆规划设计研究

彭小松 深圳大学 25 万元 2013-01 至 2016-12 青年项目

457. 51275101 E050703 基于脑电与肌电运动意图识别的脑卒中主动康复训练模式与系统研究

张秀峰 国家康复辅具研究中心 80 万元 2013-01 至 2016-12 面上项目

458. 31271288 C1111 跑步训练对老年大脑白质毛细血管的作用及机制研究

唐勇 重庆医科大学 80 万元 2013-01 至 2016-12 面上项目

459. 31271287 C1111 低氧/HIF 对小鼠成纤维细胞直接重编程为心肌细胞的作用及机制的研究

刘慧雯 哈尔滨医科大学 80 万元 2013-01 至 2016-12 面上项目

460. 81271684 H1817FES 运动康复训练的自适应控制方法研究

蓝宁 上海交通大学 140 万元 2013-01 至 2016-12 面上项目

461. 81200962 H0910 增强反向抑制的视觉训练在脑卒中后偏盲视觉功能恢复中的作用和神经电生理机制

王优 南方医科大学 23 万元 2013-01 至 2015-12 青年项目

462. 81200070 H0201 PGC-1 在慢性间歇性低压低氧适应心脏保护中作用及机制

马会杰 河北医科大学 23 万元 2013-01 至 2015-12 青年项目

463. 81270921 H0714 肌肉因子白介素-15 在运动减轻肥胖中的作用及机制

张靓 北京师范大学 16 万元 2013-01 至 2013-12 面上项目

464. 81201514 H1701 Connexin43 半通道/缝隙连接在康复训练促进创伤性脑损伤大鼠神经再生中的作用的研究

江山 中国人民解放军总医院 23 万元 2013-01 至 2015-12 青年项目

465. 31200794 C2108 太极拳锻炼对老年人前额叶执行功能的影响:一项多模态磁共振研究

魏高峡 中国科学院心理研究所 21 万元 2013-01 至 2015-12

466. 11202077　A020503　基于神经网络 PID 控制在人体头颈部有限元模型中实现肌肉主动控制的理论和方法

黄晶　湖南大学　26 万元　2013 - 01 至 2015 - 12　青年项目

467. 61202237　F020508　基于面部肌肉运动模型的三维人脸表情识别研究

黄迪　北京航空航天大学　25 万元　2013 - 01 至 2015 - 12

468. 81272154　H1701　有氧运动改善早期老年痴呆症患者脑血流灌注和脑功能的生理和分子机制研究

朱永胜　中国人民解放军第四军医大学　66 万元　2013 - 01 至 2016 - 12　面上项目

469. 11274217　A040503　“骨 - 肌腱 - 肌肉”耦合结构的声效应及其劳损检测

郭建中　陕西师范大学　88 万元　2013 - 01 至 2016 - 12　面上项目

470. 31271276　C1106　低氧对大鼠 EIMD 肌纤维膜损伤的影响机制研究

徐玉明　杭州师范大学　80 万元　2013 - 01 至 2016 - 12　面上项目

471. 31250004　C1106　利用 RNAi 技术对有氧运动改善胰岛素抵抗的组织特异性机制研究

唐晖　湖南科技大学　15 万元　2013 - 01 至 2013 - 12　专项项目

472. 31200893　C1106　运动的抗抑郁机制——线粒体介导的炎症反应与神经元胰岛素抵抗研究

刘微娜　华东师范大学　23 万元　2013 - 01 至 2015 - 12　青年项目

473. 31260251　C1106　西北高原环境下运动氧化应激与免疫反应相关联的生物学标志研究

董静梅　兰州城市学院　52 万元　2013 - 01 至 2016 - 12　地区项目

474. 31200894　C1106　运动促衰老卫星细胞成肌分化中线粒体嵴成熟及活性氧调控机制研究

薄海　中国人民武装警察部队后勤学院　23 万元　2013 - 01 至 2015 - 12　青年项目

475. 81273870　H2719　按摩改善受损肌肉组织微循环重构及有氧代谢相关酶活性变化促进急性肌肉损伤临床康复机理研究

唐成林　重庆医科大学　72 万元　2013 - 01 至 2016 - 12　面上项目

476. 81201435 H0610 a－2 巨球蛋白对 ACL 损伤致创伤性关节炎的早期诊断和治疗作用的研究

王少伟 山西医科大学 23 万元 2013－01 至 2015－12 青年项目

477. 81241064 H0610 肘关节内翻－后内侧旋转不稳定的系统生物力学和临床研究

蒋协远 北京积水潭医院 10 万元 2013－01 至 2013－12 专项项目

478. 81272050 H0610 不同条件运动负荷下关节软骨细胞表型的变化及相关机制

白伦浩 中国医科大学 70 万元 2013－01 至 2016－12 面上项目

2013 年

479. 31371201 C1106 有氧运动逆转原发性高血压脑动脉钙火花/STOCs 耦联机制

石丽君 北京体育大学 77 万元 2014－01 至 2017－12 面上项目

480. 11372223 A020503 不确定环境导致踝关节外侧韧带随机损伤的生物力学机制

孟庆华 天津体育学院 78 万元 2014－01 至 2017－12 面上项目

481. 31371197 C1106 运动锻炼对雌激素缺乏所致抑郁样行为的影响及其机制研究

间坚强 上海体育学院 85 万元 2014－01 至 2017－12 面上项目

482. 11372194 A020503 短跑时互动力矩对肢体动力学与神经肌肉系统控制影响研究

刘宇 上海体育学院 78 万元 2014－01 至 2017－12 面上项目

483. 31370021 C1106 预运动训练诱导的肌诱性白介素－15 对 MPTP 致小鼠帕金森发病的干预:自噬与凋亡平衡的机制研究

姜宁 天津体育学院 80 万元 2014－01 至 2017－12 面上项目

484. 11302131 A020503 神经肌肉疲劳过程中运动鞋对冲击力、软组织振动和下肢肌－骨系统功能影响的研究

傅维杰 上海体育学院 23 万元 2014－01 至 2016－12 青年项目

485. 31371206 C1106 降低动脉硬度的处方优化研究——间歇性运动及相关机制

朱蔚莉　首都体育学院　15 万元　2014 - 01 至 2014 - 12　面上项目

486. 31371195　C1106　运动和高温调控胰岛素抵抗大鼠 lrisin 代谢道路的研究

赵杰修　国家体育总局体育科学研究所　83 万元　2014 - 01 至 2017 - 12　面上项目

487. 81370454　H2501　lrisin 作为增龄相关骨骼肌线粒体功能血清生物标志物研究

张勇　天津体育学院　70 万元　2014 - 01 至 2017 - 12　面上项目

488. 31371065　C2108　复杂运动条件下动作表象的神经心理机制研究

张剑　上海体育学院　75 万元　2014 - 01 至 2017 - 12　面上项目

489. 31371202　C1106　不同负荷运动 OX1R 信号参与 NCAM 表达调控影响学习记忆功能的机制研究

袁琼嘉　成都体育学院　15 万元　2014 - 01 至 2014 - 12　面上项目

490. 31371205　C1106　MG53 在延迟性肌肉酸痛(DOMS)期的膜修复作用与启动机制研究

伊木清　国家体育总局运动医学研究所　77 万元　2014 - 01 至 2017 - 12　面上项目

491. 81370197　H0201　GCN2 对心理性运动猝死病理机制的影响与调控

徐昕　上海体育学院　70 万元　2014 - 01 至 2017 - 12　面上项目

492. 31300975　C1106　骨骼肌损伤修复过程中肌再生调控因子和趋化因子作用研究

肖卫华　上海体育学院　24 万元　2014 - 01 至 2016 - 12　青年项目

493. 31371207　C1106　老年人们前馈性姿势调节的肌肉收缩模式及同性的研究

王芸　天津体育学院　81 万元　2014 - 01 至 2017 - 12　面上项目

494. 31371046　C2105　8 ~ 12 岁注意缺陷与多动儿童发展障碍的改善:基于身体活动干预的探索与新证据

孙拥军　沈阳体育学院　15 万元　2014 - 01 至 2014 - 12　面上项目

495. 81371256　H0904　帕金森病患者运动症状与基底节神经元振荡活动相关性研究

庄平 首都医科大学 70 万元 2014 - 01 至 2017 - 12 面上项目

496. 81361128012 H09 中加健康研究合作计划项目基底节在自主运动的抑制和推动作用

庄平 首都医科大学 100 万元 2014 - 01 至 2016 - 12 国际项目

497. 31370945 C100102 肩关节前向不稳及其修复的运动学和动力学机制探讨

赵金忠 上海交通大学 80 万元 2014 - 01 至 2017 - 12 面上项目

498. 81372104 H1701 脑缺血后强制性运动疗法促进海马新生神经细胞成熟及存活的机制研究

赵传胜 中国医科大学 70 万元 2014 - 01 至 2017 - 12 面上项目

499. 81371292 H0906 脑血管搭桥术后脑梗死严重运动功能障碍患者运动通路重塑机制的研究

张东 首都医科大学 70 万元 2014 - 01 至 2017 - 12 面上项目

500. 31300933 C0913 纹状体 aCaMKII 在运动学习和习惯形成中的作用及机制研究

曾庆文 华东师范大学 25 万元 2014 - 01 至 2016 - 12 青年项目

501. 81371228 H0903 Calpain 上调 TNF - a 参与运动神经损伤后慢性痛诱导的作用及机制

臧颖 中山大学 70 万元 2014 - 01 至 2017 - 12 面上项目

502. 61305147 F030706 大鼠前肢运动的神经解码策略研究

于毅 新乡医学院 25 万元 2014 - 01 至 2016 - 12 青年项目

503. 11302248 A020501 基于髌股关节运动瞬时旋转轴的髌股关节疾病生物力学发病机制研究

杨滨 解放军 306 医院 23 万元 2014 - 01 至 2016 - 12 青年项目

504. 81372117 H1701 有氧康复运动通过 EETs 通路调节内皮祖细胞功能机制研究

许丹焰 中南大学 70 万元 2014 - 01 至 2017 - 12 面上项目

505. 81360198 H0912 神经元致病蛋白、神经元 - 胶质细胞网络功能与肌萎缩侧索硬化运动神经元选择性、进行性死亡机制的研究

徐仁伵 南昌大学 49 万元 2014 - 01 至 2017 - 12 地区项目

506. 81302501 H2610 嘌呤受体遗传变异及其与运动的交互作用在原发性骨质疏松症发生中的作用及机制

徐宏 南昌大学 23 万元 2014 - 01 至 2016 - 12 青年项目

507. 81330026 H09 脊髓损伤后运动神经环路重建的细胞分子机制研究

刘耀波 苏州大学 290 万元 2014 - 01 至 2018 - 12 重点项目

508. 81372121 H1701 健侧腰骶神经根移位重建脑卒中偏瘫后下肢运动功能实验研究

林浩东 中国人民解放军第二军医大学 70 万元 2014 - 01 至 2017 - 12 面上项目

509. 31360629 C180801 ZD 制剂对竞技运动赛马肢体非开放性软组织损伤动物模型作用机制的研究

李云章 内蒙古农业大学 55 万元 2014 - 01 至 2017 - 12 地区项目

510. 31300889 C0901 长链非编码 RNA 调控果蝇运动能力的分子机制研究

李美霞 中国科学院生物物理研究所 23 万元 2014 - 01 至 2016 - 12 青年项目

511. 81300900 H1407 功能性下颌偏斜对头颈部肌梭 r - 运动纤维及其相关神经递质影响的研究

李江宁 首都医科大学 23 万元 2014 - 01 至 2016 - 12 青年项目

512. 81372108 H1701 多感觉交互效应干预脑卒中后上肢运动控制预知及半球精细分工的重建机制

黄东锋 中山大学 16 万元 2014 - 01 至 2014 - 12 面上项目

513. 31371137 C0913 内源性大麻素介导自主运动增强学习记忆及其机制

韩静 陕西师范大学 85 万元 2014 - 01 至 2017 - 12 面上项目

514. 81301675 H1701 帕金森氏病言语运动障碍的神经机制研究

陈曦 中山大学 23 万元 2014 - 01 至 2016 - 12 青年项目

515. 61301225 F010807 人手自然运动机理及其在假肢手运动生成中的应用

陈文斌 华中科技大学 26 万元 2014 - 01 至 2016 - 12 青年项目

516. 81360297 H1701 运动通过改善心肌梗死后下丘脑室旁核氧化应激对

心功能的保护效应及机制探讨

陈婷 西藏民族学院 25 万元 2014 - 01 至 2017 - 12 地区项目

517. 31371029 C2101 灵长类自身运动认知中视觉和前庭感觉信息整合的神经机制

陈爱华 华东师范大学 95 万元 2014 - 01 至 2017 - 12 面上项目

518. 31300863 C2106 有氧运动对儿童脑执行功能区可塑性影响的多模态磁共振成像追踪研究

陈爱国 扬州大学 22 万元 2014 - 01 至 2016 - 12 青年项目

519. 61328303 F030410 运动视觉的计算模型研究

吴郢 西安交通大学 20 万元 2014 - 01 至 2015 - 12 专项项目

520. 61370141 F020501 基于点云数据和运动捕捉数据的三维人体建模及动画仿真

魏小鹏 大连大学 77 万元 2014 - 01 至 2017 - 12 面上项目

521. 31371020 C2101 运动学习的心理物理学研究

魏坤琳 北京大学 75 万元 2014 - 01 至 2017 - 12 面上项目

522. 31371105 C0904 初级视皮层在运动错觉和大范围运动信息整合中的作用机制

王毅 中国科学院生物物理研究所 90 万元 2014 - 01 至 2017 - 12 面上项目

523. 81300836 H1307 运动病大鼠前庭终器和前庭神经节乙酰胆碱受体的表达变化及 BIBN4096BS 对表达的影响

王小成 中国人民解放军第四军医大学 23 万元 2014 - 01 至 2016 - 12 青年项目

524. 81373108 H2612 S100A1 蛋白对运动氧化应激损伤心肌线粒体功能调控

王天辉 中国人民解放军军事医学科学院 70 万元 2014 - 01 至 2017 - 12 面上项目

525. 81371304 H0906 HIF - 1a 介导氟西汀改善缺血性中风患者运动功能的分子机制

王乔树 上海交通大学 70 万元 2014 - 01 至 2017 - 12 面上项目

526. 61300089　F020503　草绘交互接口下基于精简存储人体运动数据检索技术研究

王鹏杰　大连民族学院　25 万元　2014－01 至 2016－12　青年项目

527. 81300975　H0904　mTOR 信号激活 KATP 通道而调控皮层 L5 爆发式放电神经元的活动及其在运动发育学习中的作用

王江平　浙江大学　23 万元　2014－01 至 2016－12　青年项目

528. 31330033　C0904　中枢 orexin 能和组胺能神经系统在运动控制、运动学习和运动疾病中的作用

王建军　南京大学　310 万元　2014－01 至 2018－12　重点项目

529. 31300913　C0906　老化对运动知觉能力的影响和相关机制的研究

汤勇　中国科学技术大学　25 万元　2014－01 至 2016－12　青年项目

530. 81371663　H1817　基于功能电激励的脊髓运动功能定位与损伤评估

沈晓燕　南通大学　70 万元　2014－01 至 2017－12　面上项目

531. 31300942　C110103　感觉和运动施万细胞分泌蛋白质的差异研究

沈宓　南通大学　24 万元　2014－01 至 2016－12　青年项目

532. 81371257　H0904　深部脑刺激的逆行皮质激活作用对改善帕金森式症运动及技能学习障碍的机制研究

容永豪　香港中文大学深圳研究院　70 万元　2014－01 至 2017－12　面上项目

533. 31371111　C0906　猕猴视觉皮层 V4 对运动信息的处理机制研究

吕海东　北京师范大学　90 万元　2014－01 至 2017－12　面上项目

534. 61311130113　F010805　智能诊断 2013：神经系统疾病患者感觉运动功能变化的长期追踪研究

罗志增　杭州电子科技大学　7.8 万元　2013－02 至 2013－12　专项项目

535. 81301128　H0914　运动通过激活自噬减轻线粒体损伤对老龄脑缺血再灌注发挥保护作用

罗丽　苏州大学　23 万元　2014－01 至 2016－12　青年项目

536. 81370923　H0713　基于 NMR 代谢组学的抗阻运动对糖尿病前期人群代谢控制及转归的影响

楼青青　南京中医药大学　16 万元　2014－01 至 2014－12　专项项目

537. 61373102 F0205 基于步态运动模型的人员跟踪及定位算法研究

刘昱 天津大学 76 万元 2014 - 01 至 2017 - 12 面上项目

538. 81301578 H0608 碳酸酐酶 3 基因沉默和过表达对骨骼肌疲劳的影响及其抗疲劳作用观察

尚西亮 复旦大学 22 万元 2014 - 01 至 2016 - 12 青年项目

539. 31300977 C1106 运动与热量限制对骨骼肌线粒体质量的调控机制研究 PGC - 1a 与核受体辅抑制因子的相互作用

漆正堂 华东师范大学 21 万元 2014 - 01 至 2016 - 12 青年项目

540. 81360267 H0601 中国人骨骼肌解剖学精细数值的探索与传统数值的完善

孟步亮 昆明医科大学 50 万元 2014 - 01 至 2017 - 12 面上项目

541. 81300698 H0718 解耦联蛋白 3 基因敲除对骨骼肌糖摄取的影响及其机制研究

马婵娟 山西医科大学 23 万元 2014 - 01 至 2016 - 12 青年项目

542. 81370963 H0720 Β - catenin 调控棕色脂肪与骨骼肌相互转化作用及机制研究

刘瑞欣 上海交通大学 70 万元 2014 - 01 至 2017 - 12 面上项目

543. 81372111 H1701 中枢血管紧张素系统 ACE2/AT1 平衡在运动训练阻止高血压前期进展中的作用

潘燕霞 福建医科大学 70 万元 2014 - 01 至 2017 - 12 面上项目

544. 81372107 H1701 神经细胞自噬与 AB 沉积在运动训练改善脑梗死大鼠认知障碍中的作用及机制

胡昔权 中山大学 80 万元 2014 - 01 至 2017 - 12 面上项目

545. 81373760 H2719 基于非线性有限元模型的揉法干预骨骼肌细胞生物力学参数及优化研究

阎博华 成都中医药大学 68 万元 2014 - 01 至 2017 - 12 面上项目

546. 81373764 H2719 手法干预对大鼠骨骼肌失神经和再神经后干细胞研究

严隽陶 上海中医药大学 67 万元 2014 - 01 至 2017 - 12 面上项目

547. 81301295 H1813 基于多模医学影像的人体骨骼肌神经生物力学协调机理及其临床应用研究

魏高峰　中国人民解放军第二军医大学　23 万元　2014 - 01 至 2016 - 12　青年项目

548. 31300976　C1106　MST1 激酶在失重引起的骨骼肌萎缩中的作用及机制研究

魏斌　中国科学院生物物理研究所　21 万元　2014 - 01 至 2016 - 12　青年项目

549. 81302950　H2708　中药复方改善 IR 大鼠骨骼肌线粒体损伤的作用机制研究

朱智耀　首都医科大学　23 万元　2014 - 01 至 2016 - 12　青年项目

550. 81371260　H0905　可诱导高表达 MMP - 1 的 MSC 对 DMD 模型小鼠骨骼肌重建及纤维化改善作用的研究

张为西　中山大学　70 万元　2014 - 01 至 2017 - 12　面上项目

551. 81371707　H1822　利用骨骼肌全器官脱细胞基质再生功能性大体积骨骼肌的实验研究

张剑　中国人民解放军第二军医大学　70 万元　2014 - 01 至 2017 - 12　面上项目

552. 81300656　H0712　SIRT1/PGC1a - SIRT3 - 线粒体复合体 I 通路对高脂饮食骨骼肌胰岛素敏感性的影响及其机制研究

张好好　郑州大学　23 万元　2014 - 01 至 2016 - 12　青年项目

553. 81300657　H0712　血管紧张素 II 受体活性对骨骼肌微循环胰岛素抵抗的调节作用

王纳遂　汕头大学　23 万元　2014 - 01 至 2016 - 12　青年项目

554. 81300652　H0712　持续性红细胞生成素受体激动剂（CERA）改善 db/db 小鼠骨骼肌胰岛素抵抗的实验研究

潘瑜　上海交通大学　23 万元　2014 - 01 至 2016 - 12　青年项目

555. 81310108027　H0712　PKC 和 Rab - GAPs 在钙信号调节骨骼肌 GLUT4 胞内运输机制中的作用

牛文彦　天津医科大学　2. 65 万元　2013 - 07 至 2013 - 12　国际合作项目

556. 61375098　F030605　基于分子马达的骨骼肌新型生物力学模型与变频调控原理

殷跃红　上海交通大学　80 万元　2014 - 01 至 2017 - 12　面上项目

557. 81302448　H2606　情绪加工在联结大学生体育锻炼与情绪症状改善中的作用

伍晓艳　安徽医科大学　23 万元　2014 - 01 至 2016 - 12　青年项目

558. 51378354　E080101　基于 BIM 系统的绿色体育建筑设计策略研究

汤朔宁　同济大学　80 万元　2014 - 01 至 2017 - 12　面上项目

559. 51308142　E080101　基于虚拟人群仿真的大型体育场馆性能化安全疏散设计研究

刘莹　哈尔滨工业大学　25 万元　2014 - 01 至 2016 - 12　青年项目

560. 51378210　E080101　湿热地区体育馆健康运动环境的设计策略研究

李晋华　华南理工大学　80 万元　2014 - 01 至 2017 - 12　青年项目

561. 81371505　H0928　认知训练和有氧锻炼对常态老化大脑可塑性的共同神经机制

李春波　上海市精神卫生中心　70 万元　2014 - 01 至 2017 - 12　面上项目

562. 61376072　F040401　直接 EIM 检测人体肌肉阻抗的微电极阵列及应用机理研究

柴春林　中国科学院半导体研究所　82 万元　2014 - 01 至 2017 - 12　面上项目

563. 81302448　H2606　情绪加工在联结大学生体育锻炼与情绪症状改善中的作用

伍晓艳　安徽医科大学　23 万元　2014 - 01 至 2016 - 12　青年项目

564. 31300984　C1110　人体骨骼肌内动脉与神经分布全面展示及临床肌瓣的创新设计

安小春　滨州医学院　22 万元　2014 - 01 至 2016 - 12　青年项目

565. 31300783　C100104　基于生理结构的三维肌肉数学模型构建与力学特性研究

唐刚　上海海事大学　24 万元　2014 - 01 至 2016 - 12　青年项目

566. 51305148　E050701　功能性电刺激下肌肉疲劳自适应的关节运动控制

张琴　华中科技大学　26 万元　2014 - 01 至 2016 - 12　青年项目

567. 31360255　C1106　毛蕊花苷对运动诱导的疲劳骨骼肌细胞肌浆网 RyR1 通道稳定性的调节与机制研究

朱洪竹　井冈山大学　46 万元　2014 - 01 至 2017 - 12 地区项目

568. 31371196 C1106 热休克转录因子 1 介导有氧运动对压力超负荷致心肌重构的保护作用及机制研究

袁凌燕 上海师范大学 63 万元 2014 - 01 至 2017 - 12 面上项目

569. 31371204 C1106 运动缓解 AD 小鼠海马沉积和 Tau 蛋白异常磷酸化的机制研究

徐波 华东师范大学 15 万元 2014 - 01 至 2014 - 12

570. 31360256 C1106 利用肌内神经分布定位 BTX - A 治疗脑瘫患者肢体肌痉挛研究

谢鹏 遵义医学院 50 万元 2014 - 01 至 2017 - 12 面上项目

571. 31300922 C0910 脊髓中枢敏化在运动学习再可塑性中的作用研究

张艳 皖南医学院 27 万元 2014 - 01 至 2016 - 12 青年项目

572. 31340025 C1106 运动对 PD 大鼠纹状体神经元可塑性作用及其机制研究

刘晓莉 北京师范大学 15 万元 2014 - 01 至 2014 - 12 专项项目

573. 31300978 C1106SIRT1 去乙酰化修饰对慢性心衰大鼠肾功能及 AQP2 表达的调节机制及运动干预

林琴琴 燕山大学 22 万元 2014 - 01 至 2016 - 12 青年项目

574. 31371200 C1106 糖皮质激素提高力竭运动应激耐受力的非基因组机制

蒋春雷 中国人民解放军第二军医大学 81 万元 2014 - 01 至 2017 - 12 面上项目

575. 31371203 C1106 基因兴奋剂 hGH 和 hMGF 的检测新方法研究

杜宏武 北京科技大学 15 万元 2014 - 01 至 2014 - 12 面上项目

576. 31371198 C11065 - HT 和多巴胺对运动中枢模式发生器神经元调节的新靶点及作用机制研究

王迪 辽宁医学院 80 万元 2014 - 01 至 2017 - 12 面上项目

577. 31371199 C1106 抗阻训练促进骨骼肌分泌神经营养因子 1 和卵泡抑素样因子 1 对心梗心脏的保护效应

田振军 陕西师范大学 81 万元 2014 - 01 至 2017 - 12

578. 31360254 C1106 耐力训练工作肌脂肪甘油三酯脂肪酶上升与运动性骨骼肌适应

宋刚 广西大学 49 万元 2014 - 01 至 2017 - 12

579. 81301600 H0610 外部载荷致第一跖趾关节形变的生物力学机理研究

顾耀东 宁波大学 23 万元 2014 - 01 至 2016 - 12 青年项目

580. 81371910 H0601 膝关节骨性形态与排列关系对髌骨运动轨迹调控机制实验研究

王飞 河北医科大学 70 万元 2014 - 01 至 2017 - 12 面上项目

581. 61375096 F030605 脑运动神经网络结构信息传输及运动调控机制的研究

王浩 南京航空航天大学 79 万元 2014 - 01 至 2017 - 12 面上项目

2014 年

582. 31401021 C1106 筛选血清 miRNA 作为类固醇兴奋剂检测新指标的探索性研究

周鑫淼 国家体育总局反兴奋剂中心 24 万元 2015 - 01 至 2017 - 12 青年项目

583. 31471134 C1106 AMPKa2 调控 Nrf2/ARE 通路对低氧训练中骨骼肌的保护作用机制

张缨 北京体育大学 85 万元 2015 - 01 至 2018 - 12 面上项目

584. 31470051 C2111 高水平运动员运动认知加工的脑网络连接模式研究

吴殷 上海体育学院 30 万元 2015 - 01 至 2016 - 12 面上项目

585. 31471133 C1106 Omi/HtrA2 在运动性骨骼肌损伤中的作用机制研究

王瑞元 北京体育大学 86 万元 2015 - 01 至 2018 - 12 面上项目

586. 81472148 H1701 高性低练对肥胖小白鼠内源性大麻素系统的调节作用及其机制

王茹 上海体育学院 72 万元 2015 - 01 至 2018 - 12 面上项目

587. 11426041 非均匀海森堡铁磁旋转系统中高阶非线性薛定谔模型的解析研究

王盼 北京体育大学 3 万元 2015 - 01 至 2015 - 12 专项项目

588. 81472099 H0605 SIRT3 调控线粒体质量在骨骼肌运动损伤与修复中作用研究

孙孟炜 上海体育科学研究所 72 万元 2015 - 01 至 2018 - 12 面上项目

589. 31471136 C1106 细胞自噬参与运动预适应内源性心肌保护效应的关

键作用及分子机制

潘珊珊　上海体育学院　86 万元　2015 - 01 至 2018 - 12　面上项目

590. 31400911　C2111　颜色—运动特征的绑定与视觉意识的关系

刘莹　上海体育学院　24 万元　2015 - 01 至 2017 - 12　青年项目

591. 21475089　B050907　抗坏血酸相关生理过程的活体电分析化学基础研究

刘坤　首都体育学院　80 万元　2015 - 01 至 2018 - 12　面上项目

592. 31470060　C1106　抗阻训练改善骨骼肌胰岛素抵抗的新机制肌细胞微环境改善

刘冬梅　上海体育学院　30 万元　2015 - 01 至 2016 - 12　面上项目

593. 81470105　H0610　慢性肌筋膜疼痛触发点发病机理的探索性研究

黄强民　上海体育学院　60 万元　2015 - 01 至 2018 - 12　面上项目

594. 61440036　F030207　基于矩阵分布的统计机器学习算法的专业运动员复杂社会网络构建及应用研究

黄谦　西安体育学院　20 万元　2015 - 01 至 2015 - 12　专项项目

595. 31470059　C1106　高原训练中运动员骨骼肌萎缩及分子网络调控机制研究

胡扬　北京体育大学　30 万元　2015 - 01 至 2016 - 12　面上项目

596. 81410308002　H1826　国际太极拳与健康学术会议

洪友康　成都体育学院　3 万元　2014 - 04 至 2014 - 10　国际合作项目

597. 31471139　C1106　miR27/PPARγ、miR122/PPARβ 调控低氧训练肥胖大鼠脂代谢机理

冯连世　国家体育总局体育科学研究所　86 万元　2015 - 01 至 2018 - 12　面上项目

598. 31470061　C1106　Prohibitin1 在运动能量代谢中作用及调控 FOF1 - ATP 合成酶机制

冯红　天津体育学院　69 万元　2015 - 01 至 2018 - 12　面上项目

599. 31471135　C1106　运动中 HIF - Ia 对肠粘膜屏障的调控机制研究

陈佩杰　上海体育学院　86 万元　2015 - 01 至 2018 - 12　面上项目

600. 81401136　H0928　脑辅助运动区手术后运动网络重塑的机制研究

朱凤平　复旦大学　19 万元　2015 - 01 至 2017 - 12　青年项目

601. 81410308009　H0912　第三届国际帕金森病暨运动障碍疾病研讨会

周晓琳 上海交通大学 5万元 2014－08至2014－12 国际合作项目

602. 81472162 H1701 ProNGF调控紧张性抑制对猴脑缺血后运动皮层重组作用机制

周沐科 四川大学 72万元 2015－01至2018－12 面上项目

603. 31471030 C0902 MiR－137－3p在撕脱伤运动神经元凋亡中的作用和机制

周丽华 中山大学 87万元 2015－01至2018－12 面上项目

604. 81471099 H0730 转甲状腺素蛋白在运动改善肥胖小鼠胰岛素抵抗中的作用

郑芬萍 浙江大学 65万元 2015－01至2018－12 面上项目

605. 81401002 H0910 SDF－1/CXCR4/CXCR7在强制性运动疗法促进脑缺血后轴突再生中的作用及机制研究

赵珊珊 中国医科大学 23万元 2015－01至2017－12 青年项目

606. 81460351 H1701 Agrin在脑卒中后运动促进突触再生中的作用及机制研究

张彭跃 昆明理工大学 48万元 2015－01至2018－12 地区项目

607. 81470843 H0314 线粒体解耦联蛋白UCP2介导黑质网状部KCC2功能异常参与肝性脑病诱致运动迟缓的机制研究

杨雁灵 中国人民解放军第四军医大学 67万元 2015－01至2018－12 面上项目

608. 81472151 H1701 细胞自噬和线粒体动态相关的脑卒中运动干预神经保护作用的机制研究

张力 复旦大学 72万元 2015－01至2018－12 面上项目

609. 81401006 H0910 缝隙连接介导的脂肪干细胞来源施万细胞移植治疗运动皮层损伤大鼠偏瘫模型修复机制的研究

杨靓 中南大学 25万元 2015－01至2017－12 青年项目

610. 81470515 H0212 运动防治扩张型心肌病的微小RNA－30d机制

许嘉鸿 同济大学 73万元 2015－01至2018－12 面上项目

611. 81472143 H0610 躯干运动控制对非接触性膝前交叉韧带损伤机制的影响

谢地　泰山医学院　72 万元　2015 - 01 至 2018 - 12　面上项目

612. 81472156　H1701　NgR1 与内源性拮抗剂调控轴突可塑性在运动训练促进脑梗死后执行功能恢复中的作用机制

温红梅　中山大学　72 万元　2015 - 01 至 2018 - 12　面上项目

613. 81472992　H2606　单纯性肥胖儿童血管内皮功能障碍的运动干预措施及机制

唐东辉　北京师范大学　80 万元　2015 - 01 至 2018 - 12　面上项目

614. 61431017　F0125　人体运动生物力学测量、分析和模拟

孙应飞　中国科学院大学　350 万元　2015 - 01 至 2019 - 12　重点项目

615. 81400474　H1307　P2Y2 受体调控疑核运动神经元自噬及凋亡的作用

宋先敏　中国人民解放军第二军医大学　23 万元　2015 - 01 至 2017 - 12　青年项目

616. 61472387　F020502　注意选择引导的人体运动分析和识别

卿来云　中国科学院大学　80 万元　2015 - 01 至 2018 - 12　面上项目

617. 81470107　H1701　源于肌萎缩侧索硬化症 iPSC 运动神经元的分化与干细胞康复电生理研究

卢大华　中南大学　30 万元　2015 - 01 至 2016 - 12　专项项目

618. 51405073　E050703　基于变速运动想象脑电信号的柔性控制机理研究

刘冲东　北京大学　25 万元　2015 - 01 至 2017 - 12　青年项目

619. 81471770　H1817　基于目标导向 MI - EEGas 的上肢运动康复方法双向适应性

李明爱　北京工业大学　70 万元　2015 - 01 至 2018 - 12　面上项目

620. 31471050　C0904　觉醒肽 orexins 对下橄榄核在运动性学习中偏差纠正功能的影响及机制研究

胡波　中国人民解放军第三军医大学　86 万元　2015 - 01 至 2018 - 12　面上项目

621. 81400720　H0509　NMⅡA 调控足细胞运动性在蛋白尿发病中的作用及机制研究

何方方　华中科技大学　23 万元　2015 - 01 至 2017 - 12　青年项目

622. 61403367　F030511　手部精细运动功能的主动神经康复方法研究

耿艳娟　中国科学院深圳先进技术研究院　26 万元　2015 - 01 至 2017 - 12　青年项目

623. 81470084　H1810　运动速度和力变化想象对脑信号的调制机理及脑机交互应用

伏云发　昆明理工大学　30 万元　2015 - 01 至 2016 - 12　专项项目

624. 61463024　F030706　神经反馈对运动参数想象脑电调节机理及脑控机器人应用

伏云发　昆明理工大学　47 万元　2015 - 01 至 2018 - 12　地区项目

625. 81401856　H1701　上下肢运动的神经耦联在偏瘫患者早期步态康复的作用机制

方娟　上海交通大学　23 万元　2015 - 01 至 2017 - 12　青年项目

626. 81471651　H1802　康复治疗对脑卒中后不同阶段运动功能恢复作用机制的静息态功能磁共振成像研究

范明霞　华东师范大学　72 万元　2015 - 01 至 2018 - 12　面上项目

627. 81460071　H0212　被动腿部运动对舒张性心力衰竭的干预效果及机制研究

董一飞　南昌大学　47 万元　2015 - 01 至 2018 - 12　地区项目

628. 61473276　F030410　基于全向深度视觉的高精度人体肢体运动三维重建研究

邓小明　中国科学院软件研究所　83 万元　2015 - 01 至 2018 - 12　面上项目

629. 51409130　E091002　高速翼滑艇瞬态流体动力特性及运动机理研究

陈淑玲　江苏科技大学　25 万元　2015 - 01 至 2017 - 12　青年项目

630. 81472147　H0613　MHCI、PirB 和 CD3 蛋白对臂丛损伤后脑运动皮层功能重塑影响的实验研究

陈亮　复旦大学　88 万元　2015 - 01 至 2018 - 12　面上项目

631. 81401015　H0910　运动对神经退行性疾病模型小鼠脑内葡萄糖乳酸转运和线粒体动能活性的影响

常成　郑州大学　23 万元　2015 - 01 至 2017 - 12　青年项目

632. 81401872　H1701　运动模仿训练结合 rTMS 影响脑卒中后手运动功能障碍患者皮层可塑性的机制研究

唐志明　中山大学　23 万元　2015 - 01 至 2017 - 12　青年项目

633. 81401866 H1701 脑卒中早期运动训练后 SMases 在 Tie－2 介导脑血流机械信号传递中的作用及机制研究

田闪 复旦大学 23 万元 2015－01 至 2017－12 青年项目

634. 81401859 H1701 基于静息态和任务态的脑网络连接性 fMRI 研究运动想象训练促进皮层下脑卒中患者功能恢复的作用机制

孙莉敏 复旦大学 23 万元 2015－01 至 2017－12

635. 81472164 H1701 等长收缩训练促进缺血心肌侧支动脉生成的作用及机制

陆晓 南京医科大学 72 万元 2015－01 至 2018－12 面上项目

636. 81472161 H1701 Netrin－1 在康复训练促进大鼠脑缺血后神经重塑和功能重建中的作用及相关分子机制研究

刘楠 福建医科大学 72 万元 2015－01 至 2018－12

637. 81472168 H1701 Connexin43 半通道/缝隙连接在康复训练改善创伤性脑损伤大鼠学习记忆能力中的作用的研究

李玲 中国人民解放军总医院 72 万元 2015－01 至 2018－12 面上项目

638. 81460039 H0201 运动训练对高血压性心脏病的疗效及作用机制的研究

金春子 延边大学 49 万元 2015－01 至 2018－12 地区项目

639. 61471262 F011301 基于运动与深度感知的立体视觉舒适度研究

侯春萍 天津大学 86 万元 2015－01 至 2018－12 面上项目

640. 31471110 C110302 核受体/miRNA 通路在肌肉线粒体能量代谢中的功能和分子机制

甘振继 南京大学 90 万元 2015－01 至 2018－12

641. 81471002 H0706 Sidt2 介导的自噬紊乱在其相关骨骼肌病中的作用及机制

高家林 皖南医学院 73 万元 2015－01 至 2018－12 面上项目

642. 81430050 H15 炎症微环境在骨骼肌损伤和再生中的作用机制

杜杰 首都医科大学 320 万元 2015－01 至 2019－12

643. 81470567 H0215 慢性间歇性低氧诱发动脉粥样硬化的机制研究

魏永祥 首都医科大学 75 万元 2015－01 至 2018－12 面上项目

644. 81470246 H0109 转录因子 p53 在低氧性肺动脉高压发病中的作用机制研究

王健 广州医科大学 75 万元 2015 - 01 至 2018 - 12 面上项目

645. 81470996 H0517 骨髓间充质干细胞对周细胞转化 - 肾脏纤维化的治疗作用及机制

王楠 大连医科大学 73 万元 2015 - 01 至 2018 - 12

646. 51408135 E080101 基于城市防灾安全的体育场馆避难模块化设计研究

吉慧 广东工业大学 25 万元 2015 - 01 至 2017 - 12 青年项目

647. 31471289 C0704 代谢小分子乙酰乙酸以信号分子方式调控骨骼肌再生与骨骼肌疾病的功能与分子机制

朱大海 中国医学科学院基础医学研究所 85 万元 2015 - 01 至 2018 - 12 面上项目

648. 81401350 H1008 浆细胞样树突状细胞(pDC) - I 型 IFN 系统诱导多发性肌炎模型大鼠骨骼肌细胞损伤的分子机制

赵华 四川大学 23 万元 2015 - 01 至 2017 - 12 青年项目

649. 31401020 C1106 运动诱导 miRNAs 经 SIRT1 介导调控衰老骨骼肌蛋白代谢的机理研究

赵华 华中师范大学 24 万元 2015 - 01 至 2017 - 12 青年项目

650. 81403453 H2718 基于 AMPK 信号通路的经皮穴位电刺激对运动性骨骼肌疲劳的作用及机制研究

游世晶 福建中医药大学 23 万元 2015 - 01 至 2017 - 12 青年项目

651. 61401162 F0124 基于神经反馈的运动想象训练及其应用研究

余天佑 华南理工大学 30 万元 2015 - 01 至 2017 - 12 青年项目

652. 31460275 C1112 大鼠骨骼肌快肌纤维和慢肌纤维 NMJ 功能与年龄相关的变化及其影响因素分析

王灵站 内蒙古民族大学 48 万元 2015 - 01 至 2018 - 12 地区项目

653. 81403447 H2717 亚健康疲劳骨骼肌基因表达的 miR - 324 调控机制及维康颗粒的干预效应

刘艳艳 广州中医药大学 23 万元 2015 - 01 至 2017 - 12 青年项目

654. 81401152 H2501 骨源性骨钙素在骨骼 - 骨骼肌“对话”中对骨骼肌线粒体功能和成肌分化的作用及机制研究

刘岁丰 厦门大学 22 万元 2015 - 01 至 2017 - 12 青年项目

655. 81460568 H3110 高原低氧对核受体 PXR 和 CAR 介导的 CYP450 和 UGT1A1 的转录调节作用

李向阳 青海大学 45 万元 2015 - 01 至 2018 - 12 地区项目

656. 81471810 H1826 低氧预处理自体骨髓间充质干细胞修复关节软骨损伤的 MRI 活体示踪研究

李绍林 南方医科大学 70 万元 2015 - 01 至 2018 - 12 面上项目

657. 81430042 H21 高原低氧环境下缺氧心肌自噬流受损的关键作用及机制研究

黄跃生 中国人民解放军第三军医大学 320 万元 2015 - 01 至 2019 - 12 重点项目

658. 81460284 H2101 高原低氧训练中血红素加氧酶 - 1 提高运动能力的作用机制

赵延礼 青海大学 47 万元 2015 - 01 至 2018 - 12 地区项目

659. 81400821 H0716 LDHB 在 PGC - 1a 介导的肌肉线粒体能量代谢中的功能及其作用机制

甘振继 南京大学 24 万元 2015 - 01 至 2017 - 12 青年项目

660. 81470057 H0912 跑步锻炼对转基因痴呆小鼠海马改变作用的研究

唐勇 重庆医科大学 30 万元 2015 - 01 至 2016 - 12 面上项目

661. 31401019 C1106 有氧运动诱导 Isl1 + 心肌祖细胞自我更新与分化的谱系示踪研究

周云鹤 同济大学 24 万元 2015 - 01 至 2017 - 12 青年项目

662. 31471137 C1106 肌肉因子白介素 15 在运动改善胰岛素抵抗中的作用及机制

张靓 北京师范大学 62 万元 2015 - 01 至 2018 - 12 面上项目

663. 31471138 C1106 振动运动中自噬参与 AMPK - GLUT4 途径调节骨骼肌糖代谢机制研究

刘畅 辽宁医学院 82 万元 2015 - 01 至 2018 - 12 面上项目

664. 31401017 C1106 PGC - 1a 信号级联在运动强度改善心肺耐力中的剂量 - 效应特征及调控机制研究

林家仕 集美大学 24 万元 2015 - 01 至 2017 - 12 青年项目

665. 31401018　C1106　黑质 - 纹状体 DA 系统对运动疲劳的调控及 D2DR 的干预作用研究

侯莉娟　北京师范大学　24 万元　2015 - 01 至 2017 - 12　青年项目

666. 81460346　H0610　动力性支具防治胸腰椎骨折的生物力学研究

董谢平　江西省人民医院　47 万元　2015 - 01 至 2018 - 12　地区项目

667. 81472142　H0610　受 TGF - B/Smad4 信号通路调控的 miRNA 在损伤骨骼肌纤维化中的功能研究

陈疾忤　复旦大学　72 万元　2015 - 01 至 2018 - 12　面上项目

668. 31471003　C2111　羽毛球运动对成人视运动知觉可塑性的影响:行为和神经机制研究

金花　天津师范大学　70 万元　2015 - 01 至 2018 - 12　面上项目

669. 81472037　H0601　踝足四关节在体动态偶联机制及其相关病理研究

马昕　复旦大学　72 万元　2015 - 01 至 2018 - 12　面上项目

670. 81472048　H0601　TGR5 调控骨质重建的分子机制研究

罗剑　华东师范大学　72 万元　2015 - 01 至 2018 - 12　面上项目

671. 81301129　H0914　运动训练抑制发育期惊厥海马苔藓纤维发芽机制的探讨

师晓燕　苏州大学　23 万元　2014 - 01 至 2016 - 12　青年项目

672. 81572242　H1701　miR - 214 在运动防治骨质酥松中的作用机制研究

邹军　上海体育学院　57 万元　2016 - 01 至 2019 - 12　面上项目

2015 年

673. 31571151　C2111　乒乓球运动员感知 - 运动系统的行为特征与脑功能网络的关系

周成林　上海体育学院　64 万元　2016 - 01 至 2019 - 12　面上项目

674. 31571229　C1106　IGF - 1/GSK3B 通路在有氧运动改善阿尔茨海默病中的作用与机制

赵丽　北京体育大学　63 万元　2016 - 01 至 2019 - 12　面上项目

675. 81572243　H1701　有氧运动促进血管性痴呆大鼠认知功能康复的皮层机制研究

张新安　沈阳体育学院　57 万元　2016 - 01 至 2019 - 12　面上项目

676. 31500964　C1106　FUNDC1 在运动诱导骨骼肌线粒体自噬中的调控机制研究

于亮　北京体育大学　20 万元　2016－01 至 2018－12　青年项目

677. 81501956　H1701　全身振动训练对非特异性腰痛患者核心肌群延迟激活的作用及机制研究

王雪强　上海体育学院　18 万元　2016－01 至 2018－12　青年项目

678. 31500911　C2111　情绪对运动控制影响的神经机制研究

王小春　上海体育学院　20 万元　2016－01 至 2018－12　青年项目

679. 11572202　A020503　运动表面材料差异对跑步不同落地模式人群下肢神经肌肉控制及运动生物力学的影响

王琳　上海体育学院　46 万元　2016－01 至 2019－12　面上项目

680. 31571227　C1106　运动训练对雌激素缺乏模型心脏保护作用的分子机制——microuRNAs 的作用

闫坚强　上海体育学院　63 万元　2016－01 至 2019－12　面上项目

681. 81572241　H1701　高脂饮食诱发肥胖大鼠学习记忆能力的内质网应激相关机制及有氧运动的调节作用

娄淑杰　上海体育学院　51 万元　2016－01 至 2019－12　面上项目

682. 81572213　H0610　高冲击动作中在体膝关节 6 自由度运动学和动力学载荷研究

刘宇　上海体育学院　57 万元　2016－01 至 2019－12　面上项目

683. 81572212　H0610　柔韧和力量素质对疾跑中腘绳肌生物力学特征的影响:腘绳肌拉伤机制

刘卉　北京体育大学　51 万元　2016－01 至 2019－12　面上项目

684. 31571217　C110502　耐力运动改善胰岛素抵抗相关的氨基酸代谢紊乱机制

廖八根　广州体育学院　25 万元　2016－01 至 2017－12　面上项目

685. 31500887　C2101　多身份追踪中眼动的模式、作用及影响因素

李杰　北京体育大学　21 万元　2016－01 至 2018－12　青年项目

686. 31500963　C1106　运动方式对全身运动的能量供应比例的影响

黎涌明　上海体育学院　20 万元　2016－01 至 2018－12　青年项目

687. 31571228 C1106 运动干预对衰老性肌萎缩的预防与康复细胞自噬功能状态的关键作用与调节机制研究

陈宁 武汉体育学院 63 万元 2016-01 至 2019-12 面上项目

688. 31571226 C1106 维生素 D_3 摄取对骨骼肌细胞内脂质蓄积及代谢的作用及其机制研究

曹振波 上海体育学院 63 万元 2016-01 至 2019-12 面上项目

689. 31571219 C1106 有氧运动通过肠道菌群肝脏轴影响非酒精性脂肪肝效应及机制

程蜀琳 上海交通大学 63 万元 2016-01 至 2019-12 面上项目

690. 31571220 C1106 Sestrins 介导骨骼肌细胞自噬在有氧运动改善胰岛素抵抗中的作用机制

傅力 天津医科大学 64 万元 2016-01 至 2019-12 面上项目

691. 31571222 C1106 细胞兴奋性调节和脊髓运动控制机制的离子通道性研究

戴跃 华东师范大学 63 万元 2016-01 至 2019-12 面上项目

692. 31571224 C1106 择时运动促衰老卫星细胞成肌分化中线粒体对生物钟基因调控机制研究

薄海 中国人民武装警察部队后勤学院 25 万元 2016-01 至 2017-12 面上项目

693. 31500962 C1106 组蛋白修饰调控低密度脂蛋白受体 pre-mRNA 的选择性剪接及有氧运动的影响

赵晋枫 山西大学 20 万元 2016-01 至 2018-12 青年项目

694. 31571223 C1106 miRNAs 通过自噬调控运动性心肌肥大的分子机制研究

张钧 上海师范大学 63 万元 2016-01 至 2019-12 面上项目

695. 31540030 C1106 大鼠下丘脑核团响应游泳训练 miRNA 基因的鉴定与功能分析

张安民 烟台大学 15 万元 2016-01 至 2016-12 专项项目

696. 31571225 C1106 运动通过激活 AMPK 调节小鼠脑 AB 沉积的机制研究

徐波 华东师范大学 52 万元 2016-01 至 2019-12 面上项目

697. 31560291 C1106 运动预适应提高心肌缺血耐受性的自噬调控机制研究

彭峰林 广西师范大学 42 万元 2016 - 01 至 2019 - 12 地区项目

698. 31571221 C1106 皮层 - 状纹体 Glu 能通路在运动调节 PD 大鼠纹状体 MSNs 可塑性中的作用及机制研究

刘晓莉 北京师范大学 63 万元 2016 - 01 至 2019 - 12 面上项目

699. 31500961 C1106 线粒体乙醛脱氢酶 2 在有氧运动抑制衰老骨骼肌细胞凋亡中的作用及机制

李方晖 肇庆学院 20 万元 2016 - 01 至 2018 - 12 青年项目

700. 31571074 C0906 空间和运动知觉学习的机制

周逸峰 中国科学技术大学 68 万元 2016 - 01 至 2019 - 12 面上项目

701. 31571084 C0909 感觉 - 运动信息整合在猕猴大脑皮层神经生理机制的研究

王立平 华东师范大学 64 万元 2016 - 01 至 2019 - 12 面上项目

702. 31571101 C0913 运动学习的纹状体机制研究

沈志明 中国科学院上海生命科学研究院 64 万元 2016 - 01 至 2019 - 12 面上项目

703. 31530029 C0904 运动信息在视觉感知中的不同作用及其神经编码机制

吕海东 北京师范大学 274 万元 2016 - 01 至 2020 - 12 重点项目

704. 51508133 E080502 大型体育场看台结构的人群荷载及其与结构相互作用机理

张清文 哈尔滨工业大学 20 万元 2016 - 01 至 2018 - 12 青年项目

705. 51578368 E080302 基于多目标优化分析的学校体育馆天然采光设计理论研究

张明宇 天津大学 54 万元 2016 - 01 至 2019 - 12 面上项目

706. 61573045 F030403 面向体育视频的小规模群体行为分析

王蕴红 北京航空航天大学 66 万元 2016 - 01 至 2019 - 12 面上项目

707. 51508389 E080101 群众体育活动与城市开放空间耦合度的量化评价体系研究

汪浩 同济大学 20 万元 2016 - 01 至 2018 - 12 青年项目

708. 51578173 E080101 兼顾城市体育赛事需求的高校体育馆设计指标评

价方法与体系研究

陆诗亮　哈尔滨工业大学　62 万元　2016 - 01 至 2019 - 12　　面上项目

709. 31501866　C040302　基于 9.4T 磁共振成像技术的婴幼猕猴脑运动中枢与运动行为发育关联性研究

朱勇　中国科学院合肥物质科学研究院　20 万元　2016 - 01 至 2018 - 12　青年项目

710. 81571186　H0910　运动干预对皮质脊髓束缺失小鼠脊髓局部微环境和神经网络可塑性的影响

周立兵　暨南大学　57 万元　2016 - 01 至 2019 - 12　面上项目

711. 11502014　A020503　前交叉韧带重建术后移植体力学属性的演变与下肢运动模式相互影响的生物力学研究

姚杰　北京航空航天大学　20 万元　2016 - 01 至 2018 - 12　青年项目

712. 81574045　H2717　基于默认网络的八段锦运动干预轻度认知障碍的多模态影像学研究

郑国华　上海健康医学院　61 万元　2016 - 01 至 2019 - 12　面上项目

713. 61573340　F0306　面向手部康复的运动神经解码方法及运动辅助机器人研究

赵忆文　中国科学院沈阳自动化研究所　65 万元　2016 - 01 至 2019 - 12　面上项目

714. 61575157　F050808　宽基线运动下图像跟踪匹配立体视觉轮廓测量技术研究

赵宏　西安交通大学　63 万元　2016 - 01 至 2019 - 12　面上项目

715. 81511130007　H1701　评估中风后联合应用细胞治疗及强制性运动疗法的有效性及相关机制

赵传胜　中国医科大学　1.6 万元　2015 - 03 至 2015 - 10　国际合作项目

716. 81501436　H1801　脑干梗死运动传导通路损伤与重塑的扩散张量成像研究

张苗　首都医科大学　18 万元　2016 - 01 至 2018 - 12　青年项目

717. 81571821　H1821　毛囊神经嵴干细胞源性运动神经元、胶质细胞联合移植治疗肌萎缩脊髓侧索硬化的应用基础研究

张传森　滨州医学院　25 万元　2016 - 01 至 2017 - 12　青年项目

718. 81574048　H2717　基于 fMRI 脑功能成像技术探讨电针改善 MCAO 大鼠运动功能的中枢机制研究

杨珊莉　福建中医药大学　61 万元　2016 - 01 至 2019 - 12　面上项目

719. 81570362　H0212　微小 RNA - 222 在运动防治心脏老化所致心力衰竭中的作用及机制

肖俊杰　上海大学　62 万元　2016 - 01 至 2019 - 12　面上项目

720. 81501947　H1701　运动干预多囊综合征雄激素糖代谢通路中原酶作用的研究

吴雏燕　南京医科大学　18 万元　2016 - 01 至 2018 - 12　青年项目

721. 81570449　H0220　有氧运动改善睡眠呼吸暂停综合征模型小鼠阻力血管功能的分子机制探讨

王友华　陕西师范大学　57 万元　2016 - 01 至 2019 - 12　面上项目

722. 61502470　F020508　基于深度高斯过程的人体姿态估计与运动跟踪研究

王亚立　中国科学院深圳先进技术研究院　21 万元　2016 - 01 至 2018 - 12　青年项目

723. 41506175　D0609　鲐鱼肽对运动性疲劳致氧化应激和炎症反应的保护作用机制

王雪芹　中国科学院海洋研究所　21 万元　2016 - 01 至 2018 - 12　青年项目

724. 81572176　H0609　基于解剖数据的数字虚拟与数控模拟技术相结合行踝关节运动学特性的研究

王旭　复旦大学　57 万元　2016 - 01 至 2019 - 12　面上项目

725. 31571078　C0906　非人灵长类绒猴视觉运动高级皮层 MT 区对不同运动信息的群体细胞反应和功能构筑

王伟　中国科学院上海生命科学研究院　68 万元　2016 - 01 至 2019 - 12　面上项目

726. 31571142　C2106　双语理解中的感知运动仿真研究

王瑞明　华南师范大学　25 万元　2016 - 01 至 2017 - 12　面上项目

727. 81501944　H1701　抗阻和牵拉运动对脑卒中患者肌肉功能改善及其信号调控机制的研究

王丽　苏州大学　18 万元　2016 - 01 至 2018 - 12　青年项目

728. 81570359　H0212　有氧运动上调 Smad2 表达促进 Treg 分化及其参与缺血性心肌病免疫炎症紊乱修复的机制

沈玉芹　同济大学　25 万元　2016 - 01 至 2017 - 12　面上项目

729. 61573305　F030605　面向脑控制位点与运动行为对应关系的鲤鱼机器人脑神经核团研究

彭勇　燕山大学　64 万元　2016 - 01 至 2019 - 12　面上项目

730. 81572219　H0613　关节软骨和软骨下骨在跑步运动过程中相互作用及内在机制

倪国新　福建医科大学　57 万元　2016 - 01 至 2019 - 12　面上项目

731. 61502112　F020507　面向高性能运动服数字化设计中的热功能量化计算与舒适性评估研究

罗洁　广州大学　21 万元　2016 - 01 至 2018 - 12　青年项目

732. 81571381　H2501　运动上调海马蛋白酶体活性对神经发生的影响及其机制

陆利　山西医科大学　57 万元　2016 - 01 至 2019 - 12　面上项目

733. 61573079　F030706　基于决策模型和预备电位的运动想象 BCI 研究

刘蓉　大连理工大学　16 万元　2016 - 01 至 2016 - 12　青年项目

734. 81571252　H0912　运动激活 TFEB 调控溶酶体生成在突变蛋白蓄积类神经退行性疾病进展中的作用

林芳　苏州大学　57 万元　2016 - 01 至 2019 - 12　面上项目

735. 81570464　H0223　运动作为心肌肥厚预适应因子通过调节 lncRNAMhrt 发挥心肌保护作用

廖禹林　南方医科大学　60 万元　2016 - 01 至 2019 - 12　面上项目

736. 61503070　F030102　智慧上肢康复机器人人机交互运动训练控制方法的研究

李醒　东北大学　21 万元　2016 - 01 至 2018 - 12　青年项目

737. 81570081　H0113　生理和间歇低氧时 Orexin 和组胺对舌下神经运动神经元调控作用的机制研究

李善群　复旦大学　55 万元　2016 - 01 至 2019 - 12　面上项目

738. 81500973　H0905　发作性运动诱发性运动障碍 PRRT2 突变后的蛋白

降解途径及机制

李宏福　浙江大学　17.5 万元　2016－01 至 2018－12　青年项目

739. 81501954　H1701　运动对小鼠肌肉组织 miR－200b 表达的影响及其改善胰岛素抵抗的分子机制研究

李海燕　温州医科大学　17 万元　2016－01 至 2018－12　青年项目

740. 81560052　H0203　力竭运动对胸主动脉血管内皮细胞损伤的分子机理及枸杞多糖干预作用

李光华　宁夏医科大学　38 万元　2016－01 至 2019－12　地区项目

741. 81572234　H1701　多模式康复训练改善帕金森病运动平衡障碍的分子机制研究

靳令经　同济大学　70 万元　2016－01 至 2019－12　面上项目

742. 81501945　H1701　周围神经交叉移位治疗中枢性上肢瘫的运动中枢动态重塑模式研究

蒋苏　复旦大学　16 万元　2016－01 至 2018－12　青年项目

743. 31500927　C1101　周围神经特异性再生中感觉和运动成纤维细胞的作用机制研究

贺倩茹　南通大学　20 万元　2016－01 至 2018－12　青年项目

744. 11574192　A040503　骨骼肌持续运动的声波传输机理及其疲劳评价研究

郭建中　陕西师范大学　73 万元　2016－01 至 2019－12　面上项目

745. 31500915　C2115　儿童手写运动促进中英文感知的认知神经机制

官群　北京科技大学　20 万元　2016－01 至 2018－12　青年项目

746. 81574092　H2719　基于 AMP/ATP－AMPK 通路探讨推拿对运动性疲劳大鼠代谢产物蓄积毒性损伤的多靶向调节机制研究

付国兵　北京中医药大学　50 万元　2016－01 至 2019－12　面上项目

747. 81503632　H2717　有氧运动联合四君子汤对小鼠术后免疫功能和代谢组学效应影响的实验研究

方凡夫　中国人民解放军第二军医大学　18 万元　2016－01 至 2018－12　青年项目

748. 61501428　F012503　帕金森病患者运动症状的信号分析及定量诊断方法研究

戴厚德　中国科学院福建物质结构研究所　21 万元　2016－01 至 2018－12　青年项目

749. 81522029　H0605　运动医学

陈晓　浙江大学　130 万元　2016－01 至 2018－12　优青项目

750. 81501955　H1701　有氧运动通过 LncRNAs 调控 miR－492/resistin 表达改善主动脉内皮胰岛素抵抗的机制研究

蔡颖　中南大学　18 万元　2016－01 至 2018－12　青年项目

751. 81571256　H0912　星形胶质细胞源性 LCN2 致肌萎缩侧索硬化症运动神经元死亡的机制研究

毕方方　中南大学　57 万元　2016－01 至 2019－12　面上项目

752. 81572225　H1701　健侧脑区在强制性运动促进脑缺血后患肢功能恢复中作用机制

白玉龙　复旦大学　57 万元　2016－01 至 2019－12　面上项目

753. 81501950　H1701　不同强度跑台训练对海洛因成瘾大鼠康复期学习记忆影响及机制

程梅　滨州医学院　18 万元　2016－01 至 2018－12　青年项目

754. 81572209　H0610　慢性踝关节不稳定中平衡缺陷的中枢性调节机制研究

华英汇　复旦大学　57 万元　2016－01 至 2019－12　面上项目

755. 11572211　A020503　慢性外侧踝关节不稳中软骨损伤机制的生物力学研究

余嘉　苏州大学　50 万元　2016－01 至 2019－12　面上项目

756. 51505037　E050703　康复外骨骼机器人主－从无约束辅助行走训练中生物反馈信息的量化表征方法研究

王萍　长安大学　20 万元　2016－01 至 2018－12　青年项目

757. 81500252　H0205　低氧训练预防心肌细胞横管系统损伤的研究

梁丹丹　同济大学　18 万元　2016－01 至 2018－12　青年项目

758. 81503674　H2719　从 PGC－1/Irisin/UCP1 信号通路研究功法静力性训练改善老年骨骼肌减少症的作用机制

方磊　上海中医药大学　18 万元　2016－01 至 2018－12　青年项目

参考文献

[1]熊文. 体育科学学科分类结构体系的考察与再构[J]. 体育科学,2014,34(11):80-87.

[2]鲁长芬,罗勤鹏. 体育学体育科学与体育学科辨析[J]. 天津体育学院学报,2009,24(4):285-288.

[3]李建英,石晓峰. 对体育学科均衡协调发展的探讨[J]. 体育科学,2007,27(5):83-87.

[4]阎蕾宇. 重新建构体育学科的现实困境及对策分析[J]. 体育教学与研究,2010(36):152-153.

[5]刘伟. 国家自然科学基金资助体育学领域国内论文研究热点分析[J]. 浙江体育科学,2016(1):25-30.

[6]李勇勤,高奎亭. 2000—2013年国际体育科学研究动态文献计量报告[J]. 成都体育学院学报, 2015(4):24-30.

[7]王琪. 1986—2011年国家自然科学基金体育类资助项目的统计分析[J]. 体育学刊,2013(11):60-64.

[8]卢志成,李斌琴. 我国体育院校综合化发展现状与动因研究[J]. 西安体育学院学报,2015(6):647-653.

[9]蒋颖,阳宁晖. 我国国家自然科学基金的地区分布研究[J]. 科学学与科学技术管理,2003(3):5-10.

[10]马庭灿. 从国家自然科学基金看我国基础研究力量的变化趋势[J]. 中国科学基金,2011,5:282-285.

[11]陈养发,纪玉娟. 国家自然科学基金促进天津基础研究可持续发展[J]. 中国科学基金,2009,1:42-46.

[12]李莹,仇贵生. 国家自然科学基金立项统计与分析[J]. 农业科技管理,2009,28(4):25-28.

[13]高体. 国家自然科学基金投入与论著产出的初步分析[J]. 科研管理,1999,20(6):67-70.

[14]曾志平,艾建平. 国家自然科学基金在学科建设中的地位[J]. 湖南师范大学自然科学学报,2007,30(1):126-128.

[15]王来贵,潘一山. 国家自然科学基金资助对学科建设的推动作用分析[J]. 中国科学基金,2005(3):174-176.

[16]张经彦,范庆书. 自然科学基金在地方人才培养中的重要作用[J]. 中国科学基金,2005(5):305-306.

[17]陈玲,苏竣. 国家自然科学基金的资助格局和政策研究[J]. 科学学研究,2004,22(6):583-588.

[18]唐先明,张宗益. 国家自然科学基金地区科学基金政策效果研究[J]. 管理科学学报,2010,13(12):91-96.

[19]吴善超. 国家自然科学基金与科学道德学风问题[J]. 中国科学基金,2003(2):94-98.

[20]张友棠,黄洁莉. 美国2006年国家科学基金预算战略管理目标及其层次分析[J]. 财会通讯,2008(1):90-91.

[21]许登云,乔玉成. 我国体育科学学术生产力分布格局研究[J]. 山西师范大学体育学院学报,2010,25(6):1-9.

[22]杨辉. 我国社科基金体育学立项项目的分布研究[J]. 山东体育学院学报,2007(2):37-40.

[23]国家自然科学基金委员会. 国家自然科学基金研究报告[R]. 北京:国家自然科学基金委员会,2012.

[24]王海峰,张士运. 北京市自然科学基金资助情况及问题分析[J]. 中国科学基金,2012(5):283-285.

[25]国家自然科学基金委员会. 国家自然科学基金研究报告[R]. 北京:国家自然科学基金委员会,2010.

[26]国家自然科学基金委员会. 国家自然科学基金研究报告[R]. 北京:国家自然科学基金委员会,2015.

[27]李元. 中国体育科学研究国际影响力分析[J]. 体育科学,2012(12):78-84.

[28]郭红,潘云涛. 国家自然科学基金资助产出论文计量分析[J]. 科技导报,2011(26):61-66.

[29]陈晓田,余振. 国家自然科学基金委员会管理科学部1999—2008一般类项目资助情况统计分析[J]. 中国软科学,2009(8):69-76.

[30]郝丽. 我国体育社会科学研究发展导向分析[J]. 天津体育学院学报,2009(6):547-550.

[31]钟旭,潘珊珊. 运动预适应对大鼠急性心肌缺血损伤早期保护作用的研究[J]. 中国运

动医学杂志, 2009(6):63-70.

[32]田振军,蔡梦昕. 成体心肌细胞凋亡、增殖与运动促进心肌细胞再生研究进展[J]. 中国运动医学杂志,2011,30(3):298-305.

[33]蔡有志,陈洪. 创新驱动我国体育科技发展的战略选择[J]. 北京体育大学学报, 2014(4):10-14.

[34]夏时洪,魏毅. 人体运动仿真综述[J]. 计算机研究与发展, 2010(8):1354-1361.

[35]钱锋,杨峰. 体育馆复合化设计的探索:以南京市江宁体育中心体育馆设计为例[J]. 华中建筑, 2004(5):66-69.

[36]王磊磊. 近期国内外体育工程学前沿与热点分析[J]. 中国体育科技,2015(3):131-138.

[37]何培森,丛湖平. 我国体育科技发展问题研究综述[J]. 中国体育科技, 2005(4):21-24.

[38]马兆明. 我国高等体育院校发展历程回顾与定位研究[J]. 成都体育学院学报,2014(6):72-78.

[39]罗建英,从湖平. 我国高校体育科研制度的激励效应分析[J]. 体育科学, 2008(10):92-97.

[40]郑知敏,李铭禄. 2016 年度国家自然科学基金项目申请评审与资助工作综述 [J]. 中国科学基金, 2017(1):3-6.

[41]杨波,杨文轩. 美国体育科学发展历程及现状[J]. 体育学刊, 2007(10):116-120.

[42]易剑东. 对中国体育学科发展中两个问题的审视[J]. 体育学刊, 2013(7):5-7.

[43]吴金南,刘作仪. 基于国家自然科学基金项目的管理信息系统研究进展与分析[J]. 管理学报, 2013(8):1201-1207.

[44]邓郴丽. 福建省 2008—2012 年国家自然科学基金资助项目情况分析[J]. 中国科学基金, 2013(5):291-295.

[45]徐元君. 对 1997—2003 年国家社科基金体育学研究项目申报立项状况的统计分析[J]. 体育与科学, 2004(7):39-42.

[46]孙汉超. 体育社会科学与国家社会科学基金项目课题的研究[J]. 武汉体育学院学报, 2006(40):1-6.

[47]孔庆波,张玲燕. 2005—2010 年国家社科基金体育学课题立项分析[J]. 体育文化导刊, 2011(9):151-154.

[48]鲁长芬,杨文轩. 对体育学科分类的分析与调整建议[J]. 体育学刊, 2009(4):6-10.

[49]管仕平,朱卫东. 我国自然科学基金项目管理研究综述[J]. 科技管理研究,2010(2):204-205.

[50]张欢,董宝林. 我国体育合作研究现状[J]. 武汉体育学院学报,2014(3):16-22.

[51]国家自然科学基金委员会. 国家自然科学基金研究报告[R]. 北京:国家自然科学基金委员会,2014.

[52]陈安平,杨秉龙. 国家社科基金项目体育学研究现状分析[J]. 山西大学学报(哲学社会科学版), 2009(32):126 - 130.

[53]李莹,仇贵生. 国家自然科学基金立项统计与分析[J]. 农业科技管理,2009,28(4):25 - 28.

[54]杨秉龙. 1997—2004 年国家社科基金课题体育学立项情况的统计分析[J]. 山西体育科技, 2005(11):42 - 45.

[55]丛密林. 1997—2013 年国家社科基金体育学立项分析[J]. 体育文化导刊, 2014(6):23 - 26.

[56]王琪. 知识图谱视野下我国体育科学研究的发展路径[J]. 体育科学, 2010(12):118 - 125.

[57]唐潇,钱竞光. 体育院校科技攻关与服务工作的组织与实施探讨[J]. 南京体育学院学报, 2015(10):39 - 43.

[58]曾志平,艾建平. 国家自然科学基金在学科建设中的地位[J]. 湖南师范大学自然科学学报,2007(1):126 - 128.

[59]朱唯唯,邓三鸿. 体育学学术影响力研究报告[J]. 体育科学,2006(10):26 - 37.

[60]陶运三. 体育学实验研究领域热点问题的聚类分析与展望[J]. 体育与科学,2015(5):113 - 120.

[61]陈瑶瑶,倪依克. 2008 年以来我国民族传统体育研究进展[J]. 中国体育科技,2016(2):12 - 18.

[62]王琪. 2004—2014 年度体育科技奖管窥新世纪以来我国体育科研的新特征[J]. 沈阳体育学院学报,2015(5):12 - 16.

[63]国家自然科学基金资助项目统计报告(2007—2016)[R]. 北京:国家自然科学基金委员会,2016.

[64]张诗乐,盖双双. 国家自然科学基金资助的效果[J]. 科学学研究, 2015(4):507 - 515.

[65]马廷灿,曹慕昆. 从国家自然科学基金看我国各省市基础研究竞争力[J]. 科学通报,2011(3):115 - 3121.

[66]郝卫亚. 人体运动的生物力学建模与计算机仿真进展[J]. 医用生物力学, 2011(2):26 - 32.

[67]唐晓华. 中国体育产业化发展战略及对策研究[J]. 辽宁大学学报,2004(3):53 - 58.

[68]于春艳. 国家社会科学基金项目体育学课题选题实证分析研究[J]. 浙江体育科学,2011(5):9 - 14.

[69]丁树哲,许豪文. 疲劳运动条件下对大鼠心肌线粒体膜结构的研究[J]. 中国运动医学杂志,1992,11(1):22 - 25.

[70]苏艳红,王瑞元. 耐力训练对肌球蛋白重链的影响及 MyoDMyogenin 的调控作用[J]. 体育学刊, 2007(2):39-45.

[71]刁玮,娄淑杰. 跑台运动及周龄对大鼠海马神经发生的影响[J]. 解剖科学进展,2006, 16(1):5-8.

[72]崔英辉,肖德生. 运动对铁代谢的影响[J]. 沈阳体育学院学报,2004,23(3): 284-287.

[73]刘玉倩,常彦忠. 运动对大鼠腓肠肌一氧化氮含量和铁转运蛋白表达的影响[J]. 中国运动医学杂志,2007,26(2):112-115.

[74]王海涛,刘玉倩. 骨骼肌细胞铁代谢的研究进展[J]. 体育学刊,2009,16(3):96-100.

[75]何玉秀,矫委. 试论运动减肥的神经—内分泌机制[J]. 中国组织工程研究与临床康复,1997,12(4):1-6.

[76]姜宁,曾玮. 早期运动训练对帕金森小鼠中脑和纹状体的影响:自噬与线粒体动力学关系的研究[J]. 中国运动医学杂志,2012,31(2):134-139.

[77]赵华,曾凡星. 4 周低氧运动对骨骼肌 mTOR/p70 通路的时程影响[J]. 体育科学,2005, 30(1):56-57.

[78]史仍飞,胡莉莉. 雷帕霉素和 LY294002 对游泳训练大鼠骨骼肌生长及 PI3K/Akt/mTOR 信号通路的影响[J]. 体育科学,2005,31(7):29-66.

[79]康瑞花,张胜逆. Wnt 信号转导通路在皮肤肿瘤中的作用研究[J]. 河北医药,2009,31(22):3137-3139.

[80]周苏源,危小焰. 基于振动力量训练的研究进展[J]. 首都体育学院学报,2008,20(5): 29-31.

[81]张安民. 不同运动强度下大鼠血清 cTnICK[J]. 上海体育学院学报,2007,31(5): 41-44.

[82]胡敏,邹亮畴. 大鼠抗阻训练模型的归类与分析[J]. 广州体育学院学报,2009,29(5): 91-96.

[83]徐国栋. 男子中长跑运动员肌氧含量与血乳酸浓度的对比研究[J]. 成都体育学院学报,2004,30(4):68-70.

[84]唐晖,谢敏豪. 不同肌糖原含量对运动诱导的骨骼肌 IL26 基因表达、血清 IL26 及可溶性 IL26 受体的影响[J]. 中国运动医学杂志,2008,27(6): 740-744.

[85]谢敏豪. 运动引起肌源性 IL-6 分泌的研究进展[J]. 中国运动医学杂志,2006,25(1): 60-64.

[86]龚豪杰,张缨. 不同强度运动对 AMPKa2 三种不同基因状态鼠 MEF2/GLUT4DNA 结合活性的影响[J]. 体育科学,2011,31(2):55-63.

[87]张勇,张桂忠. 急性运动中骨骼肌线粒体活性氧生成与解偶联反馈调节[J]. 中国运动

医学杂志,2005,24(4): 389-414.

[88]丁树哲,胡玉玺. p53信号稳态调节线粒体能量代谢延缓衰老的运动适应[J]. 中国老年学杂志,2009,29(22):2966-2968.

[89]张亚军,王茹. 不同低氧浓度暴露对慢性疲劳综合征小鼠学习记忆能力及情绪的影响[J]. 中国运动医学杂志, 2013(2):391-396.

[90]范明,王福庄. 低氧预适应提高脑缺氧耐受性的研究进展[J]. 国外医学病理科学与临床分册,2001,21(4):315-316.

[91]赵斐,张勇. 有氧运动改善高脂膳食诱导的胰岛素抵抗:增强骨骼肌线粒体融合与分裂及功能[J]. 中国运动医学杂志,2012,31(1):24-30.

[92]常芸. 中国皮划艇运动员线粒体高变区序列多态性位点与有氧耐力的关系[J]. 中国运动医学杂志,2005,24(6):645-649.

[93]贾杰,胡永善. 预运动训练对脑梗死大鼠脑内谷氨酸含量及其受体 mRNA 表达的影响[J]. 中国运动医学杂志,2008,27(4):443-446.

[94]于长隆,傅欣. NF-KBp65特异性siRNA的筛选和功能鉴定[J]. 中国运动医学杂志,2008,27(1):72-77.

[95]于长隆,薛涛. siRNA抑制Smad4或Runx2基因表达治疗大鼠异位骨化效果比较[J]. 中国运动医学杂志,2011,30(7):644-649.

[96]曹雪滨. 运动性心脏损伤的研究进展[J]. 解放军医药杂志,2016(1):1-6.

[97]刘耀波,李昕. 外周神经损伤大鼠背根神经节中Ephrin B1及RYK受体表达的变化[J]. 基础医学与临床, 2007(6):116-120.

[98]刘卉,苏玉林. 非接触性前交叉韧带损伤特点及机制的研究进展[J]. 医用生物力学,2008,23(3):240-247.

[99]陈疾忤,陈世益. IGF-1和黄芪丹参治疗骨骼肌钝挫伤的生物力学评价[J]. 复旦学报,2004,31(1):28-31.

[100]卫宏图,陈世益. 骨骼肌损伤的治疗研究进展[J]. 中国运动医学杂志,2004,23(5):572-576.

[101]李玲,江山. 行为学训练对海马梗死大鼠齿状回区神经干细胞增殖能力的影响[J]. 中国康复医学杂志,2010,25(11):1035-1039.

[102]李亚娜,李玲. 丰富环境及康复训练对创伤性脑损伤大鼠神经功能恢复的影响[J]. 中国康复医学杂志, 2013(5):393-397.

[103]汤清平,詹海兰. 采用任务导向性训练及反复刺激治疗严重上肢瘫痪患者[J]. 中国现代医学杂志, 2011(19):89-95.

[104]夏时洪,王兆其. 虚拟人合成研究进展[J]. 中国科学,2009,39(5):483-498.

[105]刘金,唐权华. 基于三维直方图降维和重建的快速最小误差阈值法[J]. 电子与信息

学报, 2014(8):54 -60.

[106]殷跃红,陈幸. 骨骼肌收缩的生物电化学变频调控原理[J]. 中国科学, 2012(8): 901 -910.

[107]孙曜,罗志增. 基于典型相关分析的眼动辅助脑电假手动作识别方法研究[J]. 航天医学与医学工程, 2011(2):128 -133.

[108]杨翼,李章华. 穴位电刺激预处理对超负荷训练后大鼠心肌细胞自噬的影响[J]. 中国运动医学杂志, 2012(2):153 -159.

[109]王茹,赵德峰. 健脾益气中药复方抗运动性疲劳作用机制的研究[J]. 辽宁中医杂志, 2012,39(1):60 -64.

[110]尚西亮,鲍苑苑. 碳酸酐酶在疾病和肌肉疲劳发生发展中的作用[J]. 生命科学, 2011(5):3 -7.

[111]刘建红,周志宏. 调控糖酵解代谢的重要因子碳水化合物反应元件结合蛋白研究进展[J]. 中国运动医学杂志,2009,28(5):600 -602.

[112]徐建方,冯连世. 运动与NO/NOS系统和CO/HO系统的研究进展[J]. 中国运动医学杂志,2004,22(5):335 -341.

[113]乔德才,侯莉娟. 运动疲劳对大鼠底丘脑TH和D2DR表达的影响[J]. 中国运动医学杂志,2007,26(1):48 -51.

[114]方剑乔,梁宜. 经皮穴位电刺激对力竭运动大鼠海马中脑5 -HT及代谢产物含量影响的机制[J]. 中国康复医学杂志,2009,24(3):193 -196.

[115]肖卫华,陈佩杰. 运动对巨噬细胞抗病毒能力的影响研究进展[J]. 中国运动医学杂志,2013,23(6):562 -568.

[116]刘谨彦,娄淑杰. 跑台运动对不同月龄大鼠空间学习和记忆能力的影响[J]. 中国体育科技,2009,45(6):87 -89.

[117]王小春,周成林. 基于视觉线索遮蔽条件下的网球专家空间知觉预判:来自眼动与ERP的证据[J]. 体育科学, 2013(2):18 -25.

[118]邱明国. 伤后应激障碍脑功能成像研究进展[J]. 局解手术学杂志, 2011, 20(1): 81 -83.

[119]刘慧莉,赵刚. 小强度跑台运动对APP/PS1转基因小鼠海马齿状回神经元凋亡的影响[J]. 中国康复医学杂志, 2014(4):93 -97.

[120]刘丽萍,马勇. 风味嗜好学习对睡眠剥夺、游泳训练大鼠下丘脑内啡肽表达的影响[J]. 体育学刊,2008,15(5):99 -104.

[121]袁琼嘉,张金梅. 衰老过程中的运动干预对大鼠学习记忆能力及海马神经黏附分子表达的影响[J]. 体育科学, 2014(8):58 -63.

[122]刘慧莉,赵刚. 运动阿尔茨海默病与突触可塑性[J]. 中国康复理论与实践,2012,18

(3):244 - 246.

[123]胡永善,贾杰. 早预运动训练对脑梗死大鼠脑保护作用的兴奋性氨基酸递质效应[J]. 中国康复医学杂志, 2008(7):589 - 692.

[124]王凯,潘珊珊. ATP 敏感钾通道介导运动预适应对心肌保护作用的研究进展[J]. 体育科学,2011,31(8):59 - 64.

[125]张全江,郭照江. IG F - 1 胰岛素研究的新突破[J]. 医学与哲学,2005,26(3):32 - 33.

[126]牛燕媚,傅力. mTOR/S6K1 信号通路与胰岛素抵抗的关系及有氧运动对其影响的研究[J]. 中国应用生理学杂志,2010,26(4):399 - 403.

[127]柳华,杨翼. 穴位电刺激预处理对超负荷训练大鼠心肌 PKC 和 PKC 表达的影响[J]. 中国运动医学杂志,2011,30(12):1088 - 1093.

[128]蔡明春,黄庆愿. AMPK 与能量代谢[J]. 重庆医学, 2005(1):120 - 127.

[129]高山兴,钱锋. 浅谈体育建筑绿色设计的策略应用[J]. 建筑技艺, 2013(4): 239 - 241.

[130]李玲玲,梁斌. 中小城市体育建筑设计策略:以丹东浪头体育中心三馆设计为例[J]. 建筑学报, 2013(10):55 - 59.

[131]马勇,郑伟涛. 基于数值模拟的帆船起航阶段调帆策略研究[J]. 武汉体育学院学报, 2013,47(1):58 - 61.

[132]刘冲,颜世玉. 多类运动想象任务脑电信号的 KNN 分类研究[J]. 仪器仪表学报, 2012(8):63 - 70.

[133]徐玲,黄妍斐. 超高分子量聚乙烯人工关节研究进展[J]. 中国材料进展,2014(4): 245 - 252.

[134]竺英祺,沈仲元. 不同年龄人群习练太极拳过程中有氧运动水平的动态研究[J]. 上海中医药杂志, 2012(2):23 - 27.

[135]张俐,安国尧. 丹参酮磺酸钠对脊髓缺血再灌注损伤 NF - BVCAM - 1 和血液流变性的影响[J]. 中国骨伤, 2012(12):253 - 259.

[136]高清奇. 国家科学技术学术著作出版基金近 10 年发展趋势分析[J]. 中国科学基金, 2015(5):388 - 390.

[137]吕长生,范毅方. 计算机辅助活体足建模生物力学方法研究[J]. 光学技术, 2008(1): 163 - 170.

[138]魏书涛,刘宇. 短跑支撑期股后肌损伤的动力学分析[J]. 中国运动医学杂志, 2009(6):23 - 30.

[139]任占兵. 影响跑步经济性的人体下肢肌肉做功研究[J]. 体育科学,2010,30(1): 86 - 94.

[140]郑伟涛,马勇. 赛艇运动技术的力学原理及测试分析[J]. 武汉体育学院学报,2005,39

(4):74 - 78.

[141]唐日新,张智君. 自由拦截启动策略与信息利用 [J]. 心理学报,2010,42(12):1109 - 1119.

[142]马万里,夏时洪. 人体运动的风格图模型[J]. 计算机辅助设计与图形学学报,2013,25(12):1910 - 1917.

[143]罗冬林,邹亮畴. 排球运动对男性青年骨量与身体成分的影响[J]. 广州体育学院学报, 2009(29)6:72 - 74.

[144]艾华,刘文倩. AMPK 与肥胖和减肥关系研究进展[J]. 中国运动医学杂志,2008,27(6):789 - 793.

[145]丁树哲,许豪文. 疲劳运动条件下对大鼠心肌线粒体膜结构的研究[J]. 中国运动医学杂志,1992,11(1):22 - 25.

[146]张茂林,董传升. 论运动技术系统及其优化的自组织机制[J]. 沈阳体育学院学报, 2013(6):9 - 13.

[147]林显鹏. 现代奥运会体育场馆建设及赛后利用研究[J]. 北京体育大学学报,2005,28(11):1441 - 1444.

[148]唐晓华. 中国专业运动员社会网络结构组成的探索性研究[J]. 辽宁大学学报, 2004(5):53 - 58.

[149]程晓多,刘家胜. 公共体育场馆服务定价模型研究[J]. 科技和产业,2013,13(8):88 - 90.

[150]鲍明晓. 我国体育产业发展的战略研究[J]. 体育科研,2006,27(3):1 - 8.

[151]刘灿. 世界主要国家或地区科研投入与产出的比较分析[J]. 中国科学基金, 2016(3):283 - 288.

[152]陈宏伟,徐振宇. 体育文化创意产业的国内外发展[J]. 湖南城市学院学报, 2006,25(5):81 - 82.

[153]黄谦,张晓丽. 中国运动员社会网络及社会支持的理论探讨[J]. 西安体育学院学报, 2012(1):1 - 5.

[154]王大刚,徐向阳. 2010—2014 年省级农科院国家自然科学基金申请和资助情况分析[J]. 中国科学基金, 2015(4):301 - 307.

[155]陈养发,纪玉娟. 国家自然科学基金促进天津基础研究可持续发展[J]. 中国科学基金,2009,1:42 - 46.

[156]章岚,许小冬. 对体育科学研究中质的研究方法的探讨[J]. 体育科学,2004(7):1 - 4.

[157]鲍明晓. 十三五我国体育发展战略研究[J]. 上海体育学院学报,2016(2):1 - 6.

[158]体育科学学科发展研究报告 2011—2015[R]. 北京:中国体育科学学会,2015.